Forum Geschichte

Handbuch für den Unterricht 2

mit Kopiervorlagen

Cornelsen

Erarbeitet von:
Dr. Christoph Kunz

Redaktion: Friederike Terpitz
Technische Umsetzung: sign, Berlin

Cornelsen online http://www.cornelsen.de

Die Internet-Adressen und -Dateien, die in diesem Lehrwerk angegeben sind, wurden vor Drucklegung geprüft (Stand Dezember 2002).
Der Verlag übernimmt keine Gewähr für die Aktualität und den Inhalt dieser Adressen und Dateien oder solcher, die mit ihnen verlinkt sind.

1. Auflage € Druck 5 4 3 2 Jahr 06 05 04 03

Druck: CS-Druck CornelsenStürtz, Berlin

ISBN 3-464-64326-3

Bestellnummer 643263

Gedruckt auf Recyclingpapier, hergestellt aus 100 % Altpapier.

Inhaltsverzeichnis

Inhaltsverzeichnis

Einleitung

Ziele und Aufbau dieses Handbuchs

Dieses Handbuch will Anregungen für den Einsatz des Lehrwerkes Forum Geschichte 2 geben. Die Grundkonzeption des Arbeitsbuches mit seiner genetischen Orientierung, Problemorientierung, Handlungs- und Produktionsorientierung, die von Band 1 her bekannt ist, wurde beibehalten.
Das Handbuch enthält zu jedem Kapitel Sachinformationen sowie Hinweise zur Problemstellung und zum Aufbau des Kapitels. Besondere Bedeutung kommt den methodischen Aspekten des Geschichtsunterrichts zu. Dies wird nicht nur durch die Workshop-Seiten des Arbeitsbuches deutlich, sondern auch durch das Ausloten von Möglichkeiten und Grenzen zahlreicher Methoden in diesem Handbuch.
Da das Angebot an Texten, Bildern und Materialien des Arbeitsbuches im Band 2 gegenüber Band 1 wesentlich umfangreicher ist, die Aufgabenstellungen auch differenzierter sind und meist nicht nur Ein-Wort-Antworten, sondern umfassendere Darstellungen von Zusammenhängen als Antwort erwarten, können mit Blick auf den Umfang des Handbuchs nicht alle Materialien und Aufgaben mit Hinweisen versehen werden. Deshalb wurde ein Mittelweg gewählt: Wichtige und zentrale Materialien, die wohl von jeder Lehrkraft eingesetzt werden, sind kommentiert. Dabei werden auch weiterführende Informationen angeboten. Zwischen- und Abschlussergebnisse, die als Ergebnissicherung für die Schülerinnen und Schüler wichtig sind, werden oft in Form von Tafelbildern präsentiert. So wird Raum geschaffen für Vorschläge zu Unterrichtssequenzen, zusätzliche Kopiervorlagen und Arbeitsblätter sowie den „besonderen Tipp" – drei Elemente des Handbuchs, die sich bereits in Band 1 des Handbuches für den Unterricht bewährt haben.

Erläuterungen zur Konzeption von Forum Geschichte 2

Der Aufbau von Forum Geschichte wurde schon im Lehrerhandbuch zu Band 1 ausführlich erläutert. Auch der zweite Band des Schülerarbeitsbuches hält an der Vierteilung der einzelnen Kapitel fest:

- Die *Auftaktseiten* führen über kurze motivierende Texte und großformatige Abbildungen in das Thema ein. Über den Zeitbogen geben sie eine erste chronologische Orientierung.
- Die *Themenseiten* bilden das „Herz" des Arbeitsbuches. Sie bieten eine Fülle von Materialien, Begriffs-, Fakten-, Personen- und Aktivitätskästen sowie Arbeitsaufträgen für einen problem- und handlungsorientierten Geschichtsunterricht.
- Ein zentrales Element des Arbeitsbuches sind die Workshopseiten. Vor dem Hintergrund einer systematischen Schulung der Methodenkompetenz stellen sie als Methodenseiten den Umgang mit historischen Quellen vor und üben diesen ein. Als Werkstattseiten fördern sie die Handlungs- und Produktionsorientierung des Unterrichts. Sie regen zum Selbermachen und Weitermachen an.
- Die *Zusammenfassungen* beenden als Doppelseite jedes Kapitel. Neben den wichtigen Fachinhalten werden hier auch zentrale Begriffe und Methoden wiederholt. Diese sind auf Karteikarten festgehalten, die Ausgangspunkt sein können, mit den Schülerinnen und Schülern eine Geschichtskartei anzulegen. Zur Vertiefung und Wiederholung sind ein Zeitbogen und eine kreativ-spielerische Aufgabe auf den Zusammenfassungsseiten zu finden.

Handlungs- und Produktionsorientierung sind Schlagwörter, die in nahezu jeder aktuellen pädagogischen Publikation auftauchen. Der schillernde Begriff weckt bei vielen auch Unbehagen: Manche Kolleginnen und Kollegen äußern die Kritik, dass über die Verstärkung der Handlungs- und Produktionsorientierung, die mit spielerischen Elementen und Bastelarbeiten assoziiert werden, die Problemorientierung des Unterrichts verlorengehen könnte. Handlungsorientierung wird im Unterricht oft als Abschluss von Unterrichtseinheiten verwirklicht, indem z.B. ein Leserbrief oder ein Bericht für die Klassenzeitung geschrieben wird oder ein Modell als Anschauungsobjekt für den Elternabend o. Ä. erstellt wird.
Handlungs- und Produktionsorientierung, wie sie in Forum Geschichte verstanden wird, geht weiter: Sie erfasst alle Phasen des Unterrichts, einschließlich der Vorbereitung. Handlungs- und Produktionsorientierung wird dabei stets vor dem Hintergrund der Methodenkompetenz als Ziel des Geschichtsunterrichts gesehen. Dass zahlreiche Anregungen mit Blick auf die altersspezifische Umsetzung den Schülerinnen und Schülern hoffentlich auch Spaß machen werden, sollte nicht als Nachteil verstanden werden.

Gesellschaft, Kultur, Alltag, Wirtschaft und Politik sind die *fünf Dimensionen historischer Erfahrung,* denen die Materialien der Themeneinheiten zugeordnet werden können. Die Dimensionen werden in den einzelnen Kapiteln unterschiedlich besetzt.
Im Überblick kann der Aufbau des Arbeitsbuches Forum Geschichte 2 folgendermaßen dargestellt werden:

Längsschnitt	Kapitel	Gesellschaft	Kultur	Alltag	Wirtschaft	Politik
um 800	1. Bauern und Adlige im Mittelalter	★★★	★★	★	★★★★	
	2. Wer herrscht in Europa?	★★★		★★		★★★★
	3. Der Glaube ist immer gegenwärtig	★★★★	★★★	★★		★
	4. Leben in der mittelalterlichen Stadt	Stadtgesellschaft		Stadtwirtschaft		Stadtherrschaft
	5. Machtpolitik und Konflikte in Europa	★★★	★★			★★★★
	6. Neues Denken – Neue Welt	★★★	★★★★		★★	
um 1600	7. Mit Worten und Waffen – der Glaubensstreit in Europa	★★★★	★★★	★		★★
	8. Wohnen unter einem Dach	★★★			★★★★	★★

um 1900

im 21. Jh.

Der Überblick zeigt die fünf Dimensionen historischer Erfahrung und ihre Gewichtung in den einzelnen Kapiteln. Das Kapitel „Leben in der Stadt" ist strukturgeschichtlich gestaltet: Die drei Themenblöcke Stadtgesellschaft, Stadtwirtschaft und Stadtherrschaft umfassen dabei alle fünf oben genannten Dimensionen. Am linken Rand ist das Längsschnitt-Thema mit seinen Themenblöcken festgehalten. Ausgehend von dem Aspekt des Wohnens könnten, wenn das diachrone Thema zum Leitthema des Schuljahres werden würde, die anderen Dimensionen auf der jeweiligen Stufe erschlossen werden. Das diachrone Thema bietet mit seinen beiden zeitlichen Schwerpunkten „Wohnen um 1900" und „Wohnen im Computer-Zeitalter" auch die Möglichkeit der Aktualisierung.

Allgemeine Überlegungen zur Fremdheit oder Vertrautheit des Mittelalters

Der Jesuit und Sozialethiker Friedhelm Hengsbach nennt fünf Vorentscheidungen, die dem Entstehensprozess der Industriegesellschaft und der kapitalintensiven Wirtschaftsweise, wie sie für das 20. Jahrhundert bestimmend wurde, vorausgehen und diese Epoche von allen vorangegangenen trennen (Friedhelm Hengsbach: Arbeitsethische Innovationen durch alte und neue soziale Bewegungen – In: Bernd Bievert u.a. (Hg.): Ethische Grundlagen der ökonomischen Theorie, Frankfurt 1989, S. 162–165):

1. Aufgrund einer *konsumistischen* Vorentscheidung gilt Arbeit nur noch als reiner Funktionswert, wird als Produktionsfaktor eingesetzt.
2. Mit der *kapitalistischen* Vorentscheidung wird über die Verfügungsmacht über das Kapital ein (neues) Herrschaftsverhältnis über die Arbeitskräfte begründet.
3. Die Atomisierung der Arbeitsvorgänge und die nur teilweise Beanspruchung menschlicher Fertigkeiten führte zu einer Trennung von Produktions- und Reproduktionsbereich; ersterer behielt dabei gesellschaftlichen Charakter, letzterer wurde der Privatsphäre zugeschlagen, wobei als Folge der *sexistischen* Entscheidung der Produktionsbereich weitgehend dem Mann zugesprochen wurde.
4. Aufgrund der *technizistischen* Entscheidung wird die gesamte Pflanzen- und Tierwelt der Aneignungsoption durch den Menschen unterstellt, bis zur Leugnung eines Lebenszusammenhangs zwischen Mensch und natürlicher Umwelt.
5. Nur scheinbar hat das Industriezeitalter nationale Grenzen eingerissen. Die Wirtschaftselite bewegt(e) sich, aufgrund einer *nationalistischen* Vorentscheidung, eher in den engen Kreisen des jeweiligen Nationalstaats, sodass sich „die Nationalstaaten als Interessenagenten der heimischen Wirtschaft begriffen".

Auch wenn die Forderungen nach einer Revision mancher dieser Entscheidungen in jüngster Zeit immer lauter werden, vielleicht teilweise schon zu einer Umorientierung und Umgestaltung führen, so macht Hengsbergs systematischer Zugriff dennoch die umfassende Neuartigkeit der Epoche und damit auch die Unterschiede z.B. zum mittelalterlichen Wirtschaftsgeschehen deutlich. Dabei gerät der historische Blick zurück sogar leicht in Versuchung, die vorwiegend agrarische und dezentrale Wirtschaftsweise des Mittelalters romantisch zu verklären.

Um so erstaunlicher muss es vor dem Hintergrund der aufgezeigten Epochenunterschiede zunächst erscheinen, wenn vermeintlich unmittelbar vor dem die Welt zu einem globalen Dorf verkleinernden Schritt der informationstechnischen Vernetzung Stimmen zu hören sind, die vor dem Heraufziehen eines neuen Mittelalters warnen oder davon künden. Beispielhaft soll dies vorgestellt werden, zunächst an einem eher essayistisch-unterhaltenden Versuch, dann an einer politologischen Studie (Die folgende Darstellung folgt Umberto Ecos Rezension von Roberto Vaccas *Mittelalter in naher Zukunft?* in: Umberto Eco: Über Gott und die Welt. Essays und Glossen, München u.a. 1985, S. 8–10). Der italienische Sprachwissenschaftler Umberto Eco führt in einer fiktiven Projektion Grundbestandteile der mittelalterlichen Welt vor, nämlich

1. Lokalautoritäten anstelle einer weitgehend fehlenden Zentralgewalt,
2. Selbstversorgung aufgrund fehlender Infrastruktur,
3. eine elitäre Bildungskaste, die den Machthabern ausgeliefert ist,
4. die Erprobung von Nähe und Distanz im täglichem Mit- und Gegeneinander.

Irgendwann in naher Zukunft, so Eco, werde in den Vereinigten Staaten durch das gleichzeitige Auftreten eines Verkehrsinfarkts auf der Straße und der Schiene die Ablösung für die New Yorker Fluglotsen zu spät ihren Dienst antreten können. Die alte, völlig übermüdete Mannschaft wird den Zusammenstoß zweier Großraumflugzeuge nicht verhindern können. Die herabstürzenden Bruchteile werden Stromleitungen und Transformatoren zerstören. Als Folge der damit verbundenen Überlastung werden alle Strom- und Versorgungsleitungen zusammenbrechen. Die Straßen bleiben blockiert; bei einsetzendem Schneefall und nächtlicher Kälte flüchten die Menschen in die Bürohäuser, wo offene Feuer angezündet werden, die sich aber zu Großbränden entwickeln. Da die Feuerwehr ebenfalls im Stau steckt, können die Brände nicht gelöscht werden. Das Telefonnetz ist längst zusammengebrochen, da sich jeder nach seinen Angehörigen erkundigen will. Am nächsten Tag beginnen nach einer durchwachten Nacht in eisiger Kälte große Wanderzüge. Lebensmittelläden werden geplündert, Schusswaffen sind in Gebrauch, Armee und Nationalgarde sind weitgehend machtlos. Die Zahl der Toten steigt. Aufgrund der Leichen- und Müllberge kommt es zu Seuchen; Ängste und Vorurteile gegen sprachliche und kulturelle Minderheiten brechen auf. Selbstjustiz und Blockmiliz entstehen. Der Zusammenbruch der Computersysteme und die Brände in den Verwaltungsarchiven haben alle Besitzurkunden zerstört. Das Eigentum gehört dem, der es beansprucht. Um die noch unzerstörten Häuser wird gekämpft. Kleine, abgeschirmte Bereiche bilden sich, deren Bewohner sich um einen Häusermeister scharen, der wegen körperlicher und organisatorischer Fähigkeiten als Herrscher anerkannt wird. Zwischen den einzelnen Blocks bilden sich Interessengemeinschaften und Freundschaftsbünde. Inmitten des allgemeinen Niedergangs werden einige Forscher versuchen, wissenschaftliche und technische Kenntnisse durch das Chaos zu retten. Von den Mitmenschen werden sie mit Scheu und einer Mischung aus Angst und Bewunderung betrachtet, ihr Einfluss wird gering sein, sie werden sich dauernd der Gefahr ausgesetzt sehen, von mächtigen Gruppen missbraucht zu werden.

Hinter der gewiss überzogenen Karikatur Ecos ist die Warnung zu hören, dass eine bis in die kleinsten Verästelungen differenzierte Infrastruktur von der Gefahr des abrupten Umschlagens in ein zusammenhangloses Auseinanderfallen erfasst werden kann. Schärfer und auch ernsthafter als diese eher technisch-kulturelle Begründungskette ist die Analyse des französischen Politologen und früheren Finanzberaters François Mitterands, Alain Minc, wenn er seine Metapher der *Rückkehr des Mittelalters* erläutert:

„Der Einfluss von Staaten und Ordnungen war im Mittelalter schwach und geht auch heute immer weiter zurück: Niemand kann augenblicklich ein stabiles Ordnungsprinzip erkennen. Viele Länder entziehen sich gegenwärtig jeder Form von Autorität. Diese Auflösungserscheinungen reichen von der einzig existierenden Kraft in Russland, der roten Mafia, über den raumgreifenden Verfall der politischen Klasse in Italien bis zu den weltweit agierenden Drogenmafien mit ihrem unüberschaubaren Einfluss auf alle möglichen Instanzen. Während der vergangenen drei Jahrhunderte hatten die Staaten immer mehr Kontrolle über Territorien und auch über das Alltagsleben der Menschen gewonnen (...) Jetzt ist der umgekehrte Prozess im Gange. Macht und Recht fallen auseinander, Gewalt triumphiert über Vernunft (...), Fortschritt, Ordnung, Nationalität. Diese drei Prinzipien verschwinden. Der Kommunismus stand wie die bürgerlichen Gesellschaften in der Tradition von Philosophen (...) wie John Locke, David Hume, René Descartes und Jean-Jaques Rousseau. Alle gingen von der Annahme aus, dass eine rationale Weltordnung möglich sei" (so Alain Minc in einem Interview im manager magazin 5/1994, wo er zu seiner damals aktuell erschienen Publikation befragt wurde).

Die Plausibilität dieser Prognosen, gerade auch mit ihren wirtschaftlichen Verweisen, kann hier nicht überprüft werden. Mincs Bemerkungen zum Ende des Nationalismus bedürfen aber der Erläuterung. Minc steht hier in der Tradition des so genannten subjektiven Nationalismus. Danach gehört zur Nation, wer sich zu bestimmten Ideen bekennt, nicht also, wer bestimmte objektive Kriterien erfüllt, z. B. Abstammung, Sprachzugehörigkeit u. Ä. Der subjektive Nationsbegriff wird als Ergebnis der französischen Aufklärung und der Französischen Revolution vornehmlich in Frankreich vertreten, der objektive eher in Deutschland, ausgeprägt und verbreitet auch durch die Romantik. Wenn Minc somit den Untergang des Nationalismus beklagt, dann deshalb, weil er diesen als Abschied von der französischen Revolution versteht. Minc definiert das Mittelalter also als eine Epoche, in der es keinen aufklärerisch-allgemeingültigen Fortschrittsglauben gab. Man vermisst bei Mincs Definition des Mittelalters ein Verweis auf die universale Ideologie, die bei aller Unsicherheit der Lebensverhältnisse den mittelalterlichen Horizont umspannte. Dies muss aber kein Versäumnis sein, denn es ist zu fragen, ob dies nicht in der Absicht des Autors liegt: nämlich zu zeigen, dass das neue Mittelalter sich gerade in diesem entscheidenden Punkt vom europäischen Mittelalter zwischen 500 n. Chr. bis 1500 n. Chr. unterscheiden wird – mit welchen Folgen allerdings? Gerade die Beschäftigung mit dem Mittelalter kann deshalb nicht bloß aus historischem Interesse, sondern auch aus ganz aktuellen Erfordernissen und Problemstellungen erfolgen, denn „je neuzeitlicher die Neuzeit wird, desto nötiger werden die Mediävisten" (Odo Marquard – zitiert nach J. Heinzle (Hg.): Modernes Mittelalter, Frankfurt und Leipzig, S. 9).

Weiterführende Hinweise

Sachbücher

Georges Duby, Unseren Ängsten auf der Spur. Vom Mittelalter bis zum Jahr 2000, Köln (Dumont) 1996

Horst Fuhrmann, Überall ist Mittelalter. Von der Gegenwart einer vergangenen Zeit, 3. Aufl., München (C. H. Beck) 1998

Hans-Werner Goetz, Leben im Mittelalter, 4. Aufl., München (C. H. Beck) 1991

Heinz-Dieter Heimann, Einführung in die Geschichte des Mittelalters, Stuttgart (Ulmer) 1997

Joachim Heinzle (Hg.), Modernes Mittelalter. Neue Bilder einer populären Epoche, Frankfurt und Leipzig (de Gruyter) 1994

Hinweise zu Materialien und Aufgaben

S. 8 und 9, M1 bis M5 Die Materialien M1 bis M5 thematisieren verschiedene Aspekte des Mittelalters. Diese können in einer Tabelle festgehalten werden. Als vorbereitende Aufgabe können die Schüler eine Abbildung, einen Gegenstand oder eine Zeichnung zu ihren Vorstellungen vom Mittelalter mitbringen.

In M1 bis M5 wird der Aspekt „Kampf und Gewalt" vorrangig thematisiert. Das Mittelalter wird dabei eher negativ gewertet. Davon ausgehend sollte gefragt werden, warum das Mittelalter dennoch oder gerade deshalb so faszinierend ist. In M4 wird eine Erklärung deutlich: Die vermeintlich einfache Schwarz-Weiß-Welt des Mittelalters gewinnt an Attraktivität inmitten der Unüberschaubarkeit der modernen Welt.

S. 9, Aktivitätskasten Die Gestaltung eines Internet-Auftritts und die Konstituierung einer Internet-AG, wie im Aktivitätskasten vorgeschlagen, überschreitet den 45-Minuten-Takt des gewöhnlichen Unterrichtsgeschehens. Für die Umsetzung dieses Vorhabens empfiehlt sich der Einsatz der Projektmethode. Der Begriff des Projekts ist ein ähnlich schillernder Begriff wie der Begriff der „Handlungsorientierung". Grundlegende Informationen, auch mit Blick auf die Geschichte der Projektmethode seit dem frühen 20. Jahrhundert, finden sich z.B. in: Karl Frey: Die Projektmethode, Weinheim und Basel, 8. Aufl. 1998.

Projekte werden in der Schule u.a. deshalb so selten angegangen, weil die Befürchtung groß ist, das Projekt nicht zu einem angemessenen Abschluss führen zu können. Diese Befürchtung ist unbegründet, denn ein Projekt kann jeder Zeit, auch ohne „vorzeigbare" Ergebnisse abgeschlossen werden. Für das Projekt gilt, dass oft der Weg das Ziel ist. Das Grundmuster der Projektmethode, in das drei Zeitpunkte eines möglichen Abschlusses eingetragen werden, findet sich im Schaubild unten.

S.10–13, Unterrichtseinsatz der Links „Macht und Regierung", „Strafe", „Wissen, Glaube, Aberglaube" und „Zeitmaß" Die Schüler können mit den vorliegenden Materialien und Texten das Grundgerüst eines Internet-Auftritts erstellen, indem sie überlegen, wie sie die Materialien kombinieren wollen. Für die Gestaltung der einzelnen Pfade über Verweise empfiehlt sich die Arbeit mit einer Mind Map: So kann, im Gegensatz zum linearen Gliedern, der Charakter der Vernetzung deutlich werden. Die einzelnen Beiträge könnten auf Karteikarten geschrieben werden, die um einen zentralen Begriff oder ein zentrales Ereignis gruppiert werden. Je weiter eine Karte von diesem Mittelpunkt liegt, um so marginaler ist sie. Zu überlegen ist nun, welche Begriffe/Karten wie miteinander verbunden werden können. Zum Beispiel könnte überlegt werden, wie man einsteigt:
- etwa mit einem typisch mittelalterlichen Bild (S. 11, M2)
- oder mit einem Gegensatz (S. 10, M1 und M2: scheinbarer Gegensatz zwischen Alleinherrscher und Parlamentsherrschaft)
- oder mit einer überraschenden Neuerung, die dem Mittelalter nicht zugetraut wird (S. 12, M4).

S. 10, M1 bis M3, Aufgaben 1 bis 3 Der Zugang zu dem Aspekt „Macht und Regierung" kann über eine Kontrastierung der Bilder erfolgen. M1 zeigt einen Alleinherrscher; M2, unterstützt durch die Bildunterschrift (Abgeordnete als Volksvertreter), zeigt die Volksherrschaft. Die Aussage von M1 wird zunächst erläutert durch die programmatische Erklärung Dantes im Darstellungstext. Im Kontrast dazu steht M3: Hier wird deutlich, dass der König nicht allein entschied, sondern auf Ratgeber hörte. So kann eine Relativierung des Eingangsurteils erfolgen, dass Herrschaft im Mittelalter die Herrschaft eines Einzelnen gewesen ist. Im Gegenzug kann gefragt werden, wie es sich mit der Volksherrschaft verhält: Die Schüler werden das (Vor)urteil kennen und äußern, dass sich die Beteiligung des Volkes in der Beteiligung am Wahlakt alle vier Jahre erschöpft.
Auf einer zweiten Ebene scheinen die Unterschiede zwischen Mittelalter und Gegenwart, wenn es um die konkrete Entscheidungsfindung geht, also zu verschwinden. Allerdings: Wenn man nach der Legitimation der Herrschaft fragt, dann werden die Unterschiede wieder klar: Im Mittelalter der Verweis auf Gott, in der Neuzeit der Verweis auf die Volkssouveränität. Ob der Gedanke des Gottesgnadentums schon hier eingeführt wird (der Darstellungstext gibt dies her) oder als Frage offen bleibt, um später im Fortgang der Unterrichts beantwortet zu werden, kann der Lehrkraft überlassen bleiben.

Im Zusammenhang mit der Geschichte Englands im Mittelalter werden die Schüler im Verlauf des Schuljahres noch

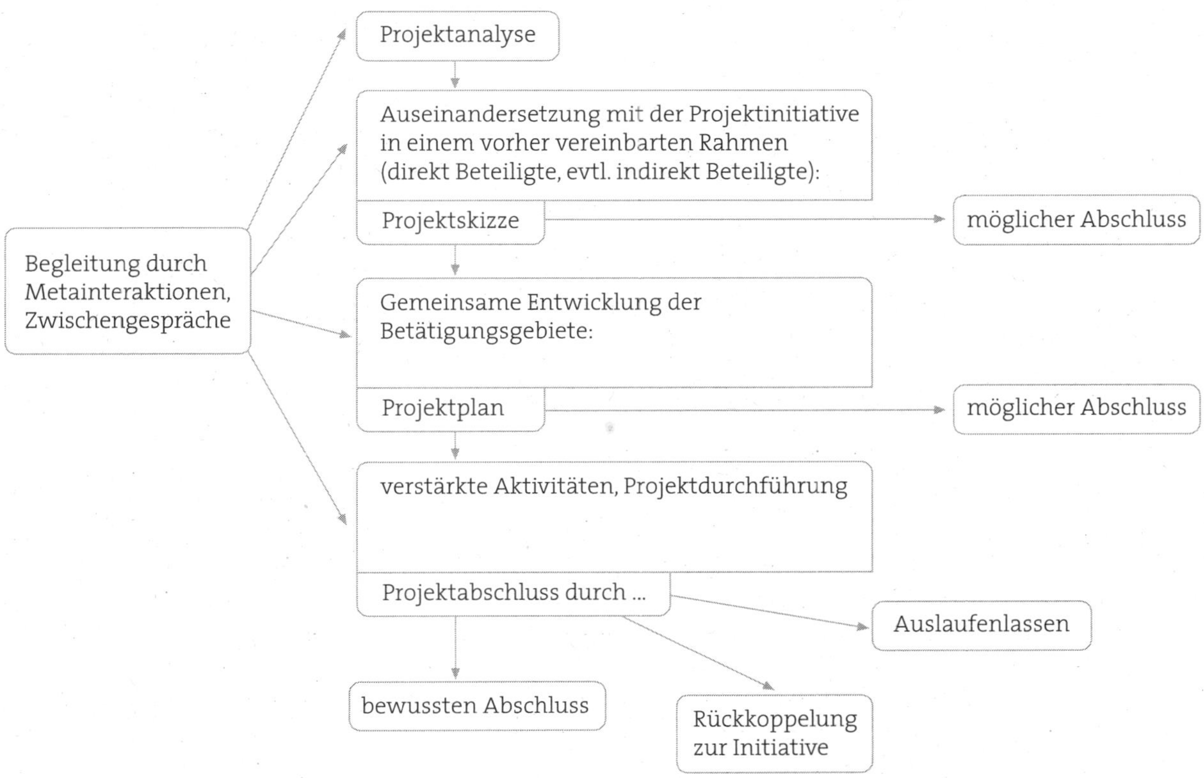

einmal auf den Begriff „Parlament" stoßen (vgl. Arbeitsbuch S. 167, Begriffskasten „Parlament"). Dann kann über die Wurzeln des Parlamentarismus, über die Funktion des Parlaments gesprochen werden: Es war eine Kontrollinstanz (zunächst des Adels) gegen die Königsgewalt. Die Erweiterung der Zugangsmöglichkeiten zum Parlament für alle Bevölkerungsgruppen setzte erst später ein. In Verbindung mit diesem Demokratisierungsvorgang nimmt das Parlament vor allem im 19. und 20. Jahrhundert die heutige Form an.

S. 11, M1 bis M3, Aufgaben 1 bis 3 Deutlich soll werden, dass der Vollzug der Strafen im Mittelalter – neben dem Aspekt der Grausamkeit – einen hohen Öffentlichkeitscharakter aufweist. Besonders das Anprangern verdeutlicht dies. Heute vollzieht sich die Urteilsverkündung und noch mehr die Bestrafung oft unter Ausschluss der Öffentlichkeit (bei Jugendlichen unter 18 Jahren kann die Öffentlichkeit vom Prozess ausgeschlossen werden). Die Isolation der Gefängniszeit kann zwei Seiten haben: zum einen den Schutz der Gesellschaft vor den Straftätern, zum anderen aber auch die Möglichkeit, den Straftäter vor schädlichen Einflüssen zu schützen, zu „bessern" und dann wieder in die Gesellschaft einzugliedern.

S. 12, M1 bis M4, Aufgaben 1 bis 3 M3 dient als Ausgangspunkt für die Erarbeitung einer Definition von Aberglaube. Diese kann sich orientieren an folgender Formulierung: „Der Aberglaube gründet in der magischen Weltanschauung, in der der Mensch glaubt, durch außergewöhnliche Praktiken Einfluss auf übersinnliche Mächte zu haben, meist zugleich in Verbindung mit der animistischen Weltanschauung, in der man physische Kräfte oder Dinge für beseelt hält und entsprechend gebraucht (...) Gewinnt die magische Weltanschauung (...) die Übermacht, wird Aberglaube durch magische Umdeutung von religiösen Inhalten sich ausbreiten. Auf diese Weise werden religiöse Symbole zu Zaubermitteln (...) Je mehr heute das rationale Weltbild säkularisiert, ja materialistisch wird, um so mehr wird als Aberglaube auch das abgewertet, was auf religiöse Erscheinungen, auf den Glauben an die Verbindung der Welt und des Daseins mit übersinnlichen und göttlichen Wesen und deren Einwirkung auf das Diesseits und den Gang irdischer Dinge sich bezieht." (Meyers Enzyklopäisches Lexikon in 25 Bänden, 9. Aufl. zum 150jährigen Bestehen des Verlages, Bd.1, Mannheim/Wien/Zürich 1971, S. 74)

Das folgende Schaubild (*Tafelbild 1*) zeigt die drei Pole Wissen(schaft), Glaube und Aberglaube. Dabei kann die Frage, ob die Wissenschaft nicht nur im Gegensatz zum Aberglaube, sondern auch zum Glauben steht, bewusst offen besprochen werden.

Tafelbild 1

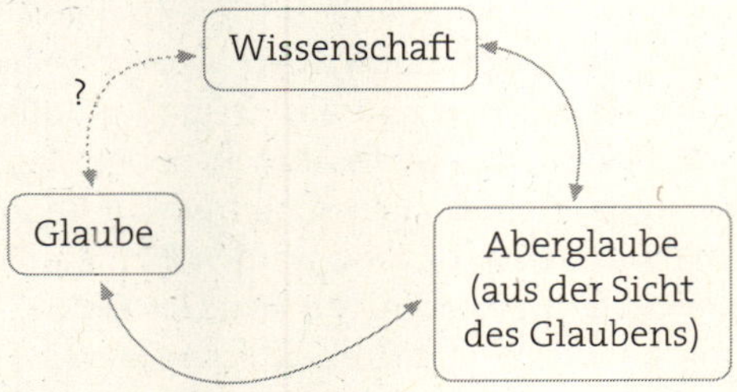

Der oben zitierte Lexikonartikel (von 1971) endet eher mit dem Sieg der Wissenschaft über den Aberglauben, der abgewertet wird. Allerdings bleibt zu überlegen, ob der wissenschaftliche Fortschritt und die erhöhten Anforderungen an die kognitive Leistung des Menschen nicht auch zum Griff nach vermeintlich einfachen Lösungen führen kann, wie sie der Aberglaube bietet.

M2 zeigt, wie alte heidnische Bräuche (Flurumgang zur Beschwörung der Götter für eine gute Ernte) durch christliche Symbole ersetzt werden: statt heidnischer Bilder werden

Der besondere Tipp:

Zusatzmaterial – Informationen zum Osterfest: Das Wort Ostern leitet sich ab von der germanischen Frühlingsgöttin, die in altenglischen Texten als Eostrae überliefert ist. Die germanische Göttin war eine Lichtgöttin, das ihr geweihte Fest war das Fest des zunehmenden Lichts im Frühjahr.

Das Osterfest ist heute zentrales Ereignis für den christlichen Glauben: Der Tod stellt nicht das Ende dar, er ist vielmehr Beginn eines neuen Lebens. Dem Osterfest geht die Leidenszeit und Kreuzigung Jesu voraus.

Der Osterhase als österlicher Eierlieferant geht auf einen Brauch zurück, der im 17. Jahrhundert im Elsass und am Oberrhein entstand. Erstmals belegt ist er für das Jahr 1678. Die Entstehung des Brauchs ist noch nicht ganz geklärt; vielleicht hängt sie mit dem auffälligen Verhalten der Hasen zusammen, die im Frühjahr in die Dörfer und Gärten kommen, um Futter zu suchen. Der Hase, sonst eher scheu, sucht also die Menschennähe auf – das ungewöhnliche Verhalten mag Anlass gewesen sein, ihm auch das Ablegen ungewöhnlicher Eier zuzusprechen. Die Herkunft kann aber auch damit erklärt werden, dass der Hase in vielen Kulturen als Symbol für die Fruchtbarkeit steht.

Aber auch eine eher wirtschaftshistorische Erklärung bietet sich an: Der Gründonnerstag war lange Zeit Abgabe- und Zinstermin. Eier und Hasen gehörten zu den häufigsten Abgaben.

Der Hase legt heute gesamtdeutsch die Eier – dies war nicht immer so: Im Westfälischen wurde diese Aufgabe lange Zeit dem Fuchs zugesprochen, in Schleswig-Holstein und Oberbayern dem Hahn, in Thüringen dem Storch.

Reliquien umhergetragen. Es war offensichtlich nicht möglich, die kultischen Handlungen der vorwiegend bäuerlichen Bevölkerung, die sich an Bäumen, Quellen, Steinen und Kreuzwegen vollzog, einfach durch den Gottesdienst in der Kirche zu ersetzen.

S. 13, M1 bis M3, Aufgaben 1 bis 3 Die Materialien machen deutlich, dass Zeit im Mittelalter zunächst nicht in Zusammenhang mit Arbeit und Beruf stand, sondern mit der Welt als Ganzes und Gottes Wirken in der Welt. Dabei steht für den mittelalterlichen Menschen fest, dass die Welt ein Ende hat – nur der Zeitpunkt ist offen und umstritten. Dies wird an M2 deutlich: Rudolf Glaber macht sich lustig über die Menschen, die das Ende für das Jahr 1000 befürchten; er geht vom Jahr 2000 aus.
Die Erfindung der (mechanischen) Uhr wird von vielen Historikern als Revolution bezeichnet, die das Leben der Menschen radikal veränderte. Dies mag am Anfang noch nicht so deutlich gewesen sein: So dient das nächtliche Wecken der Mönche dazu, dass diese ihren Gebeten nachgehen können. Hans Werner Goetz beschreibt dies sehr anschaulich: „Lediglich im kirchlichen und klösterlichen Bereich bedurfte man überhaupt genauerer Zeitbestimmungen, um Stundengebete (im Drei-Stunden-Rhythmus) pünktlich einzuhalten. Hier kannte man daher primitive ‚Uhren': Kerzen von bestimmter Länge, die eine gewisse Zeit brannten, (teilweise mobile) Sonnenuhren, die allerdings nur am Tag bei gutem Wetter funktionieren konnten, und als Kostbarkeit Wasseruhren, die Klepsydra, an deren Zeiger (dem Wasserstandsanzeiger) sich das Fortschreiten der Zeit ablesen ließ, die bei Frost allerdings nicht mehr funktionstüchtig war, weil das Wasser gefror." (Hans-Werner Goetz: Leben im Mittelalter, München 4. Aufl. 1991, S. 25)
Die neue Technik wurde aber bald bestimmend für die Städte und die dort ansässige Wirtschaft. Der Handel erforderte eine rationelle Zeitordnung, die durch die mechanische Uhr garantiert werden konnte. Humanistische Autoren des 15. Jhs., die besonders in den Städten vertreten waren, beklagten dann bereits einen enormen Zeitdruck.

Als *Einstiegsübung* empfiehlt sich ein Gedankenexperiment: Wie sähe eine Woche ohne Uhren aus? Die Schüler könnten zunächst alle Handlungen und Ereignisse einer Woche sammeln, deren Beginn oder Verlauf an einen genau fixierten Zeitrahmen gebunden ist. Anschließend überlegen sie sich, welche Folgen das Fehlen einer genauen Zeitkontrolle hätte. Die Sammlung und stichwortartige Fixierung der Überlegungen kann über ein Arbeitsblatt (*Kopiervorlage 1, S.12*) erfolgen.

Notizen:

Eine Woche ohne Uhren

Kopiervorlage 1

Name: .... **Klasse:** .... **Datum:** ....

Trage in das folgende Arbeitsblatt die Handlungen und Ereignisse ein, die an einen bestimmten Zeitrahmen gebunden sind. Überlege dir dann, wie der Tag aussähe, wenn es keine Uhren gäbe.

Handlungen und Ereignisse	**Wenn es keine Uhren gäbe ...**
Montag:	
Dienstag:	
Mittwoch:	
Donnerstag:	
Freitag:	
Samstag:	
Sonntag:	

Sachinformationen und Hinweise zum Gesamtaufbau

Das Kapitel teilt sich in die zwei Themenblöcke „Das Leben der Bauern" und „Das Leben der Adligen". Mit diesen Themen werden zwei wesentliche Erscheinungen mittelalterlicher Geschichte thematisiert: Die Landwirtschaft als ökonomische Grundlage sowie die Entwicklung des Ständedenkens als mentalitätsgeschichtlicher Hintergrund. Die beiden Lebenskreise von Bauern und Adligen werden jeweils unterschiedlich gewichtet, stehen dabei aber in engem Zusammenhang: Mögen auf personalem Gebiet auch Abgrenzungstendenzen zu beobachten sein, so verlaufen wirtschaftlicher Aufschwung bis zum Hochmittelalter und landwirtschaftlicher Niedergang im 13. Jahrhundert weitgehend parallel zum Aufstieg und Niedergang der höfischen Kultur.

Das Kapitel bietet durch die Methoden- und Werkstattseiten drei handlungsorientierte Unterrichtsangebote: Besuch eines Museums, Durchführung einer Erkundung, Ausrichtung eines Mittelalterfestes. Diese Unternehmungen können unabhängig von den Themeneinheiten im Schuljahr platziert werden – sie können also auch als Einstieg in das Kapitel dienen: Die Vorbereitung des Festes könnte Ausgangspunkt sein, weiterführende Fragen zu entwickeln lassen, die dann über die entsprechenden Themeneinheiten im Unterrichtsgang bearbeitet werden.

Im Zusammenhang mit dem Ständedenken wird auch das Christentum mit seinen Einflüssen auf das mittelalterliche Leben thematisiert. Die universale Bedeutung des Christentums und seine ständige Präsenz in allen Bereichen des mittelalterlichen Lebens werden in den beiden folgenden Kapiteln aufgegriffen. Das zweite Kapitel ist dabei der „großen" Politik gewidmet, das dritte Kapitel dem Alltag.

Vorschläge für Unterrichtssequenzen

Gruppe A	Gruppe B	Gruppe C
Das Leben der Bauern : S. 16–20 S. 26–29	Das Leben des Adels: S. 32–33 S. 38–43 S. 46–47	Wo sich Bauern und Adel begegnen: S. 22–25 (Grundherrschaft) S. 34–35 (Fehde) S. 36–37 (Ständegesellschaft)

Die Selbsttätigkeit der Schüler, und zwar über alle Phasen des Unterrichts, kann erhöht werden, wenn das Kapitel in arbeitsteiliger Gruppenarbeit erarbeitet wird. Hierzu werden drei Gruppen gebildet (s. Tabelle oben).

Zunächst präsentieren die Gruppen A und B die Ergebnisse ihrer Arbeit, Gruppe C führt das Leben beider Bevölkerungsgruppen am Beispiel der drei genannten Aspekte zusammen. Ein Vorschlag für Arbeitsaufträge findet sich auf der *Kopiervorlage 1, S. 25*.

Die Gruppenarbeit kann besonders dann wirkungsvoll eingesetzt werden, wenn das Kapitel „Bauern und Adel" nicht unmittelbar im Anschluss an die Einführung ins Mittelalter behandelt wird, sondern das im Arbeitsbuch folgende Kapitel „Wer herrscht in Europa?" vorgezogen wird und somit erste Erfahrungen der Textauswertung, Bildanalyse und der Kartenarbeit auch im anstehenden Schuljahr schon gesammelt werden konnten. Das Arbeitsbuch Forum Geschichte 2 sowie der Lehrplan in Nordrhein-Westfalen eröffnen die Möglichkeit dieser Umstellung.

Weiterführende Hinweise

Sachbücher

Jerome Blum, Die bäuerliche Welt. Geschichte und Kultur in sieben Jahrhunderten, München (C. H. Beck) 1982
Hartmut Boockmann, Einführung in die Geschichte des Mittelalters, 6. Aufl. , München (C. H. Beck) 1996
Otto Borst, Alltagsleben im Mittelalter, Frankfurt/M. (Insel) 1983
Fernand Braudel, Der Alltag. Sozialgeschichte des 15.–18. Jahrhunderts, München (Kindler) 1985
Joachim Bumke, Höfische Kultur. Literatur und Gesellschaft im Hohen Mittelalter, München (dtv TB 4442) 1986
Heinrich Fichtenau, Lebensordnungen des 10. Jh., 2. Aufl., München (dtv) 1994
Horst Fuhrmann, Einladung ins Mittelalter, München (C. H. Beck) 1989
Hans-Werner Goetz, Leben im Mittelalter, 4. Aufl., München (C. H. Beck) 1991
Bernd Herrmann (Hg.), Mensch und Umwelt im Mittelalter, Frankfurt/M. (Fischer) 1990
Harry Kühnel (Hg.), Alltag im Spätmittelalter, Graz (Styria) 1996
Werner Meyer, Burgen, München (Droemer/Knaur) 1982
P.M.-Perspektive, Mittelalter, Mai 1989, C 7382 F, 89/011

Werner Rösener, Bauern im Mittelalter, München (C. H. Beck) 1985
Georg Siemoneit, Vom Zauber alter Burgen, Freiburg (Rombach) 1983
Anna Wimschneider, Herbstmilch. Lebenserinnerungen einer Bäuerin, München (Piper) 1987
Heide Wunder, Die bäuerliche Gemeinde in Deutschland, Göttingen (Vandenhoeck & Ruprecht) 1986

Didaktische Literatur
Hans-Peter Boer, Lüninge oder die wahre Geschichte von Jörg Dirk Schulze Westerode, seiner Frau und seinen drei Söhnen, Münster (Landwirtschaftsverlag) 1985
Rudolf Hadorn/ Jürg Minnier/ Beat Salzmann, Aus dem mittelalterlichen Leben: Auf dem Land. Zentralstelle für Lehrerfortbildung des Kantons Bern, 2. Aufl., Gümlingen (Zytglogge) o. J.

Jugendbücher
Karen Cushman, Catherine, Lady wider Willen, München (dtv) 1996
David Macaulay, Es stand einst eine Burg, 10. Aufl., München (dtv) 1993
Pierre Miquel, So lebten sie zur Zeit der Ritter und Burgen, Hamburg (Tessloff) 1979
Inge Ott, Der Cid, Stuttgart (Freies Geistesleben) 1991
Heinrich Pleticha, Ritter, Bürger, Bauersmann, Würzburg (Arena) 1985
Sheila Sancha, Das Dorf. So lebte man im Mittelalter auf dem Lande, Hildesheim (Gerstenberg) 1988

Medien

FWU 10 00125:	Der Bauer im Spätmittelalter. 16 sw.
FWU 10 00 134:	Edelmann und Ritter am Ausgang des Mittelalters. 18 sw.
FWU 10 00 466:	Aus dem Leben des Adels im Hochmittelalter. 19 f.
FWU 3000191/2:	Anlegen eines Harnischs.
WBF	Bauer und Grundherr, 16-mm-Tonfilm.
WBF 1546:	Die Burg als Wohnbau.
WBF 1545	Die Burg als Wehrbau.
WBF 1552:	Ritter und Landsknechte 1475 (Kampfspiele auf dem Turnierplatz).

Auftaktseiten S. 14 f.

Die Analyse des großen Bildes könnte bei der Geschlechterzuweisung ansetzen: Die hart arbeitenden Männer, die lustwandelnden bzw. mit leichten Arbeiten beschäftigten Frauen im Garten. Die Frage, ob es sich bei den Frauen um die Ehefrauen der Bauern handelt, wird rasch verneint werden. Die ebenmäßigen Gesichtszüge der Frauen stehen in auffälligem Kontrast zur unförmigen Mimik der Männer.
Zwei Leerstellen hinterlässt das Bild, von dem wir nur einen Ausschnitt sehen: Wo sind die vornehmen Männer? Was machen die bäurischen Frauen? Das kleine Bild gibt teilweise eine Antwort: Es zeigt die Bauern, erkennbar an ihren Geräten, wie sie einer höher gestellten Person Bericht erstatten bzw. ihre Präsenz zeigen. Offensichtlich hat es der vornehme Herr nicht nötig, hart und körperlich zu arbeiten. Betrachtet man sich das größere Bild noch einmal genauer, dann könnten Schülerinnen und Schüler die Vermutung äußern, dass der Hase und der Hund im Vordergrund links zwischen den Obstbäumen Bestandteile einer Jagdszene sind: Der Adlige, der sich auf der Jagd befindet, wird nicht gezeigt. Mit Blick auf das kleine Bild können die Schüler überlegen, wie der Adlige – angenommen das Verhältnis zwischen Adel und Nichtadel entsprach dieser Darstellung – als Minderheit seine Herrschaft gegen die überwiegende Zahl der ländlichen Bevölkerung behaupten konnte.

Das Leben der Bauern S. 16–31

Leben auf einem Bauernhof

Hinweise zu den Materialien und Aufgaben
S. 16/17, M1 bis M5, Aufgabe 1 bis 4 Die erste Themeneinheit dient dazu, die Schülerinnen und Schüler für den Umgang mit den Quellen zu sensibilisieren. Dabei kommt der Aufgabe 2 zentrale Bedeutung zu. Die Ergebnisse und Überlegungen können in einer Tabelle festgehalten werden:

Quelle	Art der Quelle	Beabsichtigte Funktion	Möglichkeit des Kenntnisgewinns
M1	Buchillustration		
M2	Gemälde		
M3	Dichtung (eines Adligen)		
M4	Illustrationen		
M5	Fiktiver Bericht (aus unterschiedlichen Quellen zusammengestellt)		

Landwirtschaft im Wandel

S. 18, Aufgabe 2 Tabelle 1, s. unten.

S. 19, Aufgabe 3 Deutlich wird an der Karte, dass im Mittelmeerraum die einfacheren Pfluggeräte beibehalten blieben. Offensichtlich waren sie für die klimatischen und geologischen Voraussetzungen ausreichend. Im feuchteren Nordeuropa dagegen stellte der Räderpflug, der die Scholle auch wendete, für die Bearbeitung des schweren und feuchten Bodens einen entscheidenden Vorteil dar. Ohne entsprechende technische Geräte hätte der Bauer dies nicht bewerkstelligen können. Durch den Räderpflug wurde auch die Belüftung des Bodens verbessert und das Unkraut zurückgedrängt: Die Landwirtschaft im Norden konnte so bald höhere Erträge abwerfen als die im südlichen Europa.

S. 19, Aufgabe 4 Die Zuweisung kann folgendermaßen vorgenommen werden:

Fett: Nahrung, Schmiermittel, Talg (für Kerzen und Seife)
Fleisch: Nahrung
Gehirn: Nahrung, Gerbmittel
Knochen: Leim, Nahrung (Mark), Seife, Schnitzereien
Hörner: Kämme, Messergriffe, Vogeltränken
Fell: Kleidung, Futtersäcke, Zaumzeug, Sitzbezüge
Blut: Nahrung, Farbe
Flomen: Fensterglasersatz
Haare: Mörtel, Polster, Seile
Gedärme: Nahrung, Wursthaut
Milch: Nahrung
Blase: Schwimmhilfe, Säcke
Sehnen: Bogensehnen, Dreschwerkzeug, Nahrung
Schwanz: Peitschenwedel
Urin: Mörtel
Mist: Dünger

S. 19, Aufgabe 5 Der Ertrag verdoppelt sich im genannten Zeitraum. Zieht man die für die Aussaat benötigte Getreidemenge ab, so hat sich der für die Ernährung zur Verfügung stehende Ertrag vervierfacht. Dies bedeutet, dass die Arbeit eines Bauern mehr Menschen ernährt. Die Personen, die in der Landwirtschaft nicht mehr benötigt werden, können sich z.B. auf handwerkliche Fertigkeiten spezialisieren und damit den technischen Fortschritt weiter vorantreiben. Sie können sich auch als Kämpfer spezialisieren, was ihnen unantastbare Herrschaft ermöglicht. Hier kann eine erste Zwischenantwort auf die Frage nach der Herrschaftssicherung gegeben werden, die auf der Auftaktseite entwickelt wurde.

S. 19, Aufgabe 6 Bevölkerungsstatistische Untersuchungen erbrachten für das Mittelalter die in Tabelle 2 festgehaltenen Ergebnisse (s. unten).

S. 20, M7 Zentraler Gedanke ist hier der so genannte Teufelskreis der Ernährungskrise, der von einem erhöhten Nahrungsmittelbedarf ausgeht. Er ist verursacht worden durch ein Bevölkerungswachstum, hinter dem auch der technische Fortschritt auszumachen ist. Der Einstieg in den Teufelskreis erfolgt also über den technischen Fortschritt, der Ausstieg aus ihm auch. Mit Blick auf die Bevölkerungsstatistik könnte gezeigt werden, dass im 14. Jahrhundert dies offensichtlich durch die Dreifelderwirtschaft gelang.
Die Ursache-Folge-Wirkungen könnten als Tafelbild (*Tafelbild 1, S. 16*) festgehalten werden:

Tabelle 1: Landwirtschaft im Wandel

	anfänglich	um 1000	ab 13. Jh.
Technik	Grabstock, später Hakenpflug	Räderpflug mit Kummet, Düngen	
Methoden	Feldgraswirtschaft	Zweifelderwirtschaft	Dreifelderwirtschaft

Tabelle 2: Bevölkerung in Europa (Angaben in Mio.)

Gebiet	500	650	1000	1340	1450
Griechenland und Balkan	5	3	5	6	45
Italien	4	2,5	5	10	7,5
Spanien und Portugal	4	3,5	7	9	7
Süden gesamt	13	9	17	25	19
Frankreich und Benelux-Staaten	5	3	6	19	12
Deutschland und skandinavische Länder	3,5	2	4	11,5	7,5
West- und Mitteleuropa gesamt	9	5,5	12	35,5	22,5
Russland	k. A.	k. A.	6	8	6
Polen und Litauen	k. A.	k. A.	2	3	2
Ungarn	0,5	0,5	1,5	2	1,5
Osten gesamt	5,5	3,5	9,5	13	9,5
Europa gesamt	27,5	18	38,5	73,5	50

Tafelbild 1

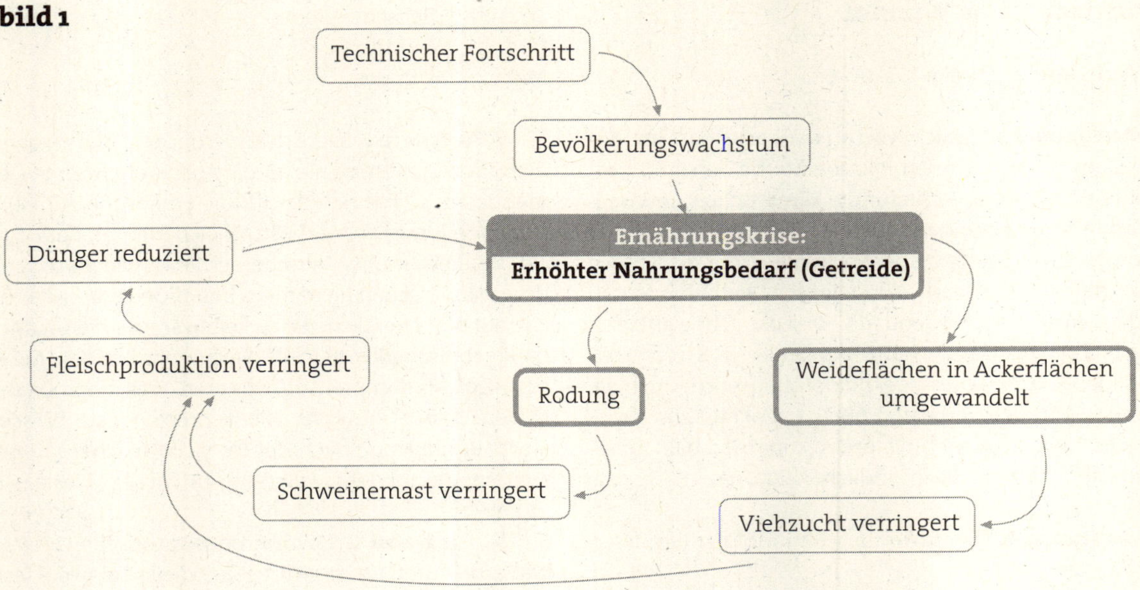

Workshop Methoden: Wir besuchen ein Museum

Der besondere Tipp:
Zu S. 21: Wer einen Museumsbesuch plant, findet unter der folgenden Internetadresse („Virtual Library Museen") eine Vielzahl von Freilichtmuseen:
http://www.vl-freilichtmuseen.de

Als Beispiel sei das Angebot zum Buchstaben „A" vorgestellt. Jedes angeführte Museum kann aufgerufen werden, sodass detaillierte Informationen eingeholt werden können.

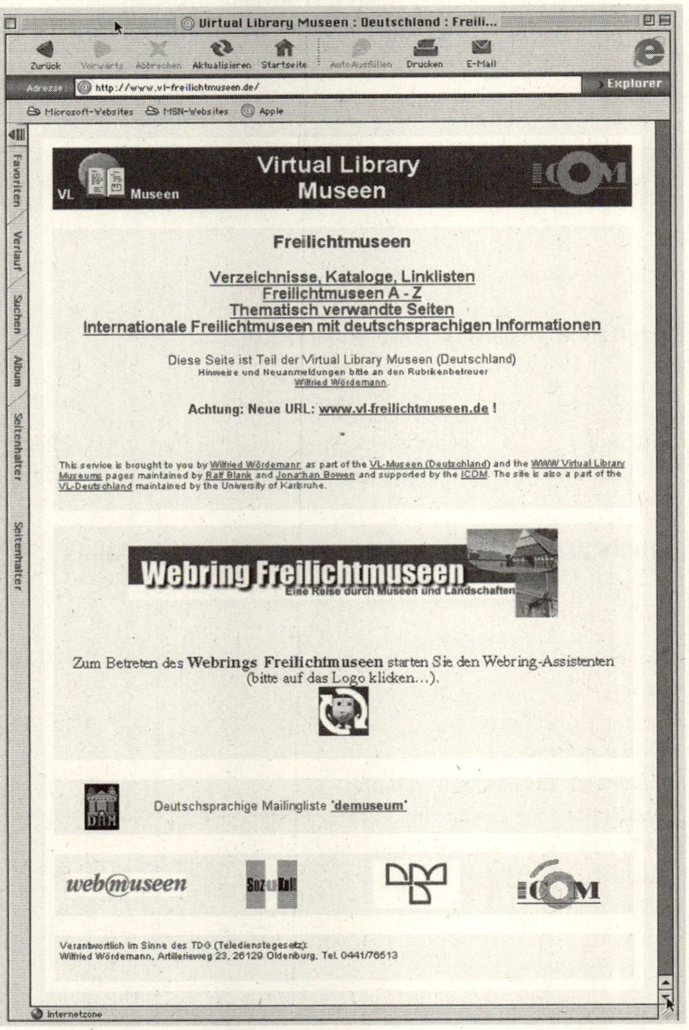

Die Grundherrschaft – nur eine Herrschaft über Grund und Boden?

Sachinformation und Problemstellung

Grundherrschaft ist ein Begriff der modernen Geschichtswissenschaft. In mittelalterlichen Quellen finden sich verschiedene Bezeichnungen für den Sachverhalt,

- die teilweise das Herrschaftsverhältnis („dominium", „potestas"),
- teilweise die Siedlungsform („villa" und „curtis" als Fronhof, „terra salica" als Salland bzw. Herrenland und „mansus" als Hufe) bezeichnen.

Die Themeneinheit soll sowohl grundsätzlich-strukturelle Sachverhalte vermitteln als auch die historische Entwicklung der Grundherrschaft an einem Beispiel illustrieren. Hierzu wurde Friemersheim gewählt, das in der Forschung besonders gut aufgearbeitet ist.

Hinweise zu Materialien und Aufgaben

S. 22, Aufgabe 2 Jonas wird als Hufenbauer dargestellt.

S. 22, Aufgabe 4 Das herrengemäße Leben der Meier kann an M2 (Pferd des Meiers verwüstet Weizenfeld) und an M1 (Pose mit Stab) erläutert werden.

S. 23, Aufgabe 6 Die Bilder sind – von oben nach unten – wie folgt zuzuordnen:

- Fleischzehnt: Johannistag (24.6.)
- Lämmerzehnt: Walpurgistag (1.5.)
- Obst- und Weinzehnt: Urbanstag (25.5.)
- Gänsezehnt: Mariä Himmelfahrt (15.8.)
- Geldzins für Eier und Getreide: Bartholomäustag (hier symbolisiert durch das Schicksal des Märtyrers, dem die Haut abgezogen wurde: 24.8.)

M3 auf S.22 zeigt den Getreidezehnt, der am Margaretentag (13.7.) fällig wurde. Die meisten der genannten Tage spielen im heutigen Leben keine Rolle mehr (Ausnahme Mariä Himmelfahrt als Feiertag und vor allem der 1. Mai als „Tag der Arbeit").

S. 23, Aufgabe 7 Der mittlere Bauer überreicht dem Grundherrn offensichtlich Münzen. Die Ablösung der Abgaben durch Geldzahlung ist für die Zeit ab dem Hochmittelalter zu beobachten.

S. 24, M5 und M6, Aufgaben 8 bis 11 Die Frage, wie viele freie Bauern es im Mittelalter gab, ist schwer zu beantworten und in der Forschung immer noch umstritten. Es ist überliefert, dass zahlreiche Bauern ihre „Freiheit" aufgaben – ob freiwillig oder gezwungen, kann nicht immer festgestellt werden – und sich in die Abhängigkeit einer Grundherrschaft begaben. Diesen Vorgang nennt man Vergrundholdung. In diesem Zusammenhang kann nach der Attraktivität der zweigeteilten Grundherrschaft gefragt werden. Sie bestand darin, dass das Land um einen Fronhof durch den Grundherrn bzw. dessen Leibeigene bearbeitet wurde, dass weiter entfernt liegendes Land den Hufenbauern überlassen wurde, die das Land bebauten und bestimmte Leistungen bzw. Abgaben verrichten mussten. Mit den Begriffen „Nähe", „Ferne", „Schutz", „Freiheit" lässt sich eine Matrix aufziehen, in der verschiedene Möglichkeiten denkbar sind (s. Tabelle unten).

S. 25, zu Friemersheim (M7 bis M9) Die Angaben zu Friemersheim machen deutlich, dass der Bauernstand nicht nur sich selbst ernährte, sondern durch die erwirtschafteten Überschüsse auch alle andere Menschen. Die Veränderungen im Spätmittelalter – sinkende Getreidepreise als Ursache bäuerlichen Niedergangs – können die Schülerinnen und Schüler mithilfe der Begriffe Angebot und Nachfrage untersuchen: Offensichtlich ging die Nachfrage nach Getreide zurück. Dieser Rückgang kann nicht durch den Rückgang der Landbevölkerung erklärt werden (z.B. durch eine Seuche unter den Bauern), denn dann wäre auch die Produktion, das Angebot, abgesunken und die Preise gleich geblieben. Also muss die Nachfrage in den nichtländlichen Gebieten zurückgegangen sein, nämlich in den Städten. Hier kann auf die Pestwellen des Spätmittelalters verwiesen werden, die besonders in den engen Städten wüteten.

	Nähe	Ferne
Schutz	Wer z.B. nah am Herrenhof wohnt, kann in Notsituationen (wilde Tiere, Verletzung) auf rasche Hilfe hoffen, ist „frei" von Gefährdungen.	Wer entfernt wohnt, kann in Not- und Streitfällen nicht auf sofortige Hilfe hoffen, hat es vielleicht auch schwer, den wahren Sachverhalt aufgrund fehlender Zeugen zu beweisen.
Freiheit	Wer nah am Hof wohnt, kann dauernd zu Diensten herangezogen werden, genießt also weniger Freiheit im Sinne von Unabhängigkeit.	Wer vom Hof entfernt wohnt, steht nicht unter dauernder Aufsicht, kann Dienste durch Abgaben ersetzen, die zu bestimmten Zeitpunkten zu leisten sind.

Das mittelalterliche Dorf – Nachbarschaft und Genossenschaft

Sachinformation und Problemstellung

Die Bedeutungssteigerung, die das Dorf im Mittelalter erhielt, kann anknüpfen an zwei Veränderungen des Grundherrschaftswesens: an den Ausbau der zweigeteilten Grundherrschaft mit Vergrößerung des Hufenlandes und an die Ablösung der Dienste durch Abgaben, wodurch die Kommunikation und Kontakthäufigkeit mit dem Fronhof geringer, dafür das Dorf zum Zentrum wird.
Besonders die Geschichtsschreibung des 19. Jahrhunderts hat versucht, das mittelalterliche Rechts- und Gerichtswesen unter systematischen Gesichtspunkten zu beschreiben. Althoff fasst den aktuellen Forschungsstand, der von dieser Annahme abrückt, so zusammen: „[D]och sind die Zweifel eher gewachsen, ob man mittelalterliche Gerichte in eine an modernen Maßstäben orientierte Rechtssystematik bringen kann. Gerichte sind eher Machtmittel in der Hand der Gerichtsherren als unabhängige Organe der Rechtsprechung gewesen." (G. Althoff / H.-W. Goetz / E. Schubert: Menschen im Schatten der Kathedrale. Neuigkeiten aus dem Mittelalter, Darmstadt 1998, S. 16) Dieser Gedanke kann durch den Abschluss des Darstellungstextes S. 28 den Schülern näher gebracht werden: Der Grundherr hält die Beschlüsse und Urteile schriftlich fest. Die für den modernen Menschen selbstverständliche Trennung der Gewalten gibt es im Mittelalter also nicht: „Im Mittelalter waren Gerichte dagegen Instrumente in den Händen der Gerichtsherren" (ebd., S. 26). Allerdings darf dies nicht als Allein- oder Willkürherrschaft verstanden werden: „Hervorzuheben ist abschließend noch einmal die Mitwirkung der Gerichtsgenossenschaft, auf die jeder Gerichtsherr angewiesen war. Wir werden dieser Mitwirkung, die eine Form der Mitbestimmung ist, auch auf anderen Gebieten mittelalterlicher Staatlichkeit wiederbegegnen. Ob Rat oder Urteil (consilium vel iudicium), ohne Beteiligung der Betroffenen kam mittelalterliche Herrschaft nicht aus, auch wenn diese Beteiligungen zweifelsohne nicht als frühe Formen von Demokratie zu verstehen sind, denn sie beschränkten sich auf die Angehörigen der Führungsschichten." (ebd., S. 26)

Hinweise zu Materialien und Aufgaben

S. 27, Aufgabe 1 bis 3 Der Vergleich von M1 und M3 macht deutlich, wie die lockere Ansammlung von Höfen und Häusern zu einem Dorf zusammengewachsen ist, das sich um ein Zentrum gruppiert: die Kirche. Die Kirche ist als Wehrkirche gestaltet. Hier kann sich die Dorfbevölkerung im Bedrohungsfall zurückziehen. In M1 hatten die einzelnen Höfe Palisadenzäune.
Eine detaillierte Betrachtung von M2 kann durch die Quelle S. 28, M5 ergänzt werden: Die Grenzzäune, die in der Quelle erwähnt werden, sind auf der Abbildung deutlich zu erkennen. Der Dorfzusammenhalt wurde auch durch den Übergang zur Dreifelderwirtschaft nahegelegt: Absprachen waren notwendig, welche Fluren für Sommerfrucht, Winterfrucht oder Brachland zu reservieren waren. Jeder Bauer sollte jeweils Streifen in diesen einzelnen Fluren haben. Diese streifenförmige Aufteilung der Ackerfläche ist in M3 gut zu erkennen.
Hier kann auch auf das Sprichwort verwiesen werden, wonach man die Kirche im Dorf lassen soll. Es appelliert an ein umsichtiges Denken und Handeln. Es ist wohl entstanden in einer Zeit, die geprägt war von wilder Bauwut, die vieles verändert und auch zerstört hat. Auch wenn sich manches rasch ändern lässt, die Kirche – so das Sprichwort – sollte man klugerweise stehen lassen.

Kopiervorlage 2, S. 26 bietet einen spielerischen Zugang zur Dreifelderwirtschaft. Das Spielfeld samt Regeln kann auch mit teilabgedeckten Feldern verteilt werden, die von den Schülerinnen und Schülern dann individuell mit Rückgriff auf die Materialien und Texte des Arbeitsbuches ausgestaltet werden können.

S. 28, M5 und M6, Darstellungstext M5 und M6 machen deutlich, dass auch die Dorfbewohner (mit Ausnahme der Frauen – vgl. Aufgabe 8) einbezogen werden konnten, wenn es um ihre rechtlichen Belange ging. Die Beteiligung sollte sicherlich auch die Identifikation mit Regelungen und Entscheidungen fördern.
Text und Fragen verweisen auch auf den Aspekt der Kontrolle durch soziale Nähe. Diese führte sicherlich dazu, dass es Alternativen zum Gerichtsurteil gab, die nicht unter, sondern neben dem Urteil standen:

1. die gütliche Einigung, in dem die Parteien zu einem gütlichen Ausgang ihres Streites finden, und
2. die Einigung durch Genugtuung, wenn eine Partei ohne Urteil zu Leistungen bereit ist, die als Entschädigung angenommen werden.

Für manchen Zeitgenossen mag es heute unverständlich erscheinen, dass viele Konflikte erledigt werden konnten, ohne die Gerichte zu bemühen: „Um dies zu verstehen, muss man sich wiederum von Vorstellungen lösen, die erst der moderne Staat mit sich gebracht hat: dass es nämlich im öffentlichen Interesse liegt, bestimmte Sachverhalte von Amts wegen verfolgen und bestrafen zu lassen." (Althoff, a.a.O., S. 20).

Der Vergleich mit der Gegenwart, zu dem S. 28 Aufgabe 6 anregt, kann auch Anlass sein, über die Wort- und Namenuntersuchung Veränderungen nachzuspüren (*Kopiervorlage 3, S. 27*). Teil A der Kopiervorlage kann eingesetzt werden, wenn das Längsschnitt-Thema „Wohnen unter einem Dach" (S. 244–257) über das gesamte Schuljahr verteilt wird (vgl. unten die Erläuterungen zum Längsschnitt-Thema).

S. 28, Aufgabe 8 Die Frau war dem Mann im Mittelalter rechtlich untergeordnet. Allerdings darf dies nicht zu einer plakativen Sichtweise führen: Die Frauen im Mittelalter hatten durchaus Einfluss. In Adelskreisen ist zu beobachten, dass Bittsteller den indirekten Weg über die Gattin der Herrschers wählten, um ihr Anliegen vorzutragen. Auch sind Witwen oft politisch als Regentinnen tätig. Urkunden belegen auch, dass Frauen über eigenen Besitz verfügten und Transaktionen vornehmen konnten. Frauen mussten sich vor Gericht durch einen Vogt oder Anwalt vertreten lassen; dies musste aber nicht der eigene Ehemann sein. Der Ehemann verfügte also nicht allein über das Gut der Ehefrau.

S. 29, M8 Im Mittelalter gab es nur wenige kinderreiche Familien. Untersuchungen auf manchen Friedhöfen haben ergeben, dass die Hälfte der bestatteten Personen jünger als 7 Jahre war. Dabei ist noch zu berücksichtigen, dass möglicherweise Säuglinge, die noch vor der Taufe starben, nicht ordnungsgemäß bestattet wurden. Im Durchschnitt bestanden Familien aus den Eltern und zwei bis drei (über)lebenden Kindern.

Bauern in der Industriegesellschaft

Sachinformation und Problemstellung
Den Schülern sollte deutlich werden, dass nach einem langjährigen Schrumpfungsprozess mit Blick auf Beschäftigungsmöglichkeiten in der Landwirtschaft sich das Tätigkeitsprofil des Landwirtes ändern wird. Als Gründe für den genannten Prozess kann auf den technischen Fortschritt und die europäische und außereuropäische Konkurrenz verwiesen werden. In einer Zeit, in der Umweltschutz immer wichtiger wird, kann dem Landwirt eine neue Bedeutung als Landschaftsschützer zukommen, unabhängig vom Ertrag, den seine Felder bringen.
Ausgehend von S. 30, M1 oder M2 kann gefragt werden, wo die Menschen, die in der Landwirtschaft nicht mehr gebraucht wurden, Arbeit und Beschäftigung fanden. Die Schüler werden Handwerk und Industrie nennen. Die Beschäftigung verlagerte sich also vom primären (Land-, Fisch-, Forstwirtschaft) zum so genannten sekundären Bereich (vor allem Industrie). In diesem sekundären Bereich lässt sich wegen der Automatisierung heute ein ähnlicher Prozess beobachten: Im-mer weniger Arbeitskräfte werden benötigt. Werden im so genannten tertiären Arbeitsbereich (Dienstleistungen aller Art) genug attraktive Arbeitsplätze entstehen, um den Menschen Beschäftigungsmöglichkeiten zu bieten? Den Schülern soll verdeutlicht werden, dass diese Frage in unserer Gesellschaft offen diskutiert wird.

Eine Erkundung durchführen

S. 31, Gruppenarbeit im Gruppenpuzzle Das so genannte Gruppenpuzzle ist eine anspruchsvolle Form der Gruppenarbeit. Sie kann bei der Vorbereitung, Durchführung und Nachbereitung einer Exkursion eingesetzt werden. *Kopiervorlage 4, S. 28* ist als „Handzettel" für die Schüler gestaltet, um über Regeln und Ablauf des Gruppenpuzzles zu informieren.

Das Leben der Adligen S. 32–47

Der Adel – Verwandtschaft und Herrschaft

Sachinformation und Problemstellung
Bei der Besprechung dieser Materialien sollte den Schülern deutlich werden, dass die mittelalterliche Gesellschaft zunächst keine vollkommen statische Angelegenheit war, auch wenn dies in Selbstaussagen besonders ab dem Hochmittelalter so dargestellt wird. Heinz-D. Heimann fasst zusammen:
„Adlige Herrschaft bildete sich auf der Grundlage von ausgedehntem Eigenbesitz (Allod) mit Hintersassen, durch die Verfügung über kirchliche Institutionen (Eigenkirchenwesen, Kirchenvogteien), Königsnähe und die Kontinuität des Geschlechts, woraus nicht zuletzt ein herrschaftsrelevantes Prestige- und Familienbewusstsein floss. ‚Adel' meint eine labile heterogene Großgruppe mit stark regionalen Herrschaftsbindungen. Das Verhältnis der verschiedenen Gruppen innerhalb des Reichsadels macht eine Sozialgeschichte des sich nach und nach neu bildenden Adels ebenso aus wie die Verfassungsgeschichte des Reiches." (Einführung in die Geschichte des Mittelalters, Stuttgart 1997, S. 170).
Ausgehend von den Darstellungstexten und Materialien könnten die Schüler folgendes Flussdiagramm entwickeln (*Tafelbild 2, S. 20*)

Notizen:

Tafelbild 2 Ausprägung des Adels seit der so genannten Völkerwanderung

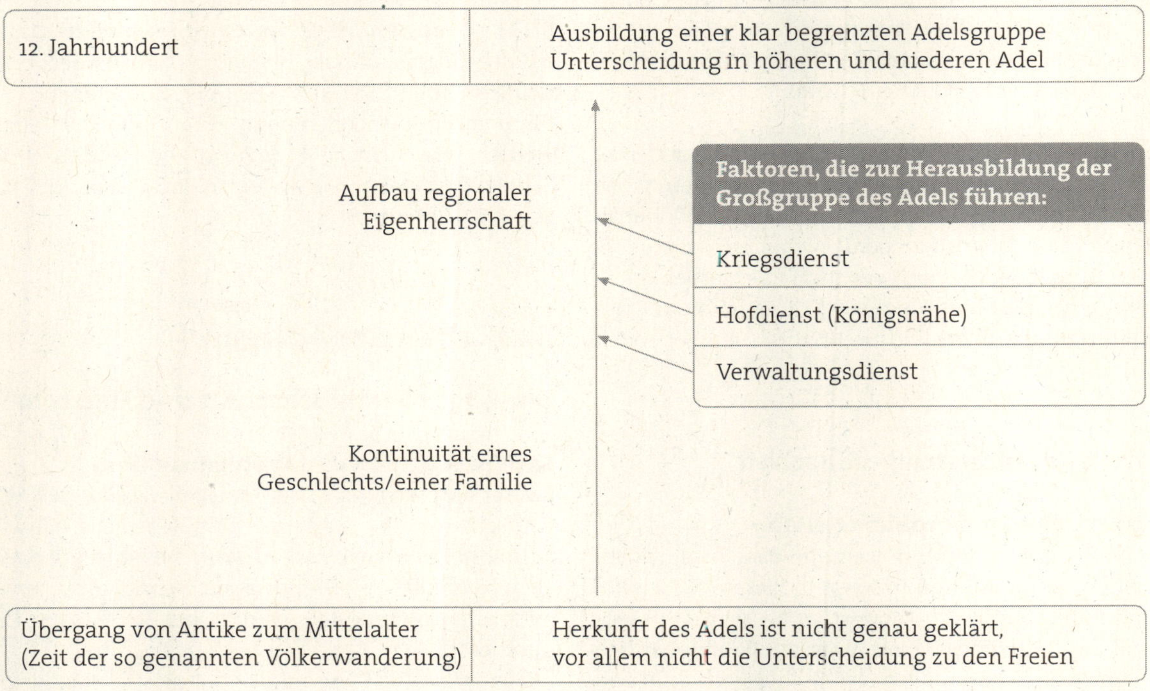

Hinweise zu Materialien und Aufgaben

S. 33, Aufgabe 6 Im Zusammenhang mit dieser Aufgabe kann gezeigt werden, dass auch heute noch verwandtschaftliche Beziehungen eine Rolle spielen (z. B. wenn es darum geht, einen Praktikumsplatz, eine Wohnung u. a. zu finden). Hier kann überlegt werden, welche Auswirkungen standardisierte und anonyme Aufnahmetests oder Abschlussprüfungen haben (z. B. Juraexamen u. a.). Schüler werden fragen, ob Vereine oder Parteien in Analogie zu mittelalterlichen Möglichkeiten der Begünstigungen gesehen werden sollen. Hierbei ist darauf zu verweisen, dass persönliche Fürsprache, soziales und politisches Engagement auch etwas über Bewerber aussagen können.

Fehde – ein typischer Konflikt im Mittelalter

Sachinformation und Problemstellung

Die Fehde scheint geeignet zu sein, den Eindruck der Gewalttätigkeit des Mittelalters zu unterstreichen. Allerdings sollte bei der Behandlung darauf hingewiesen werden, dass stark unterschieden werden muss, wer von den Auswirkungen der Fehde wie betroffen war. Gerd Althoff, von dem das Urteil in M3 stammt, zeigt, dass bei Form und Verlauf mittelalterlicher Konflikte mit Blick auf den Adel auf Mäßigung geachtet wurde:

„Sowenig nämlich die Waffenträger des Mittelalters die Menschen und ihre Würde in allgemeiner Hinsicht achteten, so sensibel agierten sie, wenn sie unter sich waren. Die Spielregeln der Konfliktführung änderten sich, je nachdem, ob Personen von Stand, also Adlige, beteiligt waren oder nicht. In diesem exklusiven Kreis von adligen Standesgenossen praktizierte man im Mittelalter Regeln der Konfliktführung und -beilegung, die dem Klischee von einer ungebremst gewalttätigen Zeit keineswegs entsprechen. Vielmehr kannte und nutzte man vielfältige Mittel und Wege, Gewalt dosiert einzusetzen, vor ihrer Anwendung Zeit für Verhandlungen zu lassen, den Verzicht auf Gewalt zu erleichtern, ein Einlenken zu honorieren und vieles andere mehr. In der Summe erscheint so die Konfliktführung der Waffen tragenden Schichten alles andere als irrational. Sie ist im Gegenteil durch Augenmaß und bewussten Umgang mit der Gewalt gekennzeichnet und markiert so die andere Seite der Medaille." (Gerd Althoff, Hans-Werner Goetz, Ernst Schubert, Menschen im Schatten der Kathedrale. Neuigkeiten aus dem Mittelalter, Darmstadt 1998, S. 9)

Hinweise zu Materialien und Aufgaben

S. 34, M2a und 2b An den beiden Quellen kann gezeigt werden, dass die Bauern als Menschen zweiter Klasse galten und so behandelt wurden. In 2a wird deutlich, dass die Burgbewohner relativ bald und unbehelligt abziehen; es sind vor allem die Bauern, die unter dem Krieg leiden. Auch in M2b werden die Königshöfe, also landwirtschaftliche Güter, zerstört. Die Verachtung der Bauern wird darin sichtbar, dass Otto seinen eigenen Bauern gegenüber, die er zum Teil an der Beute teilhaben lässt, die erlittenen Schäden als göttliche Strafe ausgibt. Die Möglichkeit der Selbsthilfe ist ihnen verwehrt.

S. 34 und 35, M1 und M4 Durch den Vergleich von M1 und M4 sollte deutlich werden, dass M4 die Schrecken des Krieges und hier vor allem die Auswirkungen auf die Landbevölkerung zeigt: Die Gehöfte stehen in Flammen, die

Burgen sind – obwohl Kanonen eingesetzt werden – unversehrt, das Vieh wird hinweggeführt, unbewaffnete Menschen – offensichtlich auch Kinder – werden gemeuchelt. Die Vermutung der Schüler, die Darstellung in M1 sei geschönt, da hier keine Toten zu erkennen seien, kann relativiert werden mit dem Hinweis, dass hier ein ritterliches Gefecht abgebildet ist.

Gerd Althoff stellt die so genannte Tübinger Fehde vor, die um 1160 stattfand. Der (überraschende) Text gibt den Verlauf eines ritterlichen Gefechts wieder:
„Jetzt eilt auch unsere Hauptmacht in geschlossener Front (…) herbei, aber wegen der Schwierigkeit des Zugangs erreichen nur wenige den Kampfplatz. Gleichwohl haben alle, die zum Schlagen kamen, zwei Stunden lang aufs Tapferste gekämpft, obgleich mit Ausnahme eines einzigen auf keiner Seite jemand fiel. So gut waren sie nämlich alle durch ihre Rüstungen geschützt, dass sie viel leichter gefangen genommen als getötet werden konnten." (Einige der Truppen ergreifen dann die Flucht.) „Als die Feinde dieser Flucht wahr werden, nehmen sie zunächst ihre noch kämpfenden Gegner, von denen nur wenige entkommen, gefangen und schicken sie in die Burg; dann setzen sie den anderen nach. Wie Schafe von der Weide in den Stall treiben sie sie vor sich her und nehmen ihnen alles in allem 900 Gefangene und ungeheure Beute ab." (Gerd Althoff, Hans-Werner Goetz, Ernst Schubert, Menschen im Schatten der Kathedrale. Neuigkeiten aus dem Mittelalter, Darmstadt 1998, S. 14)

Die mittelalterliche Gesellschaft – eine „Ständegesellschaft"?

Sachinformation und Problemstellung

Den Schülern soll deutlich werden, dass die so genannte Ständegesellschaft als Weltanschauung sich im Verlauf des Mittelalters herausgebildet hat. In der Forschung ist umstritten, wie diese Dreiständelehre zu werten ist, die im 11. Jh. von Bischöfen wie Adalbero von Laon und Gerhard von Cambrai entwickelt wurde. Heinz-D. Heimann fasst den Forschungsstand zusammen: „Einen zentralen Diskussionspunkt bildet die Realität bzw. Irrealität des Schemas und damit die Formkraft dieses ‚Bildes' in der Wirklichkeit der Gesellschaft. Während Gerhard Oexle und Heinrich Fichtenau genau diese Wirklichkeitsfunktion des Drei-Stände-Modells unterstreichen, sehen etwa Tilman Struve oder Karl Ferdinand Werner gerade dessen geringen Wirklichkeitsbezug. Einvernehmlich werden hingegen die zeitlichen Umstände anerkannt und bewertet, nach denen das erneute Aufkommen und die Durchsetzung dieses Ordnungsmodells mit aktuellen politischen Krisen und gesteigerten Sicherheitsbedürfnissen korrespondiert und darin letztlich die – überkommene – Führungsstellung des Klerus gegenüber den weltlichen Herrschaftsträgern gefordert war." (Heinz-D. Heimann, Einführung in die Geschichte des Mittelalters, Stuttgart 1997, S. 100 f.)

In der Konsequenz des ständestaatlichen, vorwiegend auf Geburt beruhenden Denkens liegt es, den Einzelnen nur als Mitglied eines Standes zu sehen. Soziale Konflikte kommen so nicht in den Blick. Der Historiker Peter Blickle dagegen setzt eine hohe Bedeutung genossenschaftlicher Verbände an und thematisiert vor allem das Verhältnis von Obrigkeit und Untertan. Mit dem Auf- und Ausbau eines Staates wurde dabei vor allem um den „gemeinen Nutzen", die Zielvorstellung von Staat und Gesellschaft gerungen.

Hinweise zu Materialien und Aufgaben

S. 36, M1 und Aufgabe 1 Das Ergebnis der Beschreibung kann als Tabelle festgehalten werden:

Stand	Tätigkeit	Begriffe
Adel	Schutz	Politik
Klerus	Gebet	Religion
Bauer	Arbeit	Wirtschaft

Das Ständebild aus Lichtenbergs 1492 in Mainz erschienener „Prognosticatio" – oft abgebildet wegen seiner didaktischen Brisanz – eignet sich besonders gut für eine arbeitsunterrichtliche Erschließung. Die Schülerinnen und Schüler können folgende Bereiche herausarbeiten:
- die Minderrangigkeit der Bauern (Distanz zu Christus und den anderen Ständen, verkleinerte Darstellung, Arbeitssituation);
- die Rangfolge der beiden höheren Stände (rechts und links an der Seite Christi);
- die christliche Legitimation der geistlichen und weltlichen Herrschaft (Regenbogen, Parallelen zwischen Zepter/Bischofsstab und Krone/Mitra).

Dieses Merkbild zeigt allerdings auch einen Anachronismus des Deutungsmusters der „Drei-Stände-Lehre", denn selbst um 1500 hat die städtische Bevölkerung noch keinen Platz in diesem Weltbild gefunden.

S. 36, M3 Der Text stammt aus einer Predigt des englischen Priesters John Ball, dem Wortführer des englischen Bauernaufstandes von 1381. Im Gegensatz zu M1 und M4 wird hier die soziale Ungleichheit als Widerspruch zur biblischen Schöpfung kritisiert.

S. 37, M5 Abbildung auf einem Memminger Flugblatt von 1487. Unter dem traditionellen Reichsadler erscheint eine revolutionäre Deutung des Reiches und seiner Stände: nicht vertikal, sondern im Kreis, eine Gliederung, in der Kaiser und Fürsten (im oberen Rand) noch eine Vorzugsstellung einnehmen. Ein in der Wirklichkeit unbekannter „Rittermeister" tritt darunter aus dem Bild hervor, in zentraler Position erscheinen die Bauern und Handwerker. Der ganze Bau ruht auf einer Stadtmauer mit der Inschrift: „Das ist der gemeine Nutz". Die Darstellung macht das Streben nach einer direkten Verbindung zwischen dem gemeinen Mann und dem Kaiser außergewöhnlich deutlich. Sie entstand im historischen Kontext der spätmittelalterlichen Krise, die in

Deutschland schließlich zum so genannten Bauernkrieg führte.

Die Burg – mehr als ein festen Haus

Sachinformation und Problemstellung
Die Themeneinheit zur Burg soll manche Vorurteile aufbrechen. Die Burg gilt gemeinhin als Gebäude mit vorrangig militärischer Funktion. Vor allem M2 und M3 machen die Multifunktionalität der Burg deutlich:

1. Neben dem Aspekt der Verteidigung vor allem auch
2. das Verwaltungszentrum und
3. die Rechtssprechung.

Für die letzte Funktion spricht auch, dass der Aufbau von Burgen eigentlich eher in Zeiten erfolgen kann, in denen militärische Auseinandersetzungen selten sind.
Der Darstellungstext zeigt an einem prägnanten Detail, dass die Burg oft missverstanden wird: Der Bergfried dient dem Wohnen, nicht der Verteidigung. Schülern kann schnell klar gemacht werden, dass derjenige, der sich im Bergfried befindet, in einer Falle sitzt. Auch die kellerartige Vertiefung, die sich oft unter dem Bergfried befand, das so genannte Verlies, und die hohe Decke des ersten Stockwerkes könnte demnach eine andere Aufgabe gehabt haben, nämlich die Statik zu unterstützen.

Hinweise zu Materialien und Aufgaben
S. 39, Aufgabe 4 Die Wartburg ist eine Höhenburg.

S. 40, Aufgabe 7 siehe Tabelle unten.

S. 40, Aufgabe 8 Offen ist die Frage, wer ein Interesse daran hatte, dass sich ein Ritterstand formierte. Die Überlegungen, die auch den Stand der wissenschaftlichen Forschung abbilden, könnten in einem Schaubild (s. unten) zusammengefasst werden.

Alter	Mädchen	Jungen
Bis 7 Jahre	(Über Altersbegrenzung und Ortswechsel ist nichts bekannt).	Häusliche Pflege
Bis 14	Sprachunterricht Unterricht in musischen Fächern Moralische und religiöse Erziehung	Erziehung in der Fremde: Schriftkultur, Sprachen lernen, körperliche Übungen, Kampftechnik, Jagdkunst
Ab 14 Jahren		Einsatz in der Heimat: Diplomatie, Aufsicht (Ritterschlag mit 21 – vgl. M7)

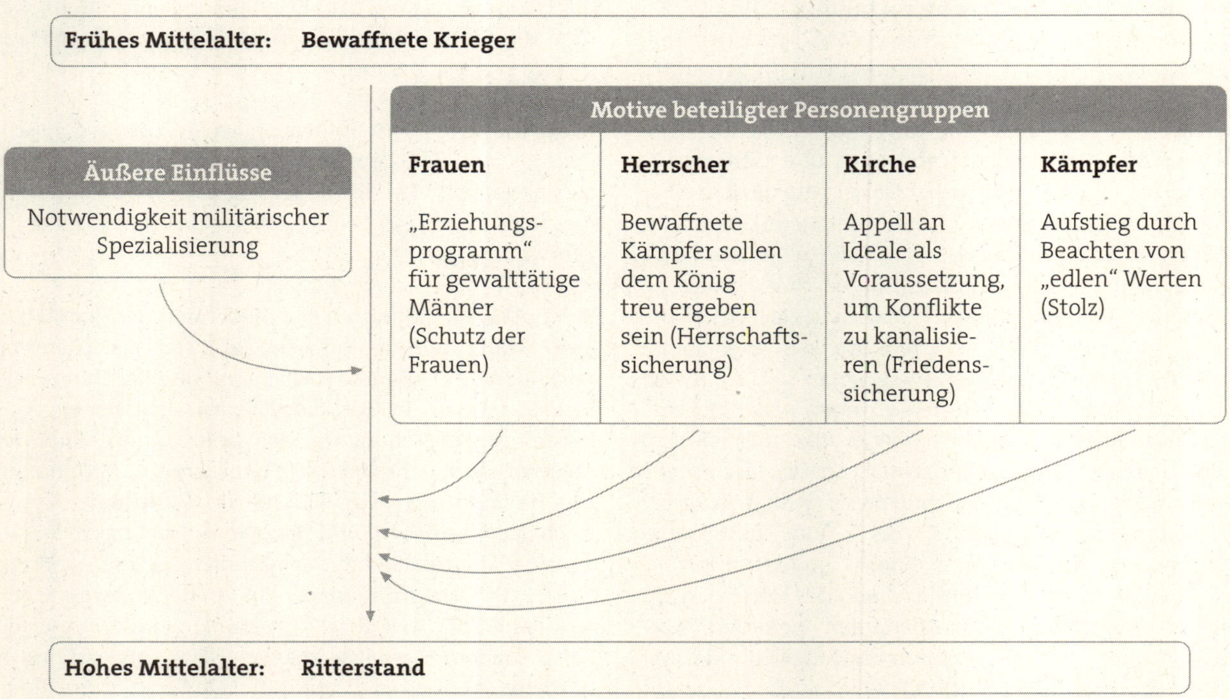

Frauenverehrung: Traumbild oder Wirklichkeit?

Sachinformation und Problemstellung

Die Fragestellung, die sich im Zusammenhang mit der Ständegesellschaft und speziell dem Ritterstand ergab, kann auch in dieser Themeneinheit angewandt werden: Inwiefern deckt das Ideal des Minnedienstes sich mit tatsächlichem Verhalten? Minne sollte klar abgegrenzt werden von dem, was wir unter „Liebe“ verstehen. Während Liebe auf Erfüllung und Partnerschaft zielt, ist es das Wesen der Minne, dass der Mann im Wissen um die Unerfüllbarkeit seiner Wünsche eine Frau verehrt und ihr den Hof macht. Die Minnekonzeption soll also ungezügeltes Verhalten bändigen und mäßigen.

Hinweise zu Materialien und Aufgaben

S. 42/43, M1 bis 3, Aufgabe 1 bis 6 An M1 und M2 kann die Minnekonzeption aufgezeigt werden. M3 zeigt einen Mann, der dem Gespött der Öffentlichkeit ausgesetzt wird, weil er das von ihm geforderte mäßigende Verhalten nicht beweisen konnte. An dieser Abbildung kann konkret überlegt werden, ob hier Realität abgebildet wird oder ob es sich hier nur um ein Gedankenexperiment handelt.

Workshop Werkstatt: Ein mittelalterliches Burgfest feiern

Im Zusammenhang mit dem Mittelalterfest können auch höfische Gestik und Mimik thematisiert werden (*Kopiervorlage 5, S. 29*).

Das Ritterleben – Lebensform ohne Zukunft?

Sachinformation und Problemstellung

Die Themeneinheit zeigt den Umbruch, den das Rittertum im 15. Jh. erfährt. Militärisch wird das Privileg der Ritterkaste durch neue Waffen in Frage gestellt. Die Geschosse der Musketen konnten auf 200 bis 240 Schritt Entfernung eine Rüstung durchdringen; auch die Armbrust, die von der Kirche im Hochmittelalter mehrfach verboten worden war, hatte sich durchgesetzt und wurde den Rittern gefährlich (vgl. in M2 die Bewaffnung der Städter). Aber auch wirtschaftlich geriet das Rittertum ins Abseits. Dies lässt sich besonders an M1 und M5 verdeutlichen. Ritter, die selbst von der Landwirtschaft lebten oder auf die Abgaben ihrer Bauern angewiesen waren, verarmten: Der Preisverfall der Roggenpreise in Göttingen illustriert dies.

Notizen:

Hinweise zu Materialien und Aufgaben

S. 46, M1 Ulrich von Hutten (1488–1523), Sohn eines fränkischen Ritters, war ein humanistisch gebildeter Dichter, der für die Reformation eintrat. Außerdem war er ein Anhänger der Idee, dass sich das Kaisertum auf eine starke Ritterschaft stützen sollte, um damit die nationale Einheit durchzusetzen. Diese utopischen Vorstellungen ließen sich allerdings im 16. Jahrhundert gegen die starken Territorialfürsten nicht durchsetzen. In dem 1518 als Brief an den Humanistenfreund W. Pirckheimer verfassten Rechenschaftsbericht über sein bisheriges Leben beklagte sich Hutten u. a. über das beschwerliche Dasein eines Ritters im Vergleich zum städtischen Leben. Obwohl der wirtschaftliche Niedergang des Rittertums und der gestiegene Anspruch an die Wohnverhältnisse die Lebenssituation der Ritter stark veränderten, kann diese Darstellung – mangels früherer Quellen – auch für die vorangehende Zeit realistischen Charakter beanspruchen. Der gesamte Lebensstandard eines durchschnittlichen Ritters war, anders als in der idealisierenden Dichtung, niedrig und den bäuerlichen Lebensverhältnissen näher als denen in der Stadt.

S. 47, M5 Das Schaubild kann Anlass sein, um einige wirtschaftswissenschaftliche Grundbegriffe mit den Schülern zu besprechen (Tafelbild 3). Wie verhalten sich Preis und nachgefragte bzw. angebotene Menge?
Oberhalb des Gleichgewichtspreises herrscht Überangebot (oder Unternachfrage) – Konsequenz: Die Preise verfallen. Unterhalb des Gleichgewichtspreises herrscht Unterangebot (oder Übernachfrage) – Konsequenz: Die Preise steigen.

Wie kann es nun zu einem Preisverfall kommen? Entweder haben die Bauern, die Anbieter von Roggen, mehr Roggen als zuvor bereitgestellt, oder die Städter, die Nachfrager nach Roggen, haben weniger gekauft als zuvor. Auf jeden Fall übersteigt das Angebot an Roggen die Nachfrage nach Roggen.

Aus der Tabelle ist der Grund für die Preisentwicklung nicht zu erkennen, hier müssen Zusatzinformationen eingeholt werden. In Deutschland ging z.B. die Bevölkerung von 1350 bis 1450 von 11,5 Mio. auf 7,5 Mio. zurück. Grund waren die verheerenden Pestwellen (z. B. 1348–1350, 1360, 1369, 1380, 1412, 1425, 1430 und 1439). Die Pest forderte vor allem unter der Stadtbevölkerung ihre Opfer. Konsequenz: Die Bevölkerung in den Städten geht zurück, auch aufgrund von Wegzug, die Roggenproduktion findet keine Abnehmer mehr, die Preise verfallen.

Zusammenfassung

S. 49, Grundherrschaftsspiel
Vgl. Schaubild S. 74.

Tafelbild 3 Angebot und Nachfrage

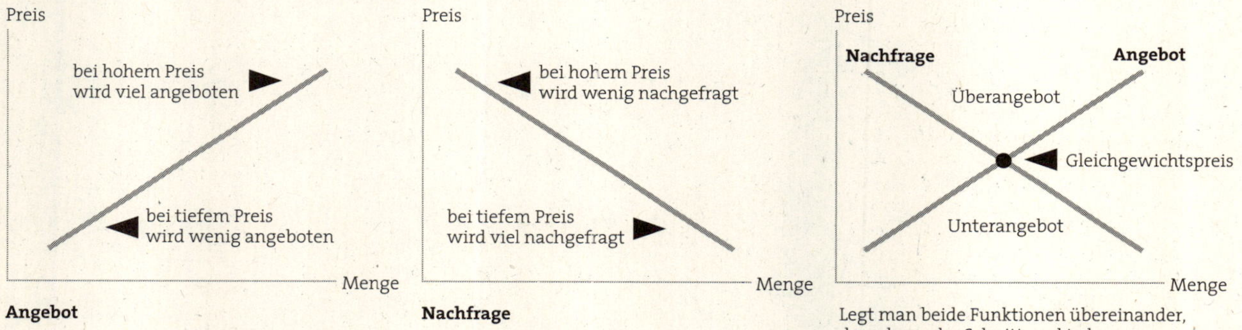

Legt man beide Funktionen übereinander, dann kann der Schnittpunkt als Gleichgewichtspreis bezeichnet werden.

Name: .... **Klasse:** .... **Datum:** ....

Gruppe A: Das Leben der Bauern

1. Lest und bearbeitet die Seiten 16–20 und 26–29.
2. Stellt die Ergebnisse eurer Arbeit in der Klasse vor. Geht dabei auf folgende Aspekte ein:
   a) Bedeutung der Familie/Stellung der Frau
   b) Wohnverhältnisse
   c) Tagesablauf/Tätigkeiten
   d) Ernährung, Gesundheit, Lebensqualität
   e) „Freizeit"/Kultur
3. Organisiert die Gruppenarbeit und Präsentation selbstständig.

Gruppe B: Das Leben der Adligen

1. Lest und bearbeitet die Seiten 32–33, 38–43 und 46–47.
2. Stellt die Ergebnisse eurer Arbeit in der Klasse vor. Geht dabei auf folgende Aspekte ein:
   a) Bedeutung der Familie/Stellung der Frau
   b) Wohnverhältnisse
   c) Tagesablauf/Tätigkeiten
   d) Ernährung, Gesundheit, Lebensqualität
   e) „Freizeit"/Kultur
3. Organisiert die Gruppenarbeit und Präsentation selbstständig.

Gruppe C: Wo Bauern und Adlige sich begegnen

1. Lest und bearbeitet die Seiten 22–25, 34–35 und 36–37.
2. Stellt die Ergebnisse eurer Arbeit in der Klasse vor. Geht dabei auf folgende Aspekte ein:
   a) Wie sind die Belastungen in der Grundherrschaft verteilt?
   b) Welche Auswirkungen hatte das Fehdewesen?
   c) Welche Vorstellungen über Bauern und Adlige herrschten im Mittelalter vor?
3. Organisiert die Gruppenarbeit und Präsentation selbstständig.

Name: .... **Klasse:** .... **Datum:** ....

Ein Spiel: Aus der Tabelle unten kannst du ersehen, wie die Dreifelderwirtschaft durchgeführt wurde. Ein Bauer hatte mindestes immer auf drei Feldern gleichzeitig zu arbeiten. Nach drei Jahren wiederholte sich der Rhythmus für jedes Feld.
Die Tabelle ist als *Spiel für 2 bis 4 Personen* gestaltet. Ihr braucht dazu je eine Spielfigur und einen Würfel. Kopiert und vergrößert den Spielplan. Malt die Spielfelder farbig aus: grün = Sommergetreide, gelb = Wintergetreide, blau = Brache. Jeder beginnt bei Feld A oben und muss dann dem Jahresverlauf folgend alle drei Felder jeweils von oben nach unten durcheilen. Wenn du bei einem Feld unten angekommen bist, ziehst du beim nächsten Feld oben weiter.
Wer zuerst auf dem untersten Abschnitt von Feld C angekommen ist, hat gewonnen. In der Spalte rechts findest du die Ereignisse. Diese treffen immer dann zu, wenn du auf einem Abschnitt der betreffenden Zeile zum Stehen kommst. Natürlich könnt ihr auch weitere Ereigniskarten entwerfen und auf die Abschnitte der rechten Spalte legen.

Start

	Monat	Feld A	Feld B	Feld C	Ereignisse
1. Jahr	Januar–Februar			Stoppelweide	Deine Schweine haben sich im Eichenwald verlaufen. **Setze 1 x aus und suche sie!**
	März		Pflügen, Aussaat Sommergetreide	und	
	April–Mai			Brache	Botendienste für den Grundherrn stehen an. **1 x aussetzen!**
	Juni	Ernte Wintergetreide		Pflügen	Du kannst für deine Tätigkeit einen Wagenpflug benutzen. **Der nächste Wurf zählt doppelt!**
	Juli-August	Stoppelweide		Brache	
	September	und	Ernte Sommergetreide	Pflügen, Aussaat Wintergetreide	Du musst für deinen Grundherrn Holz fällen. **Setze 1 x aus!**
	Oktober–Dezember	Brache	Stoppelweide		Du hast bei einer Hochzeit zuviel getrunken. **Setze 1 x aus!**
2. Jahr	Januar–Februar		und		Du hast vom Bauernaufstand in Frankreich gehört und dich gefreut. Der Grundherr will dich sprechen. **1 x aussetzen!**
	März	Pflügen, Aussaat Sommergetreide	Brache		
	April–Mai				Beim Viehtreiben auf die Weide bist du von einer Kuh getreten worden. **Setze 1 x aus!**
	Juni		Pflügen	Ernte Wintergetreide	
	Juli-August		Brache	Stoppelweide	Ihr habt ein Kummet bekommen und könnt nun mit einem Pferd pflügen. Ihr spart Zeit, **der letzte Wurf zählt doppelt!**
	September	Ernte Sommergetreide	Pflügen, Aussaat Wintergetreide	und	
	Oktober–Dezember	Stoppelweide		Brache	Das Loch im Dach für den Rauchabzug ist nachts durch Laub verdeckt worden. Wegen Rauchvergiftung **1 x aussetzen!**
3. Jahr	Januar–Februar	und			
	März	Brache		Pflügen, Aussaat Sommergetreide	Dein Bruder heiratet. Deshalb erhält der Grundherr das beste Stück Vieh, das „Besthaupt", als Sonderabgabe. **2 x aussetzen!**
	April–Mai				
	Juni	Pflügen	Ernte Wintergetreide		Viel frisches Gemüse hält dich gesund. **Würfele noch einmal!**
	Juli-August	Brache	Stoppelweide		Du hast dir die Haare wachsen lassen, was nach dem bayrischen Landfrieden von 1244 Bauern verboten ist. **1 x aussetzen!**
	September	Pflügen, Aussaat Wintergetreide	und	Ernte Sommergetreide	
	Oktober–Dezember		Brache	**Ziel**	

Name: .... Klasse: .... Datum: ....

A. Lehnwörter und was man von ihnen erfahren kann

In der deutschen Sprache gibt es zahlreiche Wörter, denen man noch heute ansieht, dass sie aus dem Lateinischen kommen. Wann übernehmen Menschen Wörter aus einer anderen Sprache? Oft dann, wenn sie für die Dinge, die sie mit den Wörtern aus der fremden Sprache bezeichnen, keine eigenen Wörter haben.

1. *In der unten stehenden Tabelle findest du neun lateinische Ursprungswörter und neun Lehnwörter aus dem Deutschen. Ordne sie einander zu.*

Lateinisch	Deutsch
Tegula	Fenster
Tectum	Mauer
strata	Kamin
caminus	Kammer
cellarius	Keller
camera	(gepflasterte) Straße
porta	Pforte
fenestra	(Dach)Ziegel
murus	Dach

2. *Wenn die Wörter in der deutschen Sprache ursprünglich nicht vorkamen, dann kannten die Menschen die Dinge wohl auch nicht. Versuche ein Haus zu zeichnen, ohne die Dinge wie „murus", „fenestra" usw. zu verwenden.*

Lehnwort:

Aus einer fremden Sprache aufgenommenes Wort, das sich im Unterschied zum Fremdwort lautlich der einheimischen Sprache anpasst.

B. Die Vergangenheit lebt weiter: Familiennamen

Urkunden aus dem Mittelalter zeigen, dass ab dem 12. Jahrhundert verstärkt nicht mehr nur Rufnamen, sondern auch Beinamen verwendet wurden. Die Beinamen entwickelten sich, als sie auf die Kinder vererbt wurden, zu unseren heutigen Familiennamen. Entsprechend der Bedeutung der Landwirtschaft gehen viele Familiennamen auf die Berufstätigkeit des Bauern zurück. Die Aufstellung unten zeigt dir, aus welchen mittelhochdeutschen (mhd.) Wörtern heutige Familiennamen entstanden sind:

mhd. Wort	Bedeutung	Familiennamen
Bûwen	wohnen, Feld bebauen	Bauer, Baufeld, Bauhuber
Gebûre	Mitbewohner, Landwirt	Gebauer, Gehbauer, Gebürer, Gebor, Gebuhr, Kapaurer, Halbgebauer, Niegebauer, Junggeburt, Hundgeburt (urspr. wohl Bauer, der für Jagdhunde zuständig war), Geburek
Nâchgebur	naher Mitbewohner	Nachbauer, Nachbar, Nebauer, Nabur, Naaber, Nabert, Navemann, Naunapper, Neynaber, Niggenaber
Bûr	1. Bewohner, Landwirt	Buhr, Bauer, Baur, Pauer, Bäuerle, Peuerle, Beierle, Bührke, Bührle, Bührung, Bürli, Nauber
	2. Haus (davon abgeleitete Ortsname: Bühren, Beuron, Kaufbeuren u.a.)	Bührer, Beurer, Bühr, Beuermann
Bûman	Landwirt	Buhmann, Baumann, Paumann, Bäumann, Beumann, Bamann

(nach: K. Kunze, dtv-Atlas zur Namenkunde, München 1998, S. 140)

3. *Ermittelt an der Namensliste eurer Schule, wie viele Schüler heute noch einen der genannten Nachnamen führen.*

4. *Im Mittelalter war auch die Tätigkeit des Müllers, Schmieds, Bäckers und Fleischers von großer Bedeutung. Wie viele davon abgeleitete Familiennamen kennt ihr?*

Name: .... **Klasse:** .... **Datum:** ....

Wie funktioniert das Gruppenpuzzle?

Ihr könnt einen Museumsbesuch in Gruppenarbeit vorbereiten und durchführen. Hierbei empfiehlt sich das Gruppenpuzzle. In den Expertengruppen wird ein bestimmter Themen- oder Fragenbereich vorbereitet. Je ein Mitglied aus einer Expertengruppe bildet dann mit anderen Experten neue Arbeitsgruppen zur konkreten Durchführung des Museumsbesuchs. Hier werden die Mitschülerinnen und Mitschüler zunächst informiert, dann werden Möglichkeiten und Grenzen der Unternehmung diskutiert. Anschließend kehrt man entweder in die Expertengruppe zurück und arbeitet weiter oder man präsentiert als Arbeitsgruppe die Ergebnisse der Gesamtklasse. Die Klasse verständigt sich über die beste Lösung.

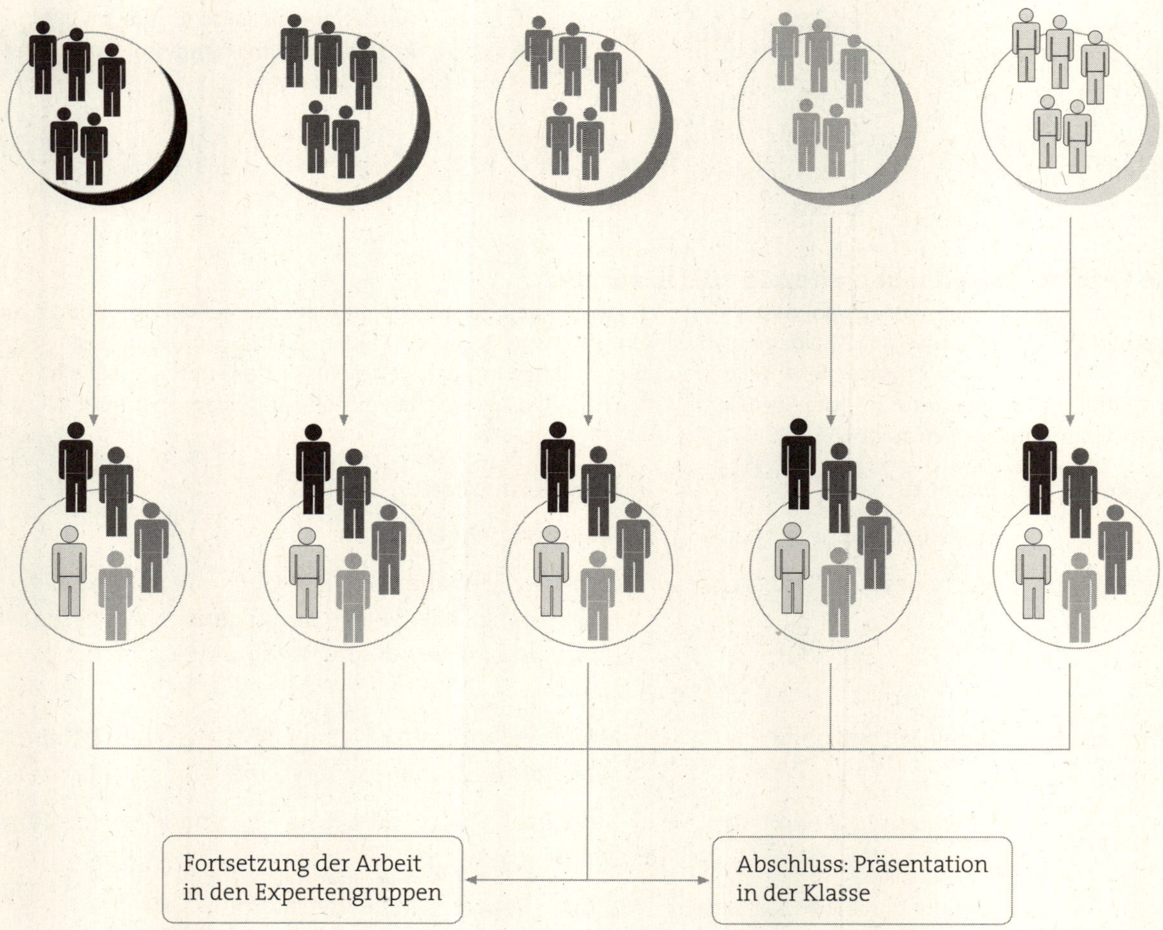

Name: .... **Klasse:** .... **Datum:** ....

Wie man sich benehmen soll

Der Literaturwissenschaftler Joachim Bumke greift auf die Ausführungen des mittelalterlichen Autors Hugo von St. Viktor zurück und erläutert Menschenbild und Erziehungsziel, das hinter den Ausführungen steht, nämlich den Körper durch Beherrschung im Zaum zu halten:

Hugo von St. Viktor nennt dafür zwei Hauptregeln: ein jedes Glied soll erstens nur die Funktion ausüben, für die es geschaffen worden ist (damit „nicht etwa die Hand spricht, der Mund hört und das Auge das Amt der Zunge übernimmt"); und zweitens soll jedes Glied „sein Werk anständig und sittsam erfüllen, damit es nicht durch Zügellosigkeit die Augen der Betrachter verletzt." Dem ersten Punkt liegt die Auffassung zugrunde, dass „der menschliche Körper gewissermaßen ein Staat ist, in dem die Ämter auf die verschiedenen Glieder verteilt sind". Deswegen sollen die Bewegungen der einzelnen Glieder „nicht auf ungeordnete Weise vermischt werden".

Das zweite Gebot der Anständigkeit wird von Hugo von St. Viktor durch abschreckende Beispiele erläutert. Lächerlich und verabscheuenswürdig ist der Mensch, der die Augen rollt, das Gesicht verzieht, den Mund aufsperrt, sich die Haare rauft, beim Reden mit den Fingern zeigt, mit den Armen rudert, seine Kleidung auffällig drapiert, beim Sitzen die Beine ausstreckt usw. (...) Jede Bewegung soll angemessen und anständig sein. Dabei ist besonders auf die Kontrolle des Gesichts zu achten, „das Gesicht ist nämlich ein Spiegel der disciplina, ein Spiegel, der um so mehr kontrolliert werden muss, je weniger man verbergen kann, wenn in ihm ein Fehler ist". Deswegen soll „das Gesicht beherrscht sein und in seinem Ausdruck wie leblos, sodass es nicht auf unziemliche Weise aufgewühlt wird und nicht durch Weichlichkeit entstellt wird, sondern stets eine strenge Lieblichkeit und eine liebliche Strenge aufweist." (...)

Dabei spielten geschlechtsspezifische Gesichtspunkte eine große Rolle. Höfische Vorbildlichkeit sollten Frauen in anderen Gesten bezeugen als Männer. Grundsätzlich wurden die körperlichen Bewegungen der Frauen stärkeren Beschränkungen unterworfen als die der Männer. In den Hoflehren des 12. und 13. Jahrhunderts wurden die adligen Frauen dazu angehalten, sich bei allen Bewegungen die größte Zurückhaltung aufzuerlegen. „Eine Dame soll beim Gehen niemals zu stark auftreten oder zu große Schritte machen"; „eine Dame soll beim Reiten nicht ihre Hand aus dem Kleid herausstrecken; sie soll Augen und Kopf stillhalten"; „eine Dame soll einen fremden Mann nicht direkt ansehen"; „der Anstand verbietet es allen Damen, beim Sitzen ein Bein über das andere zu schlagen". Die höfische Erziehungslehre war nicht auf die Selbstverwirklichung der Frau angelegt, sondern wollte die Frauen auf eine überwiegend passive Rolle in der Gesellschaft festlegen: sie sollte eine Zierde der Hofgesellschaft sein (...) Dieses höfisch-pädagogische Leitbild war sicherlich nicht ohne Einfluss auf die Wirklichkeit.

Joachim Bumke: Höfischer Körper – Höfische Kultur – In: Joachim Heinzle (Hg.): Modernes Mittelalter. Neue Bilder einer populären Epoche, Frankfurt und Leipzig 1994, S.81–85.

1. Unterstreiche im Text alle Benimmregeln, die du findest.

2. Überlegt gemeinsam in der Klasse, welche Regeln heute noch von Bedeutung sind.

3. Schreibe auf, was du von unterschiedlichen Benimmregeln für Männer und Frauen hältst.

Sachinformationen und Hinweise zum Gesamtaufbau

Das zweite Kapitel beginnt mit dem europaweiten Herrschaftsanspruch christlicher Herrscher. Die geistliche und die weltliche Macht und ihre Vertreter stehen dabei in einem engen Legitimationszusammenhang: Beide greifen zurück auf eine vermeintliche göttliche Ordnung, beide stützen sich gegenseitig, beide müssen auch auf den Adel zurückgreifen, um den gemeinsamen Anspruch zu erfüllen. Die wechselseitige Beziehung befindet sich idealerweise in einem Gleichgewicht, sie kann aber auch Konfliktsituationen heraufbeschwören, wenn in konkreten Entscheidungssituationen jeweils eigene Interessen verfolgt werden.

Da das Mittelalter weitaus weniger kriegerisch war als gemeinhin angenommen, war die Auseinandersetzung um die Frage, wer denn die Macht hat – geistliche oder weltliche Gewalt –, oft ein Ringen um symbolische Vorrechte oder Zugeständnisse: Wer sitzt wo? Wer übernimmt bei der Königserhebung welche Teilhandlung? Dieses Ringen setzte sich – unabhängig vom tatsächlichen Ablauf der Ereignisse – auch in den Bemühungen um die Überlieferung für die Nachwelt fort: Berichte und Bilder, die zentrale Ereignisse, wie z. B. eine Kaiserkrönung festhalten, zeigen deutlich den Standpunkt der jeweiligen Partei und dürfen nicht als objektive Geschichtsschreibung missverstanden werden. Die Methoden in diesem Kapitel orientieren sich an diesem Grundgedanken: Es geht um die Interpretation von Texten und Bildern, die den konkreten Ereignissen der Königserhebung Pippins und der Kaiserkrönung Karls des Großen zugewiesen sind. Dieses Handbuch bietet auf den folgenden Seiten Zusatzmaterialien, mit denen die Quelleninterpretation zu einem Vergleich ausgeweitet und systematisiert werden kann (*Kopiervorlage 1, S. 38*).

Das Kapitel vermittelt über die Analyse exemplarischer Ereignisse und Materialien des Frühmittelalters die Grundlagen, die im Kapitel 5 („Machtpolitik und Konflikte in Europa") an konkreten Konfliktsituationen des hohen Mittelalters erprobt und angewendet werden können. Die Behandlung des Kapitels 5 kann sich also nahtlos an Kapitel 2 anschließen.

Vorschläge für Unterrichtssequenzen

Im Zusammenhang mit dem vorangegangenen Kapitel wurde die Möglichkeit eröffnet, die Kapitel „Bauern und Adlige" und „Wer herrscht in Europa?" umzustellen. Wenn das hier behandelte Kapitel vorgezogen werden sollte, dann empfiehlt sich der Einstieg über die Kaiserkrönung Karls des Großen im Jahr 800 – und zwar im Spiegel dreier Quellen, die das Geschehen ganz unterschiedlich behandeln (*Kopiervorlage 1, S. 38*).

Dieser Einstieg
- thematisiert ein exemplarisches Ereignis, in dem Miteinander und/oder Gegeneinander von Kirche und Staat schon angelegt sind,
- ermöglicht den Schülerinnen und Schülern eine funktional begründete arbeitsteilige Gruppenarbeit,
- thematisiert schon einleitend einen methodischen Schwerpunkt der Einheit: die Quellenanalyse,
- ist handlungsorientiert angelegt.

Als Lösung der Quellenanalyse könnte formuliert werden:

Quelle	**A**	**B**	**C**
Wer ist beteiligt?	Karl, Leo, Römer	Karl, Leo, römisches Volk	Karl, Leo
Wie wird Karl Kaiser?	Wird von Leo gekrönt	Wird nach einem eher „privaten" Akt von Leo gekrönt	erhält die Bezeichnung Kaiser
Was berechtigt Karl?	Eingebung des hl. Petrus	eigene Leistung, Gottes Wille	Keine weiteren Angaben
Tendenz	Krönungshandlung des Papstes wird betont	gegen den römischen Einfluss werden die Bedeutung Gottes und die Leistungen Karls betont	Karl wird als Kaiser wider Willen bezeichnet
Absicht	Kaisertum dem Papsttum und dem Römertum unterstellt	Verpflichtungen gegenüber Rom und dem Papsttum möglichst verhindern	Karls Frankentum wird betont, um die Franken zu beruhigen; aber auch diplomatische Verwicklungen mit dem Ausland (Ostrom) sollen verhindert werden.

Weiterführende Hinweise

Sachbücher

Gerd Althoff/Hans-Werner Goetz/Ernst Schubert, Menschen im Schatten der Kathedrale, Darmstadt (Wissenschaftliche Buchgesellschaft) 1998
Helmut Beumann, Die Ottonen, 3. Aufl., Stuttgart (Kohlhammer) 1994
Peter Brown, Die Entstehung des christlichen Europa, München (C. H. Beck) 1996
Josef Fleckenstein, Grundlagen und Beginn der deutschen Geschichte, Göttingen (Vandehoeck & Ruprecht) 1974
Hans-Werner Goetz, Weibliche Lebensgestaltung im frühen Mittelalter, Köln (Böhlau) 1991
Werner Goez, Einführung in die Grundprobleme der deutschen Geschichte von den Anfängen bis zum Ende der Stauferzeit, Darmstadt (Wissenschaftliche Buchgesellschaft) 1987
Jacques Le Goff, Der Mensch des Mittelalters, Frankfurt (Fischer TB) 1996
Brigitte Hellmann, Lebendiges Mittelalter – Ein Lesebuch, 2. Aufl., München (dtv) 1996
Peter Hilsch, Mittelalter – Grundkurs Geschichte 2, 2. Aufl., Weinheim/Frankfurt (Beltz/Athenäum) 1996.
Helmut Kämpf, Die Entstehung des Deutschen Reiches. Deutschland um 900, Darmstadt (Wissenschaftliche Buchgesellschaft) 1980
Heinrich Mitteis, Lehnsrecht und Staatsgewalt, Weimar 1933. Neudruck: Darmstadt (Wissenschaftliche Buchgesellschaft) 1958
Hans K. Schulze, Grundstrukturen der Verfassung im Mittelalter, 2 Bde., 2. Aufl., Stuttgart (Kohlhammer) 1990

Didaktische Literatur

Uwe Uffelmann, Das Mittelalter im Unterricht. – Überlegungen zu einem didaktischen Gesamtkonzept, in: Geschichte, Politik und ihre Didaktik. 16. Jahrgang 1988, S. 72–86
Geschichte lernen: Mittelalter, Seelze/Velber (Friedrich Verlag) 1995

Jugendbücher

Mike Corbishley, Die Welt, aus der wir kommen: Das Buch vom europäischen Mittelalter. 2. Aufl., Hamburg (Tessloff) 1992
Freya Stephan-Kühn, Viel Spaß im Mittelalter! 5. Aufl., Würzburg (Arena) 1999
Wiebke von Thadden, Tiza im Königsbann, Weinheim/Basel (Beltz & Gelberg) 2000
Wiebke von Thadden, Brun, Geisel des Königs, Weinheim/Basel (Beltz & Gelberg), 1999

Auftaktseiten S. 50 f.

Beim Vergleich der vier Bilder soll den Schülern deutlich werden, dass Herrschaft im Mittelalter immer im Zusammenhang mit Kirche und Religion stand – im Gegensatz zur Gegenwart.
Die von Odo von Metz erbaute Pfalzkapelle in Aachen (großes Bild) wurde 805 geweiht. Mit ihrem achteckigen, von einer Kuppel überdachten Mittelbau und einer Höhe von 36 m war sie damals das höchste Bauwerk nördlich der Alpen. Als Vorbilder dienten die Kirche von Ravenna und die Apostelkirche in Konstantinopel. Insgesamt wurden in dieser Kapelle 28 deutsche Könige gekrönt. Die Abbildung zeigt den Westteil der Kapelle mit dem Thronsitz des Königs im Obergeschoss. Während das Untergeschoss, in dem der Gottesdienst abgehalten wurde, in der Karolingerzeit aus einfachem Stein bestand, ist das Obergeschoss als „Zone des Königs" prunkvoll mit verschiedenfarbigem Marmor an den Wänden und einstmals vergoldeten Bronzegeländern ausgestattet. Der Raum des Königsthrons ist durch eine zweistöckige Säulengalerie aus grünen, polierten Porphylsäulen römisch-antiker Herkunft vom Innenraum der Kirche getrennt. Vom Thron aus konnte der König, umgeben vom Adel, dem Gottesdienst im Erdgeschoss der Hofkapelle beiwohnen.
Im oberen Bild ist Otto III., fast christusgleich, erhöht auf einem Königsstuhl sitzend dargestellt. Vor einem Kreuz berührt „Gottes Hand" sein Haupt, d. h. Gottes Geist kommt auf den Kaiser. In der Rechten hält er einen mit einem Kreuz verzierten Reichsapfel. Die Symbolgestalten der vier Evangelisten halten eine baldachinartige Schleppe (der Löwe Markus, der Stier Lukas, der Adler Johannes und der geflügelte Mensch Matthäus). Rechts und links stehen laut Legende Ungarnkönige, unten links zwei weltliche und rechts zwei geistliche Herren. Vor Otto, am Boden kauernd bzw. kniend, eine in ein grünliches Tuch gewickelte Frauengestalt, der Magdalena ähnlich, zu den Füßen des Herrn – ein Symbol für Armut oder Sünde und um Vergebung bittend?
Das kleine Bild unten zeigt den deutschen Bundespräsidenten Johannes Rau beim Amtseid. Der Eid wird abgenommen von Bundestagspräsident Thierse. Im Hintergrund ist Roland Koch, Ministerpräsident von Hessen, als Vertreter des Bundesrates zu erkennen. Rau wurde am 23. Mai 1999 von der Bundesversammlung gewählt.
Die kleinen Abbildungen zeigen die Herrschaftseinführung im Mittelalter. Wenn man nach dem Realitätsgehalt der Abbildungen fragt, dann werden die Schüler rasch erkennen, dass die Abbildung „Gott krönt den König" einen idealen Anspruch erhebt. Konkret muss die Krönung von Menschen vollzogen werden. Hier können dann entweder weltliche und/oder geistliche Würdenträger zum Einsatz kommen. Den Schülern sollte deutlich werden, dass mit dem Vollziehen der Handlung auch eine Machtdemonstration verbunden ist.

Der besondere Tipp:

Weltkulturerbe: 1972 wurde von der Generalkonferenz der UNESCO die Internationale Konvention zum Schutz des Kultur- und Naturerbes der Welt verabschiedet. Ihre vorrangige Aufgabe besteht darin, das natürliche und kulturelle Erbe der Welt genau zu bestimmen und eine Liste derjenigen Objekte zu erstellen, die von solch außergewöhnlichem Interesse und Wert sind, dass ihr Schutz in der Verantwortlichkeit der ganzen Menschheit liegt. Ziel der Konvention ist es daher, die Zusammenarbeit zwischen allen Menschen und Völkern zu fördern und einen wirksamen Beitrag zu diesem Schutz zu leisten.

Mit der Unterzeichnung der Konvention verpflichtet sich jedes Land dazu, die innerhalb seiner Landesgrenzen gelegenen Denkmäler von außergewöhnlicher, weltweiter Bedeutung zu schützen und zu erhalten. Als Gegenleistung bekommen die Mitgliedsstaaten der UNESCO Fachberatung zur Erhaltung ihrer Denkmäler, die Entwicklungsländer auch finanzielle Hilfen. Die Aufnahme nationaler Denkmäler in die Welterbeliste trägt im Sinne der Sonderorganisation der Vereinten Nationen für Bildung, Wissenschaft und Kultur (UNESCO) zur Förderung internationaler Zusammenarbeit zwischen den Völkern bei.

Unter der Internet-Adresse

www.unesco.org./whc/heritage.htm

findet man eine Liste der Denkmäler, die als Unesco-Welterbe erklärt wurden.

Die Liste mit dem Stand Dezember 2000 bietet Referatsthemen, die von Schülern bearbeitet werden können:

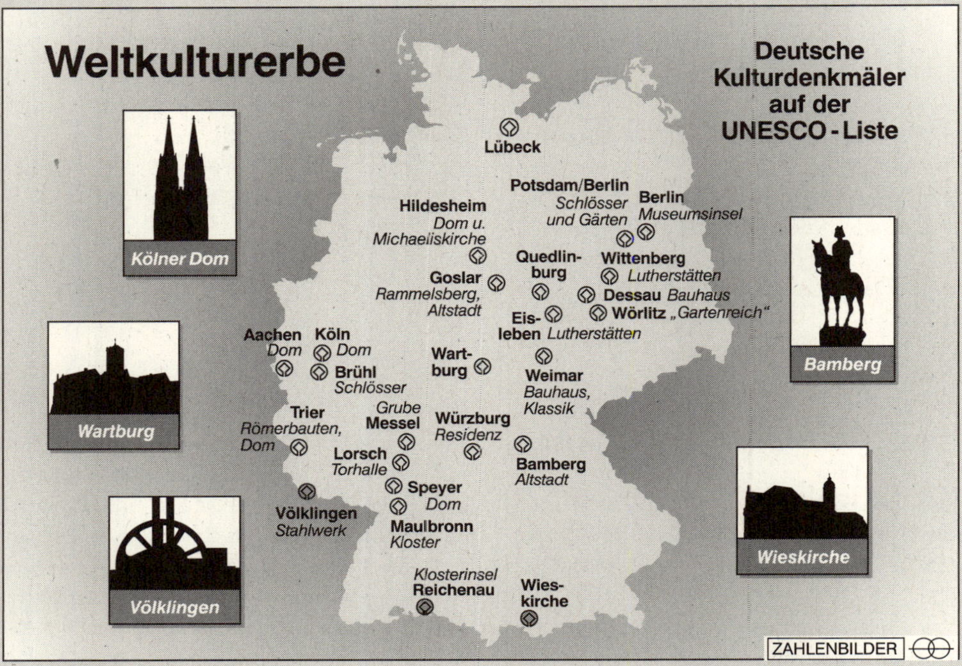

1978	Der Aachener Dom
1981	Der Dom zu Speyer
1981	Die Würzburger Residenz
1983	Die Wallfahrtskirche auf der Wies, Pfaffenwinkel, Oberbayern
1984	Die Schlösser Augustusburg und Falkenlust in Brühl
1985	Michaeliskirche und der Dom zu Hildesheim
1986	Das römische Amphitheater, der Dom und die Liebfrauen-Kirche in Trier
1987	Hansestadt Lübeck
1990	Potsdam: Die Schlösser und Gärten von Sanssouci
1991	Lorsch: Ehemaliges Benediktinerkloster und Altenmünster
1992	Das Bergwerk Rammelsberg und die Altstadt von Goslar am Harz
1993	Bamberg
1993	Das Kloster Maulbronn
1994	Quedlinburg: Die Altstadt mit der Stiftskirche St. Servatius
1994	Die Eisenhütte in Völklingen
1995	Die Grube Messel
1996	Der Kölner Dom
1996	Die Luther-Stätten in Wittenberg und Eisleben
1996	Das Bauhaus in Dessau und Weimar
1998	Das Weimar der Klassik
1999	Die Wartburg in Thüringen
1999	Die Museumsinsel in Berlin mit Pergamon-Museum, das Alte Museum, das Bode-Museum und die Nationalgalerie
2000	Die Klosterinsel Reichenau am Bodensee
2000	Das Gartenreich Dessau-Wörlitz in Sachsen-Anhalt

Europa wird christlich S. 52–57

Geistliche und weltliche Macht im Mittelalter

Hinweise zu Materialien und Aufgaben

S. 53, M1 und M2, Aufgabe 4 Die Karte M2 gibt eine generalisierende Übersicht über die territoriale und religiöse Gliederung Europas um 1200. Ergänzend zur Religionsverteilung könnte die Schrift (lateinisch, griechisch/kyrillisch, arabisch) als Unterschied zwischen den drei großen Kulturkreisen erwähnt werden.

Die Ergebnisse des Vergleichs können in folgender Tabelle angelegt werden:

Ein fränkischer König wird christlicher Herrscher

Sachinformation und Problemstellung

Zunächst sollten die Schüler die Unterscheidung zwischen Sakral- und Heereskönigtum kennen lernen und beide zueinander in Beziehung setzen können. Dabei soll deutlich werden, dass – um die Erfolge der Völkerwanderungszeit auch nach der Sesshaftwerdung zu sichern – das Heerkönigtum einer zusätzlichen Legitimation bedurfte. Dazu kann ein Tafelbild (*Tafelbild 1*) entwickelt werden.

Zeit Aspekte	um 500	um 1200	Fragen
Innere Einheit (Politik)	Nach Völkern und Stämmen geordnet	Ein Kaiserreich (in Nachfolge des Römisches Reiches) und verschiedene Königreiche in Westeuropa	Existiert Einheit nur auf dem Papier?
Innere Einheit (Religion)	Keine einheitliche Religion in Westeuropa (zumindest sind keine Angaben aus der Karte zu entnehmen)	Einheitlich römisch-katholische Religion in Westeuropa	Wird Einheit politisch-militärisch, kulturell oder geistig-religiös hergestellt?
Außenpolitische Bezüge	Teilung in west- und oströmisches Reich (auch Nordafrika von dieser Zweiteilung erfasst)	Dreiteilung des Mittelmeerraumes (drei Großräume mit unterschiedlicher religiöser Ausrichtung)	Wie gestaltet sich das Aufeinandertreffen der Religionen in Südspanien, auf dem Balkan und in der Türkei?

Tafelbild 1 Das Königtum der Franken

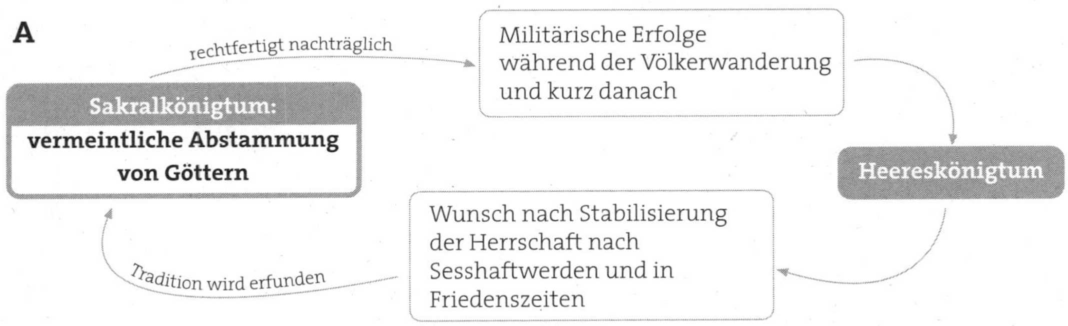

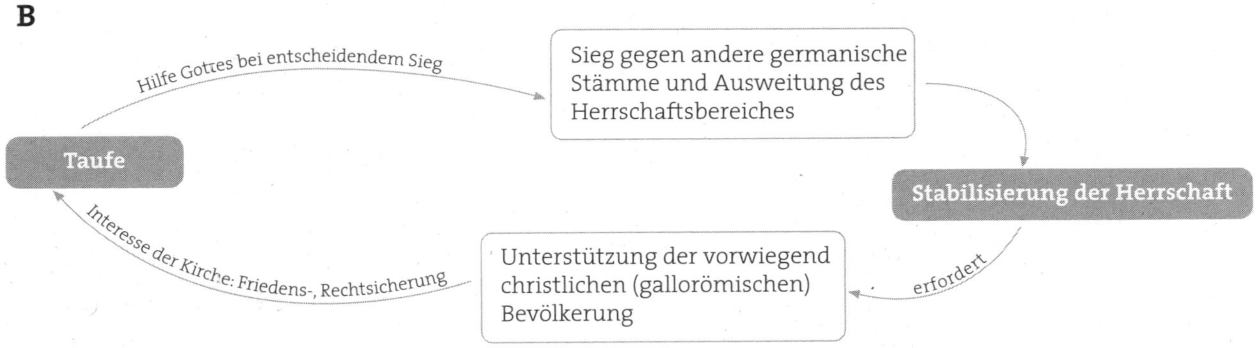

Frauen im Reich der Merowinger

Hinweise zu Materialien und Aufgaben
S. 56, M1 Dieses Material kann die Frage, wer ein Interesse an der Ausbreitung des Christentums hatte, vertiefen. Die Übernahme römischer Rechtsverhältnisse verbesserte die Situation der germanischen Frauen. Hinter den Bestimmungen zum Verhältnis Mann-Frau im Römischen Reich kann in der Spätantike sicherlich auch der Einfluss des Christentums ausgemacht werden. Insofern ist es nicht verwunderlich, dass sich vor allem Frauen um die Verbreitung des Christentums bemühten.

Workshop Methoden: Schriftliche Quellen interpretieren

S. 57, M1 und M2 Wenn über die Analyse von M1 hinaus die beiden Quellen M1 und M2 miteinander verglichen werden sollen, können die Ergebnisse in einer Tabelle festgehalten werden (*Tafelbild 2*).

Herrschaft mit Schwert und Kreuz S. 58–69

Karl: Ein König wird Kaiser

Hinweise zu Materialien und Aufgaben
S. 58, M3 Der Gesang „De Karolo rege et Leone papa", das so genannte „Karlsepos" (früher auch als „Paderborner Epos" bezeichnet), schildert das Zusammentreffen von König Karl dem Großen und Papst Leo III. 799 in Paderborn. Das Epos ist in den ersten Jahren des 9. Jahrhunderts entstanden und ist für die Geschichtsforschung von besonderem Interesse. So wurden beispielsweise die Aussagen zu Architektur und Einrichtung der königlichen Pfalz zu Paderborn durch die archäologischen Befunde an der Nordseite des heutigen Doms bestätigt.

Bei dem Karlsepos handelt es sich um „staatlich" in Auftrag gegebene Dichtkunst. Es wurde verfasst als Lied in Versform in 536 Hexametern und steht in der Tradition der römischen Kaiserzeit: Der Einzug eines Herrschers in eine Stadt oder eine Provinz wird feierlich gepriesen. Karl der Große wird als Vater Europas, als Haupt des Erdkreises gerühmt, dessen Reich alle anderen an Macht und Glanz überragt und der den Rang eines Königs („rex") längst überstiegen hat. Der Dichter kombiniert Zitate und Szenen aus verschiedenen antiken Werken. Karl der Große erscheint so gleichzeitig als neuer Aeneas, neuer Martin und neuer Iustinian. Durch diese Kombination überragt er die drei ehrwürdigen Vorbilder – den sagenhaften Helden des trojanischen Krieges, den heilig gesprochenen Missionar und Bischof von Tours und den oströmischen Kaiser.
Das Epos schildert nicht nur die eigentliche Begegnung von König und Papst. Es erinnert einleitend an den Ausbau Aachens zum „zweiten Rom". Es wird erzählt, wie Karl der Große und seine Familie zur Jagd ausreiten, dann wird übergeleitet zu den Ereignissen des Sommers 799 in Paderborn: Karl erfährt im Traum von dem Anschlag auf Papst Leo III., erhält danach die „offizielle" Nachricht und zieht nach Paderborn, um dort den aus Rom kommenden Papst zu erwarten.
Mit der Begrüßung Leos III. und dem Empfang in der Paderborner Pfalz bricht der Verfasser, dessen Identität nicht bekannt ist, das Epos ab. Im Zusammenhang mit dem Fußfall werden die Schüler fragen, warum hier – im Gegensatz zu dem Zusammentreffen zwischen Pippin und Stefan 754 – ein offensichtlich den Franken freundliches Werk, Karls Fußfall und seine Ergebenheit so nachdrücklich darstellt. Wichtig wäre dann, auf den auffälligen Kontrast zwischen Karls Verhalten und dem Verhalten großer Teile des römischen Adels, der Beamten und der Bevölkerung hinzuweisen. Eine Antwort können die Schüler erarbeiten, wenn die Ereignisse der Kaiserkrönung aufgearbeitet sind: Karl ist auf einen unbescholtenen Papst angewiesen (dies beweist er durch seine Ehrbezeugungen), wenn die Kaiserkrönung nicht angezweifelt werden soll.

Tafelbild 2

	M1	M2
Reaktion des Königs Pippin auf Anreise des Papstes	Schickt (nur) Sohn zum Empfang vor; bleibt selbst am Königshof	Eiliger Aufbruch mit gesamtem Hof; Sohn Karl vorausgeschickt
Verhalten des Papstes beim Empfang	Verteilt Geschenke, geht in Sack und Asche (Demutsgebärde)	Lässt sich von Pippin Dienste erweisen
Verhalten Pippins	Empfängt den Papst wie einen Bittsteller	Geht dem Papst zu Fuß entgegen, erweist ihm Dienste eines Pferdeknechts
Tendenz	Pippin als der Mächtigere dargestellt	Autorität des Papstes wird betont.
Vermutung über tatsächliches Geschehen	Pippin wird gewiss Dankbarkeit gezeigt haben, da der Papst ihn drei Jahre zuvor bei seiner Erhebung zum König unterstützt hatte.	Stefan wird die Einforderung der Dankbarkeit und Hilfe aufgrund der Schwäche seiner Position nicht überstrapazieren.

S. 59, M5 Die Münze mit dem Bild Karls des Großen aus dem Jahr 804 zeigt, dass das christliche Kaisertum an antike Traditionen anknüpfte: Sowohl durch die Darstellung des Herrschers mit dem Lorbeerkranz auf dem Haupt als auch durch die Umschrift ähnelt die Münze den Darstellungen der römischen Kaiser.

S. 60–61, M7 und M9 Karls Königtum kann als Reisekönigtum bezeichnet werden. Zentrale Bedeutung haben dabei die Pfalzen. Auch in dieser Hinsicht ist das Karls-Epos interessant, da es detailliert über die Paderborner Pfalz berichtet. Zahlreiche Angaben konnten durch archäologische Funde bestätigt werden. Zu aktuellen Ausgrabungen kann ein Pressebericht von 1998 im Unterricht eingesetzt werden (*Kopiervorlage 2, S. 39*).

S. 61, Aufgabe 8 Die Ergebnisse können als Tabelle festgehalten werden (s. Tafelbild 3).

Workshop Methoden: Eine Bildquelle entschlüsseln

S. 62, M1 Bei der Interpretation der Bildquelle kann eine Ersetzungsaufgabe weiterhelfen: Wen hätte man statt Petrus auch abbilden können? Die Schüler könnten mit Rückgriff auf die Eröffnungsseiten Gott oder Jesus nennen. Petrus wird im Mittelalter als Vorgänger des Papsttums, als erster Papst gewissermaßen verstanden, der durch Jesus eingesetzt worden ist. Ersetzt man die Namen also durch die Funktion, wird deutlich, dass das Kaisertum sein Amt durch den Papst empfängt (*Tafelbild 4*).

Alltagsleben im Karolingerreich: Funde geben Einblicke

S. 63, Aufgabe 4 Den Schülerinnen und Schülern sollte deutlich werden, dass in der Karolingerzeit eine differenzierte handwerkliche Produktion existierte. Offen bleibt dabei, wie sehr die handwerklichen Berufe spezialisiert waren und ob die Gegenstände, die für uns heute Alltagsgegenstände sind, im Mittelalter womöglich „Luxusgüter" waren. Alle hier abgebildeten Quellenfunde können auch im Kontext anderer Themeneinheiten ausgewertet werden (Kapitel 1: Leben auf dem Bauernhof, Landwirtschaft im Wandel, Kapitel 2: Frauen im Reich der Merowinger, Kapitel 8: Leben im Bauernhaus um 800).

Was war das Lehnswesen?

Sachinformation und Problemstellung

In der deutschen Geschichtswissenschaft werden – im Unterschied zur französischen und englischen – die beiden Begriffe Feudalismus und Lehnswesen mit unterschiedlichen Bedeutungen versehen. Während sich der Begriff Lehnswesen auf die Beziehung zwischen zwei Freien, dem Lehnsherrn

Tafelbild 3 Reisekönigtum

Vorteile	Nachteile
Identifizierung der Bevölkerung mit Herrscher vor Ort	Schriftliche Verwaltung nur bedingt möglich
Gefälle zwischen Zentrale und Randgebieten kann vermieden werden	Gefährdung der Verwaltungsstützpunkte durch militärisch überlegenen Gegner
Regelmäßige Kontrolle regionaler Stellvertreter	Kräfte- und zeitraubende Umzüge

Tafelbild 4 Kaiser und Papst

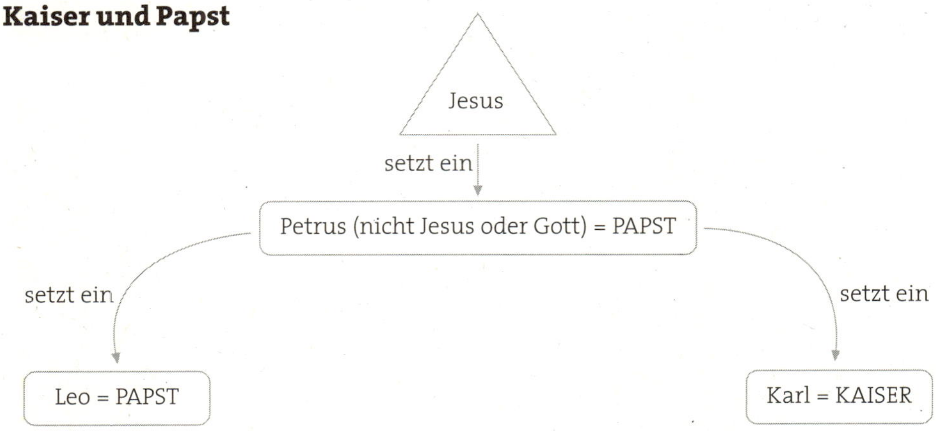

Aussage: Kaisertum ist mittelbar abhängig vom Papsttum

und dem Lehnsmann, bezieht, wird der Begriff Feudalismus vor allem in der marxistisch orientierten Geschichtswissenschaft als eine ökonomisch bedingte Gesellschaftsform betrachtet, in der „die hierarchische Gliederung des Grundbesitzes und die damit zusammenhängenden bewaffneten Gefolgschaften dem Adel die Macht über die Leibeigenen" gab (Heinz-D. Heimann: Einführung in die Geschichte des Mittelalters, Stuttgart 1997, S. 90).

Otto Hintze, der drei Elemente des Lehnswesens herausstellte, hat eine Definition des Lehnswesens entwickelt, die sowohl das Verhältnis zwischen den Freien, aber auch den ökonomischen und sozialen Rahmen berücksichtigt. Die drei Elemente lassen sich auch an der vorliegenden Themeneinheit aufzeigen:

1. Die Aussonderung einer berufsmäßigen Kriegergruppe, die dem König in Treue verbunden ist.
2. Die Ausbildung der grundherrschaftlichen Wirtschaftsweise, die es den Kriegern ermöglichte, ohne bäuerliche Arbeit ihrer Kampfbereitschaft nachzukommen.
3. Stellung der Lehnsmänner als lokale Herren (die langfristig und vor allem in Krisenzeiten zu einer Schwächung der zentralen Macht führte).

Hinweise zu Materialien und Aufgaben

S. 64, Aufgabe 1

Oben links:	D
Mitte links:	F
Unten links:	C
Oben rechts:	E
Mitte rechts:	A
Unten rechts:	B

S. 66, Aufgabe 8 Die Ligesse, der Treuevorbehalt aller Lehnsmänner gegenüber dem König in Frankreich, ist im Konfliktfall wichtig. Wenn ein Lehnsmann von zwei Lehnsherren belehnt worden ist und einer davon der König ist, dann ist er diesem verpflichtet. In Deutschland dagegen kann er sich neutral verhalten.

Workshop Methoden: Symbole deuten

S. 67, zu den Arbeitsschritten

1. Schritt: zum Aufbau des Bildes
7 Wappen oder Schilde; ein älterer Mann, der auf einen jüngeren Mann einredet
Belehnungsszene; erinnert an M1, S. 64, links oben

2. Schritt: zusätzliche Informationen sammeln
Die Bildunterschrift zeigt, dass es um eine Unterrichtssituation geht: Rechts oben sind der Lehrer und sein Schüler dargestellt, die übrigen Bilder beziehen sich auf den Inhalt des Unterrichts. Mithilfe des Lexikons lassen sich die 7 Schilde deuten (von oben nach unten, jeweils rechts beginnend).

3. Schritt: symbolische Bedeutung klären
Die symbolische Deutung von Zepter und Fahnen zeigt, dass es sich bei der Personengruppe links unten um Geistliche, rechts um Adlige oder Fürsten handelt.

4. Schritt: Gesamtdeutung
Die Abbildung zeigt also, welche Lehnsformen es gibt (an geistliche und an weltliche Lehnsmänner) und wer wen belehnen darf. Das Mitglied eines bestimmten Heerschildes darf nur vom nächsthöheren ein Lehen entgegennehmen. Daraus ergibt sich das Recht, über die Lehnsordnung das militärische Aufgebot zusammenzustellen und zu befehligen.

Die Kirche – eine Stütze des Königtums?

Sachinformation und Problemstellung

Die Versuche der ottonischen und salischen Herrscher, die Reichskirche für die Verwaltung des Reiches einzusetzen, sind nach Josef Fleckenstein aus der Erkenntnis Ottos I. erwachsen, „dass die Mittel der Familienpolitik nicht ausreichten, die Königsgewalt auf eine festere Grundlage zu stellen und ihr das nötige Übergewicht über die Stammesherzogtümer dauerhaft zu sichern." (J. Fleckenstein: Grundlagen und Beginn der deutschen Geschichte, Göttingen 1974, S. 145). Otto machte sich somit den kirchlichen Verwaltungsapparat zunutze und stärkte damit seine eigene Macht. Die Schüler können die unsichere Grundlage, auf der die Königsgewalt beruhte, aus ihren Erkenntnissen über das Lehnswesen (Vererblichkeit von Lehen) und über das Karolingerreich (S. 68, M1) erschließen.

Hinweise zu Materialien und Aufgaben

S. 68, M2 Die Reichskrone ist vermutlich aus Anlass der Kaiserkrönung Ottos I. (962) entstanden. Sie wiegt 7 kg und besteht aus 8 Platten. Die Krone kann Anlass sein, die Zahlensymbolik des Mittelalters zu erläutern: 8 Menschen überlebten die Sintflut, ein Achteck bildete Karls Pfalzkapelle in Aachen. Insgesamt weist die Krone 240 Perlen und 120 Steine auf, 144 größere und 96 kleinere Perlen, 84 größere und 36 kleinere Steine. Alle diese Zahlen sind durch 12 teilbar. Die Stirnplatte ist mit 12 Steinen besetzt. 12 ist die Zahl der Stämme Israels und die Zahl der Apostel.

S. 68, M4 Während seines Romaufenthaltes, der ihm die Kaiserkrone brachte, arbeitete Otto I. das so genannte Ottonianum aus, einen Vertrag, in dem er dem Papst die Gebiete bestätigte, die aus den Schenkungen Pippins und Karls stammten. Auch wurde das Recht des Papstes bestätigt, die Kaiserwürde zu verleihen. Papst werden durfte nur, wer dem amtierenden Kaiser zuvor Treue geschworen hatte. Papst Johannes XII. wich von diesem Vertrag aber bald ab, verbündete sich sogar mit den Ungarn, die Otto kurz zuvor besiegt hatte. Auf dem Bild wird gezeigt, wie Otto (Krone und Zepter) Johannes XII. durch einen Bediensteten hinausweisen und somit absetzen lässt. Von rechts tritt als neuer Papstanwärter, noch im roten Kardinalshut, Leo auf, um auf diesem sozusagen zweiteiligen Bild dann erhöht unter dem Baldachin als neuer Papst (Tiara auf dem Haupt) dargestellt zu werden.

S. 68, Aufgabe 3 Folgende Reichsinsignien (Herrschaftszeichen, die kundtun, dass ihr Träger Rechte, die anderen nicht zustehen, besitzt und deshalb besondere Würde und Achtung beanspruchen darf) können genannt werden: Neben Krone, Schwert, Ring und Reichsapfel vor allem auch das Szepter, heute Zepter geschrieben. Das Wort leitet sich vom griechischen „skeptron" ab, das „Stab" bedeutet. Die Reichsinsignien wurden an sicheren Plätzen bewahrt, z. B. auf der Burg Trifels in der Pfalz, von 1424–1796 in Nürnberg, ab 1800 in Wien, wo sie in der Hofburg ihren heutigen Platz gefunden haben.

Zusammenfassung

S.70, E-Mail-Dialog Der Schreibauftrag kann am PC erfolgen, er kann aber auch mit der *Kopiervorlage 3, S. 40* in Gruppenarbeit umgesetzt werden.

Notizen:

Name: .... **Klasse:** .... **Datum:** ....

Die Kaiserkrönung Karls des Großen ist uns in drei unterschiedlichen Darstellungen überliefert.

1. *Bildet drei Gruppen. Lest jeweils eine Darstellung durch und füllt die Tabelle aus.*
2. *Versucht das Geschehen in kurzen Szenen nachzustellen.*
3. *Welche Unterschiede zwischen den Darstellungen sind wesentlich?*

A Aus der Lebensbeschreibung des Papstes Leo III. (9. Jh.): Am Tage der Geburt unseres Herrn Jesu Christi waren alle in der schon genannten Basilika des heiligen Apostels Petrus wiederum versammelt. Und da krönte ihn (Karl) der ehrwürdige und Segen spendende Vorsteher eigenhändig mit der kostbaren Krone. Darauf riefen alle gläubigen und getreuen Römer, die den Schutz und die Liebe sahen, die Karl der heiligen römischen Kirche und ihrem Vertreter gewährte, einmütig mit lauter Stimme auf Gottes und des hl. Petrus Eingebung aus: „Karl, dem allerfrommsten von Gott gekrönten Augustus, dem großen und friedfertigen Kaiser, Heil und Sieg!" Dies ist dreimal ausgerufen worden. Von allen ist Karl als Kaiser eingesetzt worden.

Zit. nach Geschichte in Quellen, Bd. 2, hg. von Wolfgang Lautemann, 2. Aufl., München (bsv) 1978, S. 70 f. (Bearb.)

B Aus den Reichsannalen, die im 8. und 9. Jahrhundert am karolingischen Hof entstanden: Als der König am heiligen Weihnachtstage sich vom Gebet vor dem Grab des seligen Apostels Petrus zur Messe erhob, setzte ihm Papst Leo eine Krone aufs Haupt und das ganze römische Volk rief dazu: „Dem erhabenen Karl, dem von Gott gekrönten großen und friedenbringenden Kaiser der Römer Leben und Sieg!" Nach dem lobenden Zurufen wurde er wie die alten Kaiser durch Kniefall geehrt und – unter Weglassung des Titels Patricius [=Schutzherr von Rom] – Kaiser und Augustus genannt.

Zit. nach Quellen zur karolingischen Reichsgeschichte. Erster Teil, Berlin 1956 (=Freiherr-vom-Stein-Gedächtnisausgabe, hg. von Rudolf Buchner), S.75. (Bearb.)

C Aus der Lebensbeschreibung Karls d. Gr., anfertigt durch seinen Freund Einhard (um 770–840): Karls letzte Reise nach Rom wurde auch dadurch veranlasst, dass Papst Leo durch die vielen Misshandlungen, die er von Seiten der Römer erlitten hatte, sich genötigt sah, den König um Schutz anzuflehen. Er kam also nach Rom und verweilte daselbst den ganzen Winter, um die Kirche aus der überaus großen Zerrüttung, in die sie verfallen war, zu reißen. Damals war es, dass er die Bezeichnung Kaiser und Augustus empfing; das war ihm zuerst so zuwider, dass er versicherte, er würde an jenem Tage, obwohl es ein hohes Fest war, die Kirche nicht betreten haben, wenn er des Papstes Absicht hätte vorher wissen können. Den Hass der oströmischen Kaiser trug er mit großer Gelassenheit.

Zit. nach Geschichte in Quellen, Bd. 2, hg. von Wolfgang Lautemann, 2. Aufl., München (bsv) 1978, S. 71. (Bearb.)

	A	B	C
Wer ist beteiligt?			
Wie wird Karl Kaiser?			
Was berechtigt Karl?			
Tendenz			
Absicht des Verfassers			

Name: .... **Klasse:** .... **Datum:** ....

Westfälische Archäologen finden heraus: Der Thron war eine gewöhnliche Stiege

Paderborn (APA/dpa) – Archäologen in Westfalen haben Karl den Großen „vom Thron gestoßen": Ein Steinpodest mit Stufen, das seit seiner Ausgrabung neben dem Paderborner Dom jahrzehntelang als Thron des Frankenherrschers galt, ist nichts anderes als eine gewöhnliche Stiege. Dieses „ernüchternde" Ergebnis modernster Forschungsmethoden haben die westfälischen Archäologen am Donnerstag bei einer internationalen Fachtagung in Paderborn vorgestellt.

Löcher in dem Steinpodest, die bisher als Halterungen für den Baldachin des Herrschers angesehen worden sind, hätten schlicht die Tragbalken des Treppendachs aufgenommen.
Durch Zuordnung der Bodenschichten sowie Keramikfunde könne die Treppe, die einst den Zugang zu Pfalzkirche und Versammlungssaal ermöglichte, auf die Zeit nach Karl dem Großen um das Jahr 900 datiert werden. Dies erklärte der Direktor des Paderborner Museums in der Kaiserpfalz, Matthias Wemhoff.
Durch die akribische Neuauswertung einer früheren Ausgrabung der Kaiserpfalz von Paderborn, der neben Aachen und Ingelheim wichtigsten Residenz Karls, habe zudem norditalienischer Kultureinfluss nachgewiesen werden können, sagte der Wissenschaftler. Die in Fragmenten entdeckte Wandmalerei eines von Ranken umgebenen Kreuzes habe ihre Ursprünge in der blühenden Kultur oberitalienischer Langobarden, deren Reich der Frankenherrscher im Jahr 774 kurz vor dem Baubeginn in Paderborn erobert hatte. Dies könne für Karl der Anlass gewesen sein, selbst sichtbar repräsentativer zu bauen als bisher im Norden Europas üblich, um damit seinen Herrscheranspruch zu untermauern, folgerten die Archäologen bei dem Symposion.
Durch die Neuauswertung von rund 100 000 Scherben aus Keramik oder Glas, die in der Pfalzgrabung zwischen 1964 und 1977 gefunden worden sind, sowie durch aufwändige Zuordnung von Bodenschichten mit neuesten Methoden hätten zudem unklare Mauerreste als ein Klostergebäude bewertet werden können. Bisher waren die frühen karolingischen Fundamente als die Küche der Kaiserpfalz gesehen worden. Außerdem hätten die Ausgrabungen die Erkenntnis gestützt, dass die Paderborner Pfalz stärker als andere karolingische Residenzen von ihrer kirchlichen Funktion bestimmt worden sei: Im Grenzgebiet zu den heidnischen Sachsen, so erklärte Museumschef Wemhoff, stützte sich Karl besonders auf die Kirche, um seine Herrschaft durchzusetzen.
Neben kostbaren Leihgaben der karolingischen Kultur aus vielen europäischen Museen werden die Pfalz-Funde erstmals vom 23. Juli bis zum 1. November 1999 in Paderborn zu sehen sein. Die umfangreiche Ausstellung „Kunst und Kultur der Karolingerzeit" soll an das Jahr 799 erinnern, in dem der Frankenherrscher und Papst Leo III. in Paderborn die Kaiserkrönung Karls verabredeten.

Quelle: APA Wissenschaft & Bildung – Datum: 02.04.1998

1. Finde heraus, mit welchen Methoden die Archäologen dem Rätsel um den Thron Karls des Großen auf die Spur kamen.

....

....

....

2. Stelle zusammen, welche weiteren Erkenntnisse Archäologen bei der Neuauswertung der Funde von 1964 bis 1977 gewonnen haben.

....

....

....

....

Name: .... **Klasse:** .... **Datum:** ....

1. *Verfasst in Partnerarbeit einen Dialog per E-Mail zwischen Kaiser und Papst im frühen Mittelalter.*
   In dem Gespräch geht es um die folgenden Fragen:
   Wo soll die höchste Macht liegen?
   Kaiser und Papst: Sind wir aufeinander angewiesen?

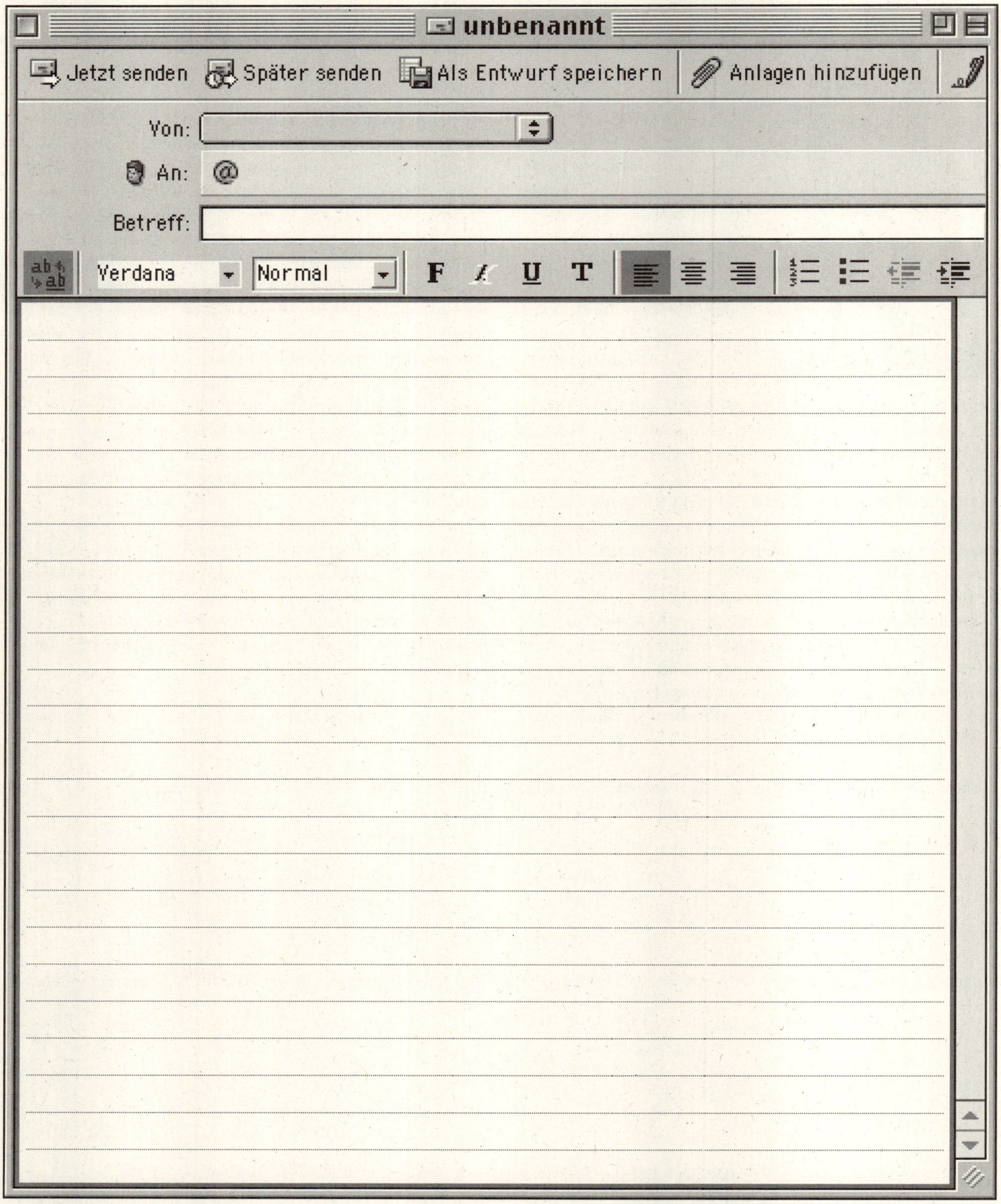

Sachinformationen und Hinweise zum Gesamtaufbau

Religion und Kirche spielten für das Leben der mittelalterlichen Menschen eine große Rolle. Diese Bedeutung wird in vielen Publikationen, auch Schulbüchern, zumeist an der politischen Funktion hoher geistlicher Würdenträger, am konsensfähigen oder konfliktträchtigen Handeln der geistlichen und der weltlichen Macht erläutert.

Dass sich diese Sicht durch jüngere Ergebnisse der Mittelalterforschung geändert hat, betonen die Historiker Gerd Althoff, Hans-Werner Goetz und Ernst Schubert: „Das Mittelalter als Einheit ist uns suspekt geworden gegenüber einer zeitlichen, räumlichen und sozialen Auffächerung und gegenüber einer Vielfalt differenzierter Betrachtungsweisen und Betrachtungsgegenstände. An die Seite der Könige, Päpste und Gelehrten sind die einfachen Menschen, an die Stelle der chronologischen Abläufe sind strukturhafte Zusammenhänge und geschlossene Beschreibungen getreten, von den Strukturen aber wurde der Blick zurück auf die Menschen mit ihren Lebensformen und Denkweisen, ihrem Handeln und Fühlen gelenkt. Wir haben nicht nur ein neues Bild vom Mittelalter gewonnen, sondern betonen zudem stärker als früher das Fremde und Ungewöhnliche, das ‚Mittelalterliche am Mittelalter'. Doch immer wieder begegnen in dem ‚ganz anderen' Mittelalter auch Verhaltens- und Denkweisen, die uns wohlvertraut sind. Nicht zuletzt das Vertraute im Fremden macht den Reiz aus, den das Mittelalter auf die Menschen am Ende des 20. Jahrhunderts ausübt." (Gerd Althoff/Hans Werner Goetz/Ernst Schubert: Menschen im Schatten der Kathedrale, Darmstadt 1998, S. IX).

Diese neue Sicht soll auch durch das dritte Kapitel vermittelt werden: Es ist in drei Themenblöcke unterteilt, die Menschen und ihre Begegnung mit dem Glauben sowie die Auswirkungen dieser Begegnung zeigen: Von der Suche nach Gottes Hilfe im Alltag (Pilger, Heilige und Ketzer) über die Gestaltung eines eigenen Lebensbereiches mit vermeintlicher Isolierung (Das Kloster – eine Welt für sich?) bis zur interkulturellen Begegnung verschiedener Religionskreise. Neben Brüchen und Konflikten werden dabei immer auch Kontinuitäten und Transferleistungen aufgezeigt und nach Parallelen gefragt – Parallelen und Unterschiede auch zur heutigen Welt.

Vorschläge für Unterrichtssequenzen

Das Kapitel ist mit beinahe 30 Seiten sehr materialreich. Deshalb können aus Gründen der Abwechslung im Unterricht und mit Blick auf den Lehrplan einzelne Themeneinheiten herausgenommen und an vorausgehende und nachfolgende Inhalte angekoppelt werden. Die Möglichkeiten sind im Überblick kurz vorgestellt (Schaubild S. 42).

Weiterführende Hinweise

Sachbücher

Nachum T. Gidal, Die Juden in Deutschland. Von der Römerzeit bis zur Weimarer Republik, Köln (Könemann) 1997
Aaron J. Gurjewitsch, Das Weltbild des mittelalterlichen Menschen, München (C. H. Beck) 1997
Karl Suso Frank, Grundzüge der Geschichte des christlichen Mönchtums, Darmstadt (Wissenschaftliche Buchgesellschaft) 1993
Montgomery W. Watt, Der Einfluss des Islam auf das europäische Mittelalter, Berlin (Wagenbach) 1992
Heinrich und Margarethe Schmidt, Die vergessene Bildersprache christlicher Kunst. Ein Führer zum Verständnis der Tier-, Engel- und Mariensymbolik, 5. Aufl., München (C. H. Beck) 1995
Anne Sefriouri/Michael Welphy, Geschichte der Menschheit. Die islamischen Kulturen, Berlin (Union) 1992

Didaktische Literatur

Geschichte lernen, Sammelband Weltreligionen – Judentum, Christentum, Islam. Seelze/Velber (Friedrich)
Margarete Luis Goecke-Seischab/Jörg Ohlemacher, Kirchen erkunden, Kirchen erschließen, Lahr/Butzon (Kaufmann) 1998

Jugendbücher

Mokhtar Moktefi, So lebten sie in den ersten Jahrhunderten des Islam, Nürnberg (Tessloff) 1986
Religionen: Sehen, Staunen, Wissen, hg. von Myrtle Langley, Hildesheim (Gerstenberg) 1997
Wiebke von Thadden, Judith, die junge Priorin, Würzburg (Arena) 1993
Jörg Knobloch/Steffen Peltsch (Hg.), Lexikon Deutsch. Kinder- und Jugendliteratur. Autorenportraits und literarische Begriffe, Freising (Stark) 1998

Themeneinheiten des Kapitels		Anknüpfungspunkte im Arbeitsbuch	
Krankheit	S. 74f.	Das Leben der Bauern	S. 16ff.
		Die Stadtgesellschaft	S. 114ff.
Auf der Suche nach Gottes Hilfe	S. 76f.	Eroberung und kulturelle Begegnung (Kreuzzüge)	S. 150ff.
Ketzer	S. 78f.	Hexenverfolgung in der frühen Neuzeit	S. 185ff.
		Reformation und Bauernkrieg	S. 218ff.
		Eroberung und kulturelle Begegnung (Kreuzzüge)	S. 150ff.
Leben in christlicher Gemeinschaft	S. 80ff.	Ständegesellschaft	S. 36f.
Kloster als Ort der Bildung	S. 84f.	Neues Denken durch neue Medien	S. 180f.
Der Islam	S. 90ff.	Eroberung und kulturelle Begegnung (Kreuzzüge)	S. 150ff.
Spanien	S. 94f.	Eroberung und kulturelle Begegnung (Kreuzzüge)	S. 150ff.
Juden	S. 96f.	Jüdische Einwohner in der Stadt	S. 112f.

Auftaktbild S. 72 f.

Das Triptychon „Der Heuwagen" ist charakteristisch für das Werk des niederländischen Malers Hieronymus Bosch (um 1450–1516). Bosch steht am Übergang vom Mittelalter zur Neuzeit. Weltverneinung und Angst vor Höllenstrafen lassen ihn dem Mittelalter zurechnen, die Individualität der Gestaltung, die sich vom mittelalterlichen Bildprogramm auch löst, sind neuzeitlich. Seine Bilder sind überfüllt mit oft nur schwer erklärbaren Nebenszenen. Die dargestellten Personen sind Personifikationen von Lastern. Dies trifft auch auf das vorliegende Gemälde zu, das in Spanien im Escorial aufbewahrt wird (eine zweite Fassung ist im Prado vorhanden). Auf dem linken Flügel ist das Paradies dargestellt (mit der Vertreibungsszene), rechts die Hölle. Die Mitteltafel zeigt im Zentrum den Heuwagen als Sinnbild irdischer Freuden, die als töricht bewertet werden.

Pilger, Heilige und Ketzer S. 74–79

Krankheit – ein Zeichen Gottes?

Sachinformation und Problemstellung

Lepra (= Aussatz) stellte im Mittelalter eine dauerhafte Bedrohung dar. Die Aussätzigen wurden aus der Gesellschaft ausgesondert; vor allem sollten sie aus der Stadtgesellschaft ferngehalten werden. Sie wurden aber dazu angehalten, selbst für ihren Lebensunterhalt zu sorgen, z. B. durch Feldarbeit.

Hungersnöte und Krankheiten hatten eine niedrige Lebenserwartung der mittelalterlichen Menschen zur Folge: Das Durchschnittsalter lag bei etwa 25 bis 32 Jahren. Wer das Kinder- und Jugendalter überlebte (nur 60 %), wurde zwischen 44 und 47 Jahre alt. Sicherlich lassen sich mit Blick auf die Lebenserwartung soziale Unterschiede feststellen, dennoch lag selbst das Durchschnittsalter der Könige unter 50 Jahren.

Ältere Menschen stellten in der mittelalterlichen Gesellschaft demnach eine Ausnahme dar. Wegen ihrer Erfahrung waren sie geachtet, allerdings wurden sie in einer von Hunger bedrohten Gesellschaft auch als Belastung empfunden.

Auf der Suche nach Gottes Hilfe

Sachinformation und Problemstellung
Pilger- und Wallfahrten können auf eine lange Tradition im Mittelalter zurückblicken. Dahinter steht die Vorstellung, dass an einem bestimmten Ort oder auf einem Weg die göttlichen Kräfte in besonderer Weise wirksam werden. Im Alten Testament wird z. B. Abraham zum Vorbild für einen Pilger. Auch der Exodus des Volkes Israel wurde als jahrzehntelange Pilgerreise verstanden. Im frühen Christentum wurde das Pilgern zunächst vernachlässigt, weil Gott nicht an bestimmten Orten, sondern allein „im Geist und in der Wahrheit" (Joh. 4,20ff.) angebetet werden sollte. Bald erlebte das Pilgern und Wallfahren aber eine Renaissance. Neben den Gräbern von Heiligen wurden besonders Jerusalem und Rom zum Zielort.
Zu unterscheiden sind dabei Pilgerfahrten von Wallfahrten: Der Wallfahrt liegt die Auffassung zugrunde, dass man Gott und seinen Kräften an bestimmten Orten besonders nahe sein kann. Bei der Wallfahrt verlässt man die Heimat, nimmt allerlei Strapazen auf sich, um am heiligen Ort um Hilfe zu bitten und dann gestärkt nach Hause zurückzukehren. Der Ort ist in diesem Moment wichtiger als der Weg. Die im Alten Testament beschriebenen Reisen nach Jerusalem und die späteren Pilgerfahrten an verschiedene heilige Stätten sind, unter diesem Blickwinkel, eigentlich Wallfahrten.
Etwas anderes als Wallfahren war das Pilgern, das im Mönchtum der Antike und des Mittelalters auflebte. Im Zentrum dieser Auffassung von Pilgerschaft stand das Jesuswort: „Der Menschensohn aber hat nichts, wo er sein Haupt hinlege" (Lukas 9,58). Die pilgernden Mönche verstanden es als Ausdruck der konsequenten Nachfolge, ohne feste Bleibe und ohne Besitz, als Fremde in dieser Welt unterwegs zu sein. Eine solche Pilgerschaft konnte ein Leben lang dauern. Sie war nicht auf einen bestimmten Ort hin gerichtet, sondern der Weg war das Entscheidende: Unterwegssein als Ausdruck der Hingabe an Gott.
Früh schon wurde Kritik am Pilgerwesen geübt. Gregorius von Nyssa schrieb im 4. Jh.: „Wenn du voller schlechter Gedanken bist, so bleibst du doch weit von Christus entfernt, auch wenn du nach Golgatha, zum Ölberg oder zur Auferstehungsstätte pilgerst". Eine äußere Handlung sollte und konnte nicht zum Ersatz für eine innere Einstellung werden. Und Thomas von Kempen (1380–1471) schrieb: „Wer viel pilgert, wird selten heilig". Von hier aus lässt sich eine Linie zur Reformation ziehen, die das Pilgern als „Narrenwerk" (so Martin Luther) bezeichnete.

Umstritten in der Forschung ist, wie die Frömmigkeit im Mittelalter, vor allem im Spätmittelalter zu bewerten ist: Ist das Spätmittelalter als „christliche Zeit par excellence" oder als religiöser „Verfall" zu bewerten? Heinz-D. Heimann urteilt mit Blick auf das Wallfahrts-, Pilger- und Reliquienwesen: „Solche Verdinglichung der Frömmigkeit teilte sich in einem aufblühenden Wallfahrtswesen und damit verbundenen öffentlich inszenierten Heiltumsschauen, dem feierlichen Zeigen besonderer Reliquien, mit. Pilgerschaft wurde zum Zeitmerkmal der Religiosität wie der Mobilität. Die seit 1300 bei der Kurie initiierten Heiligen Jahre förderten die Romwallfahrt, mit der bald jedoch regionale Wallfahrtszentren konkurrierten, an denen das Geschäft mit Devotionalien und dem Ablass die Bußpraxis verdrängte. Die Auswüchse übersteigerter Frömmigkeit waren hier rasch zu greifen und wurden deshalb frühzeitig kritisiert." (Heinz-D. Heimann: Einführung in die Geschichte des Mittelalters, Stuttgart 1997, S. 288)

Ketzer: Gehorsam gegen Gott, Ungehorsam gegen die Kirche

Sachinformation und Problemstellung
Das holzschnittartige Bild der Verfolgung und Inquisition, das in dieser Themeneinheit gezeichnet wird, wird im Verlauf des weiteren Unterrichtsgeschehens (vor allem bei der Begegnung zwischen Christentum und Islam) wieder etwas zurückgenommen werden. Dies entspricht auch dem Stand der Wissenschaft, den Heimann zusammenfasst: „Inquisition und Ketzerverfolgung gehören bei vielen Menschen zum verbreiteten Mittelalterbild. Aber die Verfolgung religiöser Minderheiten gehörte nicht zu den alltäglichen Erscheinungen jener Zeit. So fehlt in den Schulbüchern beinahe regelmäßig jeder Hinweis auf die Möglichkeiten praktizierter religiöser Toleranz in der mittelalterlichen Gesellschaft. Tatsächlich durchzogen Formen von Aberglauben und das Nebeneinander verschiedener Kulte bis hin zu einem indifferenten Ketzersynkretismus die mittelalterlichen Frömmigkeitsstile aller sozialen Schichten (…) Der Umgang mit Andersgläubigen, Muslimen und Juden, gehörte regional zum Alltag. In den rheinischen Städten z.B. funktionierte bis in die Mitte des 14. Jahrhunderts hinein die ‚concivilitas', das kommunale Zusammenleben zwischen Juden und Christen." (Heinz-D. Heimann: Einführung in die Geschichte des Mittelalters, Stuttgart 1997, S. 296 f.).

S. 79, M4 Berthold wurde zwischen 1210 und 1220 geboren und starb 1272. Der Franziskaner-Mönch trat als Wander- und Bußprediger in Deutschland, der Schweiz, in Österreich und Ungarn auf. Er predigte in der Volkssprache. Bertholds Predigten sind sehr anschaulich und bilderreich. Er griff vor allem die Laster seiner Zeitgenossen an. Dazu zählte er Minnesang, Spielleute und Ketzer (*Kopiervorlage 1, S. 50*).

Das Kloster – eine Welt für sich? S. 80–89

Leben in christlicher Gemeinschaft

Sachinformation und Problemstellung
Die Themeneinheit setzt mit Aussagen aus der Gegenwart ein und geht dann auf die geschichtliche Entwicklung des Mönchtums ein. Deutlich soll werden, dass die Entwicklung vom Eremitentum zum Mönchtum von den Menschen, die den Weg zu Gott suchten, ein Leben in Gemeinschaft mit zum Teil harten Regeln erforderte. Exemplarisch wird das Mönchtum an einer Person und an einem Kloster vorgestellt: An Benedikt von Nursia und an dem Kloster Sankt Gallen.
Zentrale Bedeutung kommt dabei Benedikt von Nursia zu (um 480 – um 547). Benedikt brach wohl wegen der Sittenlosigkeit seiner Mitstudenten das Studium ab und zog sich als Eremit in die Berge zurück. In seiner Heimat organisierte er zunächst zahlreiche Eremitengemeinschaften, bis er 529 bei Cassino in Latium das Kloster Montecassino gründete. Hier verfasste er seine Regula Benedicti. Das Kloster von Montecassino wurde 1944 völlig zerstört. Beim Wiederaufbau entdeckte man das Grab Benedikts.

Hinweise zu Materialien und Aufgaben
S. 82, M5 Mit dem berühmten Klosterplan von St. Gallen ist eine Quelle erhalten, welche die Bestimmungen Benedikts, vor allem die Forderungen nach wirtschaftlicher Autarkie, weitgehend zu erfüllen scheint. Entstehungsgeschichtlich wird der Plan in einen Zusammenhang mit der Reform Benedikts von Aniane gebracht, der – besonders auf dem Konzil von Aachen 816/17 – mit Unterstützung des karolingischen Königshauses die Regeln seines berühmten Vorgängers gegen mancherlei Fehlentwicklung wieder strikter zur Geltung bringen wollte. Der überlieferte Plan ist wohl eine Kopie aus den späten 20er Jahren des 10. Jahrhunderts. Auf fünf sorgfältig zusammengenähten Pergamentstücken mit einem Umfang von 112×78 cm ist eine Vielzahl von Bauten im Grundriss dargestellt, mit dem Friedhof im östlichen Teil, einem Handwerkergebäude im Süden, weiteren Wirtschaftsgebäuden im Westen. Allerdings ist die Bedeutung des Planes – gerade mit Blick auf das Thema *Kloster als Wirtschaftseinheit* – umstritten. Hierbei ist von der alten Diskussion auszugehen, „ob der Klosterplan nur den Forderungen der Benediktregel nach weitgehender Autarkie der Klöster in der Theorie Rechnung getragen oder aber weitgehende Entsprechungen in der Wirklichkeit gehabt habe" (Fred Schwind: Zu karolingerzeitlichen Klöstern als Wirtschaftsorganismen und Stätten handwerklicher Tätigkeit. In: Lutz Fenske u.a. (Hg.): Institutionen, Kultur und Gesellschaft im Mittelalter. Festschrift für Josef Fleckenstein zu seinem 65. Geburtstag, Sigmaringen 1984, S. 104).
Gerade die klare geometrische Anordnung, die das Planrechteck fast vollständig ausfüllt, erweckt den Verdacht, dass der Plan wenig aussagekräftig ist bei der Rekonstruktion konkreten Geschehens, etwa in St. Gallen selbst. Dies hängt nicht mit der Rationalität und Funktionalität des Planes zusammen, die auch zu modern anmuten könnten, sondern mit dem Fehlen von größeren Freiräumen, die für die Infrastruktur (Verkehr, Versorgung, Entsorgung) notwendig sind. Der Klosterplan ist also nicht so zu lesen, als „ob das auf dem Plan dargestellte Kloster auf einem bestimmten Raum habe errichtet werden können" (ebd., S. 115, Anm. 63).
Konrad Hecht hat aus den fehlenden Verkehrswegen auf ein zweites Klostertor im Süden geschlossen. Diese Argumentation, die zunächst an der Möglichkeit einer konkreten Umsetzung des Planes festhält, kann allerdings nicht überzeugen: Ein zweites Tor würde zwar einen raschen Zugang etwa zu dem Handwerkertrakt an der Südseite erlauben, der Platz zwischen dem Ein- und Ausgang zu diesem Trakt und dem nördlich angrenzendem Refektorium, auf dem Um- und Abladevorgänge stattfinden müssten, bleibt durch das zweite Tor aber unverändert, nämlich zu klein. So wird man allenfalls davon reden können, dass der Plan „das Maximalprogramm eines karolingerzeitlichen Klosters vermittelt", das so allerdings nie verwirklicht wurde.
S. 82, Aufgabe 7 siehe *Kopiervorlage 2, S. 51.*

Das Kloster war ein Ort der Bildung

Sachinformation und Problemstellung
Die Klöster wurden besonders in karolingischer Zeit zu Zentren der Bildung und Erziehung. 789 verfügte Karl der Große in seiner Admonitio generalis, dass jedes Kloster eine Schule und Schulbücher – heute würde man sie „Lehrerhandbücher" nennen – besitzen sollte. Eine so genannte „innere Schule" bildete dabei die späteren Mönche aus, die „äußere Schule" die Kleriker, die dann an die Kirchen gingen. Der Bestand an Büchern war unterschiedlich groß. Der Sankt Gallener Katalog weist im 9. Jahrhundert über 400 Titel aus – es handelte sich hier sicherlich um eine größere Bibliothek.

Hinweise zu Materialien und Aufgaben
S. 84, M2 Während die meisten Mönche, die die prächtigen Handschriften herstellten, für uns namenlos bleiben, lassen sich einige als „Wissenschaftler" identifizieren, weil sie ihre Kenntnisse der alten heiligen Texte anwandten, um eigene Werke zu verfassen. Beda steht hier als Beispiel für einen solchen „mönchischen" Wissenschaftler. Für den Lebenslauf eines Mönchs ist der Eintritt in das Kloster mit sieben Jahren nicht ungewöhnlich. Da das selbstbestimmte Individuum keine Rolle spielte, wurde über den Klostereintritt in der Regel schon im frühen Kindesalter entschieden. Außerhalb der Klöster und einiger Bischofskirchen gab es keine Schulen, deshalb bedeutete der Eintritt ins Kloster zugleich den Beginn der Schulbildung, vor allem des Lernens von Lesen und Schreiben.
Beda hat seiner Lebensbeschreibung eine Liste seiner Werke beigefügt. Sie zeigt, dass sein wissenschaftliches Bemühen völlig im Dienst von Christentum und Kirche stand. Auch die beiden Bücher über die Zeitrechnung waren keine naturwissenschaftlichen Werke, sondern dienten kirchlich-religiösen

Zwecken, weil er darin Berechnungen über das Osterfest anstellte: Von den Römern hatte das Mittelalter den Sonnenkalender übernommen, in den die in der Bibel nach dem jüdischen Mondkalender angegebenen Feste eingefügt werden mussten. Da die zwölf Mondmonate nicht genau mit einem Sonnenjahr übereinstimmen, bewegen sich die altchristlichen Feste bis heute innerhalb bestimmter Grenzen im Sonnenjahr. In seinen Arbeiten über die Zeitrechnung ging es Beda darum, festzustellen, nach wie viel Jahren Ostern wieder auf das gleiche Datum fiel.

Workshop Methoden: Experten befragen

S. 86, zu den Arbeitsschritten Für den ersten Schritt (Fragen sammeln) empfiehlt sich der Einsatz der Moderationsmethode. Dies kann hier in 4 Schritten durchgeführt werden:

1. Kartenabfrage
2. Doppeln (Karten mit ähnlichen und gleichen Inhalten werden durch Mehrfachmarkierung auf einer Karte vermerkt)
3. Clustern (zusammengehörige Karten werden zu einem Schwerpunkt zusammengefasst)
4. Punkten (es wird die Reihenfolge/Dringlichkeit der Fragen durch Anbringen von Klebepunkten ermittelt)

Wirtschaften und beten – ein Widerspruch?

Sachinformation und Problemstellung

Abtötung der Sinne, Studium, Arbeit, vor allem aber gottesdienstliche Tätigkeit, die kaum Zeit für andere Tätigkeiten einräumte, mit einem Wort: Weltenferne – alle Merkmale sind erfüllt, wenn man eine Kurzcharakteristik des Mönchtums zu erstellen hätte. Schnell gesellt sich der Verdacht eines Lebens auf Kosten anderer, zumindest auf der Grundlage von Erträgen, die andere erwirtschaftet haben, dazu.

Muss es da nicht erstaunen, wenn Hermann Josef Roth seinen Überblick über die Wirtschaftsgeschichte der Zisterzienser mit einem Bonmot Carl Amerys beginnt, dass es nämlich „[o]hne die Mönche (…) keine Stechuhr" gegeben hätte? (Hermann Josef Roth: Die Wirtschaftsgeschichte der Cistercienser. In: Ambrosius Schneider u.a. (Hg.): Die Cistercienser. Geschichte – Geist – Kunst, 2. Aufl., Köln 1977, S. 555). Nur auf den ersten Blick, denn wenn eine Einzelperson ins Kloster eintrat, wurde deutlich, dass das, was für den Einzelnen nach der Änderung seiner Lebensführung als Problem zu existieren aufhörte, für die Gemeinschaft weiterhin zu unbequemen Fragen führte: Es blieben nämlich „Besitzerwerb und Wirtschaftsführung ein ständiges Problem." (Kaspar Elm: Erwerbspolitik und Wirtschaftsweise mittelalterlicher Orden und Klöster, Berlin 1992, S. 7).
Die klare Unterteilung des Tagesablaufs mit Wechsel von Studium, Arbeit, Gottesdienst und Ruhepausen, verbunden mit dem Verzicht privaten Konsumierens, hat – eine Ironie der europäisch-christlichen Geschichte – den Aufstieg der „rigorosen Mönchsorden zu einer erstrangigen Wirtschaftsmacht des Mittelalters" begünstigt. Die disziplinierten Kommunitäten wurden zu Produktionskommunen höchster Effizienz (Roth, a.a.O., S. 555).
Auch die Regel Benedikts von Nursia weist Bestimmungen zur Anlage eines Klosters auf, die leicht als Vorbedingung einer klösterlichen Wirtschaftsautarkie gelesen werden können.

Hinweise zu Materialien und Aufgaben

S. 88, Darstellungstext „Wirtschaftsbetrieb Kloster" Georges Duby zeigt, wie über die klösterliche Grundherrschaft ein Teil der Abgaben, die von Hörigen aufgebracht wurden, wieder an die unteren und unversorgten Teile der Bevölkerung abfloss. Wenn man die drei Aufgaben der Seelsorge, Bildung und Fürsorge zusammenzieht, ergibt sich ein Kreislauf, der in einem Tafelbild festgehalten werden kann (*Tafelbild 1*).

Tafelbild 1 Aufgaben des Klosters

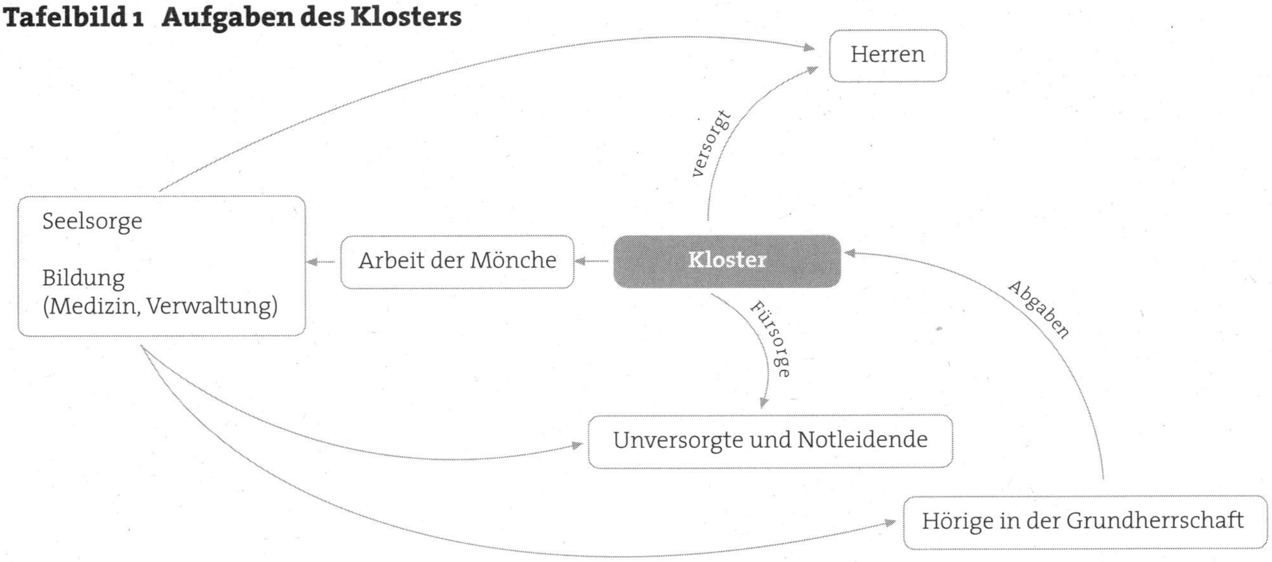

Zeitraum	bis 814	814–843	843–872	872–920	920–1000
Geschäftstyp					
Prekarie[1]	106	112	106	94	13
Schenkung	66	23	26	19	3
Ankauf	3	0	2	0	0
Tausch	3	5	28	56	10

1 Unter Prekarie versteht man eine Besitzübertragung, die dem Übertragenden gegen einen Zins, den er zahlen muss, alle Nutzungsrechte an seinem ehemaligen Eigentum belässt, „dem Kloster also zunächst nur bedingte Rechte verschaffte" (Goetz: Zur Grundherrschaftsentwicklung, S. 202).

S. 88, M3 Die Übersichtskarte zu den Besitzungen des Klosters Prüm macht die Streulage des Klosterbesitzes sehr deutlich: Noch mehr als 200 km von Prüm entfernt finden wir in den heutigen Niederlanden und in Lothringen Besitz des Klosters. Die Streulage des Besitzes von Prüm ist eine Folge frommer Einzelschenkungen an dieses große, weit bekannte Kloster. Auffällig ist, dass die Besitzungen meistens in der Nähe großer Wasserstraßen liegen. Dies ist zum einen ein Hinweis auf die geringe Bevölkerungsdichte und zum anderen auf die minimale Infrastruktur des Frankenreiches: Aufgrund der geringen Bevölkerungsdichte konnte man sich darauf beschränken, vorwiegend in den durch Schiffe (dem vorherrschenden und bequemsten Transportmittel) zu erreichenden, fruchtbaren Gebieten in der Nähe der Flussläufe zu siedeln.
Bei der Bearbeitung der Karte zu den Abgaben und Diensten sollte beachtet werden, dass sie nur etwas über die Art und Abgaben und Dienste, nichts über die Höhe aussagt. Die Abgaben richten sich nach der landwirtschaftlichen Nutzung und Bodenbeschaffenheit: Im Ahr- und Rheintal ist z. B. Wein die wichtigste Abgabe. Bei den Frondiensten haben die meisten der im Kartenausschnitt liegenden Besitzungen Feldarbeit und Transportdienste zu leisten. Aufgrund der räumlichen Entfernungen der fronpflichtigen Bauern vom Kloster Prüm ist auszuschließen, dass alle Dienste auf dem Hof der Abtei abgeleistet wurden. Vielmehr kann davon ausgegangen werden, dass das Kloster in der Voreifel und dem Ahrtal Fronhöfe unterhielt.

S. 89, M4 Gallus, ein Gefährte des Missionars Columban, errichtete 612 im Steinachtal eine Einsiedlerzelle, die sich um 720 zu einem Kloster nach der Regel Benedikts entwickelte. Für etliche Jahrzehnte unterstand das Kloster dem Bistum Konstanz; nach Verleihung der Immunität durch Ludwig den Frommen 818 gelang die endgültige Befreiung 854 unter Ludwig dem Deutschen, der auch strittige Güterangelegenheiten zwischen Konstanz und St. Gallen regelte.
Überblickt man die Grundherrschaftsentwicklung St. Gallens vom 8. bis zum Ende des 10. Jahrhunderts im Spiegel der Urkunden, dann können zwei Beobachtungen zur grundherrschaftlichen Situation St. Gallens formuliert werden:
„1. Der urkundlich erwähnte Besitz (...) befand sich nur zum Teil in der Verfügungsgewalt des Klosters.
2. Diese wurde zudem im Laufe des 9. und 10. Jahrhunderts zunehmend eingeschränkt; immer weniger Neuerwerbungen standen immer mehr Bedingungen und Klauseln der Tradenten gegenüber." (Hans-Werner Goetz, Beobachtungen zur Grundherrschaftsentwicklung der Abtei St. Gallen vom 8. zum 10. Jahrhundert. In: Werner Rösener (Hg.): Strukturen der Grundherrschaft im frühen Mittelalter, S. 205)

Einen Überblick über die Aktionen, unterteilt nach fünf Phasen, gibt die Tabelle oben.

Es kann als gesichert gelten, dass mit den Schenkungen und Prekarien, die vor der Mitte des 9. Jahrhunderts vorwiegend von alamannischen Adligen stammten, Güter mit grundherrschaftlichen Strukturen auch des zweigeteilten Systems in den Besitz St. Gallens übergingen. Der Besitz war allerdings verstreut und mit Einschränkungen zugunsten der Tradenten verbunden.
Die Unübersichtlichkeit der Besitzungen waren vielleicht auch eine Ursache, warum mit den Meiern (*maiores* oder *villici*), denen die Verwaltung der Haupthöfe oblag, sich im 10. und 11. Jahrhundert eine Schicht von laikalen Grundherrschaftsverwaltern herausbildete. Hauptsächlich muss diese Schicht aber im Zusammenhang mit der Bedeutung des Klosters für die Reichspolitik der Ottonen und Salier gesehen werden, zu der St. Gallen in ganz besonderem Maße herangezogen wurde: Die Verleihung der Immunität und die damit verbundene Exemption von der öffentlichen Grafengewalt bildeten einerseits die Grundlage für die politische, rechtliche und wirtschaftliche Selbstständigkeit der zu einem Machtfaktor aufgestiegenen Abtei, brachten aber andererseits drückende militärische Verpflichtungen im Dienst des Königs mit sich, die St. Gallen nur mithilfe einer ausgebildeten Lehns- und Dienstmannschaft erfüllen konnte.

Rösener sieht in diesem Erstarken einer aufstrebenden Gruppe den entscheidenden Faktor für das Zerfallen des Villikationssystems St. Gallens. Die Meierämter wurden bald als Lehen ausgegeben, was schnell eine Entfremdung bewirkte, schließlich aber die Abtei bis in ihre Grundlagen erschüttert hat. Auch die Reaktion der Klosterleitung, dass nämlich die Äbte ab dem 12. Jahrhundert die Bauernhufen wirtschaftlich von den Fronhöfen trennten, sodass den Meiern schließlich außer festgesetzten Abgaben und Gerichtsrechten keine weiteren Eingriffsmöglichkeiten mehr verblieben, stärkte nicht das Kloster, schwächte nur die Macht der Meier, förderte aber über kurz oder lang die Selbstständigkeit der Bauern.

Muslime, Juden und Christen: Miteinander leben S. 90–99

Der Islam – eine neue Religion

Sachinformation und Problemstellung
Im Vergleich mit dem Judentum und dem Christentum ist der Islam (arab. = Hingabe) die jüngste der drei monotheistischen Offenbarungsreligionen, die sich auf Ismael, den Sohn Abrahams mit der Magd Hagar zurückführt. Man spricht in der jüngeren Religionswissenschaft deshalb auch von den drei „abrahamitischen Religionen" (H. Küng). Historisch geht der Islam aus dem Stifterwirken des Propheten Muhammads hervor. Dieser begann zwischen 610 und 632 n. Chr. seine Offenbarungen unter den Nomadenstämmen der arabischen Halbinsel zu verkünden. 622 wanderte Muhammad mit seinen Anhängern nach Medina aus. Dieses Jahr der „Hidschra" (= Auswanderung) ist der Beginn der islamischen Zeitrechnung. Von Medina aus führte Muhammad den „Dschihad" (= Anstrengung), den „heiligen Krieg", gegen seine Heimatstadt. Die Zahl seiner Anhänger wuchs rasch und 630 n. Chr. konnte Muhammad Mekka kampflos einnehmen. Zwei Jahre später, beim Tod Muhammads, hatte sich die neue Religion fast über die gesamte arabische Halbinsel ausgebreitet.
Grundlage des Islams ist ein kompromissloser Monotheismus und der Glaube an die besondere Sendung Muhammads. Dies kommt auch im islamischen Glaubensbekenntnis, der Schahada, zum Ausdruck. Dort heißt es: „Ich bezeuge, dass es keinen Gott gibt außer Allah, und ich bezeuge, dass Muhammad sein Gesandter ist." Neben der Schahada gibt es vier weitere Säulen (= arkan), auf denen der Islam ruht: Das regelmäßige Gebet (= salat), das fünfmal täglich Richtung Mekka zu verrichten ist, die Almosensteuer (= zakat), das rituelle Fasten (= saum) vom Aufgang der Sonne bis zu ihrem Untergang im Fastenmonat Ramadan und die Wallfahrt nach Mekka (= hadsch) zur Moschee des Propheten.
Die Offenbarungen, die Muhammad empfangen haben soll, sind im Koran, dem Glaubensbuch der Muslime (= Anhänger Muhammads), niedergelegt. Der Koran besteht aus 114 Suren (= Kapitel) und ist in arabischer Sprache verfasst. Er darf sprachlich nicht verändert werden, da sonst der wörtliche Sinn der Offenbarung verfälscht würde. Der Islam ist eine orthopraktische Religion, d. h. die Zugehörigkeit zeigt sich in der religiösen Praxis und nicht in formeller Zugehörigkeit. Deshalb versammeln sich Muslime fünfmal täglich zum Gebet und nehmen am Freitag am Gottesdienst in der Moschee (= Ort der Niederwerfung) teil, der unter Leitung eines Imam stattfindet.
Der Islam hat sich – auch durch gewaltsame Expansion in Mittelalter und Neuzeit – inzwischen im gesamten arabischen Raum, in Nordafrika, der Türkei und Teilen Asiens ausgebreitet. Er ist mit 824 Millionen Anhängern (1999) eine der größten und dynamischsten Weltreligionen, die besonders in den Entwicklungsländern großen Zulauf hat.

Hinweise zu Materialien und Aufgaben
S. 91, M3 Die Karte gibt die territoriale Größe des islamischen Reiches zum Zeitpunkt seiner größten Ausdehnung um 750 wieder. In kontrastierenden Flächenfarben sind die beiden anderen Machtzentren zu dieser Zeit, das Oströmische Reich und das Frankenreich, eingetragen. Aus Gründen der Übersichtlichkeit und Lesbarkeit wurde darauf verzichtet, die Expansion des Islams in einzelnen Phasen von 622 bis um 750 aufzunehmen. Die Karte dient vor allem zur Veranschaulichung der enormen Größe des islamischen Reiches und der Lokalisierung wichtiger Städte, die auch heute noch von Bedeutung sind.

S. 92, M4 Die Geschlechtertrennung in der Öffentlichkeit wird durch die Abbildung aus einer arabischen Handschrift aus dem 13. Jahrhundert veranschaulicht. Die Frauen sitzen von den Männern getrennt (und in Wirklichkeit nicht sichtbar) auf einer Galerie. Sie sind durch lange Gewänder mit einer Kopfbedeckung (eine Art Kapuze) und mit einem leicht durchsichtigen Gesichtsschleier verhüllt. Stirn, Augen und z. T. Hände sind nicht verdeckt.

Junge Muslime in Deutschland – Leben in zwei Welten

Sachinformation und Problemstellung
Die Bedeutung des Kopftuches oder besser: des Schleiers ist eine Frage, an der heute die aktuelle Diskussion entbrennt. An ihr zeigt sich auch, wie groß oft die Unkenntnis des Westens gegenüber dem Orient ist. Der Religionswissenschaftler Peter Antes zeigt, dass der Schleier in regional sehr unterschiedlichen Formen seit altersher zur Kulturgeschichte des Vorderen Orients gehört. Die enge Verquickung von Schleier und Islam dagegen ist nicht evident: „Der Koran selbst enthält eine derartige Verschleierungsvorschrift allenfalls in Form von Andeutungen. Die beiden dafür herangezogenen Verse sind zunächst einmal Koran 33,59: ‚Prophet! Sag deinen Gattinnen und Töchtern und den Frauen der Gläubigen, sie sollen (wenn sie austreten) sich etwas von ihrem Gewand (über den Kopf) herunterziehen. So ist es am ehesten gewährleistet, dass sie (als ehrbare Frauen) erkannt und daraufhin nicht belästigt werden. Gott aber ist barmherzig und bereit zu vergeben.' Die zweite Stelle ist Koran 24,31: ‚Und sag den gläubigen Frauen, sie sollen (statt jemanden anzustarren, lieber) ihre Augen niederschlagen, und sie sollen darauf achten, dass ihre Scham bedeckt ist (wörtl.: sie sollen ihre Scham bewahren), den Schmuck, den sie (am Körper) tragen, nicht offen zeigen, soweit er nicht (normalerweise) sichtbar ist, ihren Schal über den (vom Halsausschnitt nach vorne heruntergehenden) Schlitz (des Kleides) ziehen und den Schmuck, den sie (am Körper) tragen, niemandem offen zeigen, außer ihrem Mann, ihrem Vater, ihrem Schwiegervater, ihren Söhnen, ihren Stiefsöhnen, ihren Brüdern, den Söhnen ihrer Brüder und ihrer Schwestern, ihren Frauen, ihren Sklavinnen, den männlichen Bediensteten, die keinen (Geschlechts)trieb (mehr) haben, und den Kindern, die noch

nichts von weiblichen Geschlechtsteilen wissen. Und sie sollen nicht mit ihren Beinen (aneinander)schlagen und damit auf den Schmuck aufmerksam machen, den sie (durch die Kleidung) verborgen (an ihnen) tragen ...'". (Peter Antes, Ethik und Politik im Islam, Stuttgart 1982, S. 57f.) Antes macht deutlich, dass es darum geht, die Frau zu schützen, um sie nicht zum Objekt männlicher Begierde werden zu lassen. Die Vorschriften gelten dabei besonders für die Stadtbevölkerung. Die Frau auf dem Land arbeitet gewöhnlich unverschleiert auf dem Feld und unterscheidet sich in ihrem Tätigkeitsbereich kaum vom Mann.

Muslime und Christen in Europa – das Beispiel Spanien

Sachinformation und Problemstellung

Für die Themeneinheit „Muslime und Christen in Europa" bietet es sich an, als „Rahmenhandlung" der Präsentation die Planung einer Bildungsreise vorzugeben: Ausgewählte Gebäude und Plätze Córdobas sollen vorgestellt und mit ihrer Geschichte erläutert werden (*Kopiervorlage 3, S. 52*).

Juden im mittelalterlichen Europa

Sachinformation und Problemstellung

Das Judentum ist die älteste der drei großen monotheistischen Offenbarungseligionen, aus der später das Christentum hervorgegangen ist. Historisch betrachtet ist das Judentum um 1500 v. Chr. aus einer Gruppe von Nomaden hervorgegangen, die aus den Stadtstaaten Kanaans ausgezogen waren und in einem Stammesverband als Volk „Israel" zu einer neuen Identität fanden. Die Thora (hebr. = das Gesetz), das Glaubens- und Geschichtsbuch der Juden, das später als „Altes Testament" in die christliche Bibel übernommen worden ist, kleidet diese historischen Vorgänge in die sagenhaften Geschichten von den Urvätern Abraham, Isaak, Jakob und Joseph. Das wohl entscheidende historische Ereignis war die Erfahrung der Versklavung am Hof des Pharaos in Ägypten, aus der sich eine Gruppe der Juden durch einen Ausbruch befreien konnte. In der Thora wird dieser Exodus als Befreiungstat des Gottes JHWH (Jahwe) gefeiert, der die Juden für ihre Treue im Glauben an ihn belohnte.
Tatsächlich ist der Eingottglaube (gr. Monotheismus) das wichtigste Merkmal des Judentums. In der vornehmlich polytheistischen Umwelt des Alten Orients wurde der Glaube an JHWH zum Lebens- und Identifikationsprinzip. Die Thora berichtet über die weitere Geschichte des Volkes Israel: Sein Anführer Moses empfängt nach dem Exodus während des Zuges durch die Sinai-Wüste das Gesetz, in der christlichen Überlieferung die „Zehn Gebote" genannt, das zur Richtschnur für die religiöse Praxis des Judentums wird. Später errichten die Israeliten in Palästina ein Königreich, das unter König David (1004–965 v. Chr.) seine größte Ausdehnung erreicht. Dann zerfällt das Reich in die beiden Staaten Israel und Juda – von letzterem hat das Judentum seinen Namen.

Die folgenden nationalen Katastrophen – babylonische, persische, seleukidische und schließlich römische Fremdherrschaft – stärken den jüdischen Glauben, während der Staat Israel zuerst seine Unabhängigkeit verliert und 70 n. Chr. mit der Zerstörung Jerusalems durch die Römer schließlich aufgelöst wird. Das Judentum existiert aber weiter, sowohl in Palästina als auch in der Diaspora (gr. = Zerstreuung) in Europa und Asien. Trotz häufiger Verfolgung in den beiden folgenden christlichen Jahrtausenden blieb das Judentum in den israelitischen Gemeinden Europas lebendig. Erst der organisierte Massenmord an den Juden durch das nationalsozialistische Deutschland (Holocaust) vertrieb Hunderttausende Juden aus Europa in die USA und nach Palästina. Hier wurde 1948 der Staat Israel für die geflohenen Juden neu gegründet. Trotzdem leben weiterhin die meisten Anhänger des Judentums in den USA.

Der Glaube des Judentums beruht auf drei Säulen:
- die Kenntnis der *Thora,*
- die Durchführung der *Beschneidung* als Zeichen des Bundes
- und die Einhaltung der strengen *Reinheitsgebote.*

Der siebte Tag der Woche wird als Sabbat (hebr. = Ruhe, Aufhören) rituell gefeiert und gepflegt, indem von Freitagabend bis Samstagabend alle unnötigen Tätigkeiten eingestellt werden und die Gemeinde sich in der Synagoge zum Gottesdienst zusammenfindet. Auch sonst gibt es im Judentum zahlreiche Parallelen zur christlichen Religion: So kennt das Judentum einen Jahreskreis von Festen und Feiern, von denen die wichtigsten Rosch ha-Schana (= Neujahrsfest), Jom Kippur (= Versöhnungstag), Sukkot (= Laubhüttenfest), Chanukka (= Lichterfest), Passah (= Osterfest; Fest des Übergangs von der Sklaverei in die Freiheit), Schawuot (= Wochenfest.

S. 97, M4 Die Figuren der Synagoge und der Ecclesia tauchen meistens am Eingang von Kirchen auf. Die Prophezeiungen und Klagelieder Jeremias fassen das Volk Israel als Jungfrau, als gestürzte Fürstin oder als trauernde Witwe. Die Kirchenväter des Mittelalters sahen in der trauernden Fürstin eine Personfikation für die Synagoge. Die Kirche wurde dagegen in der Gestalt der Braut Christi gefasst. Dabei gibt es große Unterschiede in der Darstellung von Synagoge und Kirche. Die Schüler könnten aufgefordert werden, in Bildbänden unterschiedliche Abbildungen von Kirche und Synagoge oder auch Darstellungen von Juden in christlichen Kirchen zu suchen (Literaturtipp: Friedemann Fichtl, Der Teufel sitzt im Chorgestühl. Ein Begleitbuch zum Entdecken und Verstehen alter Kirchen und ihrer Bilderwelt, 2. Aufl., Eschbach 1990). Folgende Ergebnisse sind denkbar:

Syngagoge	Kirche	Wertung
Synagoge mit Schleier, der von Christus gelöst wird	aufrecht stehende Kirche mit Auferstehungsfahne und Kelch	Nebeneinander mit Möglichkeit der Versöhnung
Synagoge mit Schleier, gebeugt, zerbrochene Fahnenstange	aufrecht stehende Kirche, hämischer Blick	Verachtung des Judentums
Synagoge kann sich nur mühsam auf einem Esel halten; Krone fällt vom Kopf. Statt eines Kelches trägt sie einen Ziegenbockschädel	gekrönte Kirche reitet auf einem vierköpfigen Tier (vier Köpfe der Evangelistenzeichen) der blinden Synagoge entgegen	Judenhass mit Darstellung moralischer Minderwertigkeit der Juden (Ziegenbock als Zeichen der Ausschweifung)

Workshop Methoden – Texte aus Jugendbüchern erarbeiten

S. 98, Aufgabe 1 Im Zusammenhang mit dem ersten Schritt muss die Erzählperspektive thematisiert werden. Die Ich-Erzählung erzeugt Spannung, weil sich der jugendliche Leser hier mit einer offensichtlich noch jugendlichen Hauptperson (Robin) identifizieren kann. In Z. 33 ff. lässt der Erzähler Erklärungen einfließen, die er erst in späteren Jahren sammeln konnte. Auf diese Weise wird der historische Zusammenhang – das Zusammenleben der unterschiedlichen Kulturen und Religionen, nach dem auch im 2. und 3. Schritt gefragt wird – deutlich gemacht. Da zahlreiche historische Jugendromane so aufgebaut sind, bietet sich hier die Möglichkeit, dass Schülerinnen und Schüler ihren Mitschülern über Referate ausgewählte Romane präsentieren. Die Referenten können die erläuternden Passagen kürzen oder tilgen, die Klasse hat dann aufgrund ihrer erworbenen Kenntnisse die Aufgabe, die Informationen einzubauen. Erläuterung am vorliegenden Beispiel: Hier wären also die Zeilen 33 bis 38 zu tilgen.

Zusammenfassung

S. 101, „Der reiche Mann und sein Ring" Bei der Novelle handelt es sich um die 3. Geschichte des ersten Tages des 100 Geschichten umfassenden Erzählzyklus Decamerone von Boccaccio. Bei Boccaccio endet die Geschichte damit, dass die Frage nach dem echten Ring nicht geklärt werden kann. Melchisedech überträgt die Geschichte auf die Religionen: „Jedes Volk glaubt seine Erbschaft, nämlich sein wahres Gesetz, zu haben und seine Gebote befolgen zu müssen; wer sie aber hat, diese Frage ist so wie bei den Ringen noch immer in Schwebe". Saladin erkennt an, dass Melchisedech die Falle erkannt und ihr entronnen ist. Er offenbart dem Juden seine finanziellen Probleme. Melchisedech unterstützt Saladin.
Boccaccios Geschichte ist die Vorlage für die so genannte Ringparabel in Lessings „Nathan der Weise" (III. Akt, Szene 7). Lessing führt zwei entscheidende Änderungen ein: Zum einen hängt die Wirkung des Ringes nicht mehr von seinem materiellen Wert ab. Bei Lessing macht er „angenehm vor den Leuten" – wenn er in dieser Zuversicht getragen wird. Zum anderen entscheidet ein Richter bei Lessing, dass der echte Ring wohl verloren gegangen ist, sodass es sich bei allen drei Ringen um Fälschungen handelt. Bei Boccaccio gibt es noch einen echten Ring – und damit eine echte Religion, auch wenn sie nicht erkennbar ist. Bei Boccaccio ist deshalb ein Konkurrenzkampf der drei Religionen denkbar, bei dem es darum geht, die Echtheit zu erkennen oder zu beweisen. Bei Lessing kann der Beweis nicht mehr durch theoretische Erkenntnis, sondern nur noch durch praktisches Handeln geleistet werden.

Notizen:

Name: .... **Klasse:** .... **Datum:** ....

Wer getoerste, gewuochern, gefürkoufen behaben ...

Ausschnitt aus einer Predigt des Wanderpredigers Berthold von Regensburg (gest. 1272) in der Originalsprache und in Übersetzung:

Mittelhochdeutsch: Wer getoerste gewuochern, gefürkoufen oder pfant behaben oder gerouben oder gesteln oder ê gebrechen, sô man die hôhen herren saehe ze banne getuon unde dar nâch in die âhte tuon unde dar nâch êlôs unde rehtelôs sagen und dar nâch den lîp nemen, unde den nidern daz selbe taete, unde hiute zehene hienge und morgen zehenen daz houbet abe slüege, dise radebrechte, jene brente, dise an der siule slahen, jene binden an den kirchzûn? Sô sprichet der ketzer, ez müge nieman einem menschen sînen lîp genemen âne toetlîche sünde mit gerichte.

Neuhochdeutsch: Wer würde es denn noch wagen, Wucher und Vorkauf zu treiben, ein Pfand zurückzuhalten, zu rauben, zu stehlen oder die Ehe zu brechen, wenn man sähe, wie auch die hohen Herren mit dem Bann belegt, dann in die Acht getan, für rechtlos erklärt und schließlich getötet würden, und wenn es denen aus niederem Stand genauso erginge: wenn man heute zehn aufhängen, morgen zehn köpfen würde, die einen rädern, die anderen auf dem Scheiterhaufen verbrennen, die einen an den Pranger stellen, die anderen an den Kirchhofzaun binden würde? Nur ein Ketzer behauptet, dass kein Mensch einen anderen zum Tode verurteilen könne, ohne eine Todsünde zu begehen.

Zit. nach Berthold von Regensburg, Vier Predigten. Mittelhochdeutsch/Neuhochdeutsch, übersetzt und herausgegeben von Werner Röcke, Stuttgart (Reclam) 1983, S. 160 f.

1. *Versuche mithilfe der Übersetzung möglichst viele Wörter aus dem mittelhochdeutschen Text zu erschließen. Schreibe ihre Übersetzung zwischen die Zeilen.*

2. *Schlage in einem mittelhochdeutschen Wörterbuch (Bücherei) nach, wie die Vokale im Mittelalter ausgesprochen wurden. Notiere dir die Laute farbig über den entsprechenden Vokalen. Trage den Text in der Klasse vor.*

....

....

3. *Überlegt gemeinsam in der Klasse, was Berthold mit dem letzten Satz (Z. 9/10) gemeint haben könnte.*

....

....

....

Name: .... **Klasse:** .... **Datum:** ....

Trage in die Skizze einen Tagesablauf für einen typischen Schultag von dir selbst ein. Male die Bereiche für die Arbeit, für die Mahlzeiten und für die Freizeit mit unterschiedlichen Farben aus.
Vergleiche mit dem Tagesablauf der Nonnen und Mönche.

Name: .... **Klasse:** .... **Datum:** ....

Die Sehenswürdigkeiten von Córdoba

Die „Mezquita"

Diese beeindruckende Moschee aus dem 8. Jahrhundert mit einer Ausdehnung von 23 000 Quadratmetern, ist die drittgrößte Moschee der Welt, umgeben von gewaltigen Mauern. Die Moschee von Córdoba begründete den so genannten Kalifal-Stil, der römische, gotische, byzantinische, syrische und persische Elemente einband und die Wurzel aller spanisch-muslimischen Architektur der nächsten Jahrhunderte war, bis zum Mudejar-Stil jener Muslime, die im von den Christen zurückeroberten Spanien lebten.
Kalif Abderramán I. begann den Bau der Moschee mit einer gigantischen Halle, bestehend aus 11 Schiffen mit insgesamt 110 Säulen aus Marmor und Granit. Die Kapitelle stammen von abgerissenen römischen und byzantinischen Bauwerken. Darüber befindet sich eine zweite Reihe von Bögen, damals eine architektonische Neuheit, und schafft ein einzigartiges Spiel von Licht und Schatten. 833 vergrößerte Abderramán II. das Bauwerk und fügte 8 weitere Bögen hinzu, deren weiße Marmorsäulen aus dem römischen Amphiteater von Mérida stammen. Alhakem II. baute 961 den Mihrab, das Minarett, mit überschwänglicher Verzierung aus Marmor und die Kliba mit ihrer Kuppel aus verschlungenen Bögen. Beide zählen zu den bedeutendsten architektonischen Kunstwerken. Den letzten und größten Ausbau führte 987 Kalif Alamanzor durch. Das Bauwerk wurde doppelt so groß im Vergleich mit dem ursprünglichen Umfang; besonders erwähnenswert sind die Säulen aus blauem Marmor mit zusammengesetzten Kapitellen sowie die Säulen aus dunkelrotem Marmor mit korinthischen Kapitellen.

Die Kathedrale

Im Jahr der Rückeroberung Córdobas durch die Christen, 1236, wurde die Mezquita zur christlichen Kathedrale geweiht. Bereits im 13. Jahrhundert führte man die ersten Änderungen durch und fügte die Capilla Real, königliche Kapelle, hinzu. 1523 schließlich begann man nach dem Willen der katholischen Kirche und mit Unterstützung von König Karl V., gegen den Widerstand der Stadtverwaltung, mit dem Bau eines gewaltigen Kirchenschiffs im Inneren der Moschee. Die Arbeiten dauerten 234 Jahre, weshalb die Kathedrale, ursprünglich in gotischem Stil, auch Elemente der Renaissance und des Barock zeigt. Bemerkenswert ist das Innere der Kathedrale, besonders die Capilla del Cardenal mit dem Kirchenschatz.

Das Ensemble um die „Mezquita"

– Erzbischöfliches Palais: in seinem Inneren befinden sich Überreste des Regierungs-Palastes aus der Zeit der Goten, der später zum Alcazar Califal, dem Palast des maurischen Kalifen wurde und mit der Mezquita durch einen unterirdischen Gang verbunden war. Er wurde mit Übersiedlung des Hofs nach Medina-Azahara aufgegeben, diente aber später wieder den Königen von Taifas als Residenz.
– Torre de Calahorra: arabische Befestigungsanlage am Südende der Brücke; sie bestand ursprünglich aus zwei durch einen Bogen verbundenen Türmen, denen im 14. Jahrhundert ein dritter Turm hinzugefügt wurde. Entlang des Flusses gibt es Reste maurischer Mühlen, besonders interessant ist jene von Albolafia, deren gewaltiges Rad das Wasser zu den Gärten des Alcazar hochpumpte. Gegenüber befindet sich das Denkmal an San Rafael, den Patron der Stadt, ein barockes Werk aus dem Jahr 1781.

La Judería

Das alte jüdische Stadtviertel, zurückgehend auf die Zeit der Römer und Goten, war stets ein bedeutendes kulturelles und intellektuelles Zentrum. Denkmäler erinnern an die bedeutendsten Söhne Córdobas: den römischen Philosophen Séneca, den arabischen Philosophen Averroes und den jüdischen Philosophen Maimonides. Hier gibt es auch eine der wenigen in Spanien erhaltenen Synagogen (errichtet 1315), zu besichtigen. In der Nähe der Synagoge befindet sich das Stierkampfmuseum..

Römische Ruinen

In der Calle Claudio Marcelo gibt es Reste eines römischen Tempels, weitere römische Ruinen befinden sich im Nordosten der Stadt, in der Nähe des Malmuerta-Turms.

1. *Stelle dir vor, du wärst Stadtführer und sollst einer Gruppe von Touristen den multikulturellen Hintergrund der Geschichte Córdobas nahebringen. Gestalte die Führung und den Vortrag.*

....

....

....

....

2. *Erstelle mithilfe von Reiseführern und dem Internet einen Stadtplan und zeichne einen Rundgang ein.*

Sachinformationen und Hinweise zum Gesamtaufbau

Für die meisten Menschen in Deutschland, Europa und anderen Industrieregionen der Welt ist die Stadt heute die vorherrschende Lebensform als Ergebnis der ökonomischen, sozialen und politischen Umwälzungen vornehmlich seit dem 18. und 19. Jahrhundert. Zwar hat es in allen Hochkulturen Städte gegeben, aber das, was was wir unter diesem Begriff verstehen, hat sich erst seit der Industrialisierung entwickelt und geht in seinen Ursprüngen auf das Mittelalter zurück. Entstanden unter den Bedingungen der Feudalgesellschaft, wuchs die Stadt über sie hinaus und verwies auf künftige Entwicklungen, deren entscheidender Träger sie wurde. Insofern schlägt die Stadt – trotz aller Veränderungen gerade im 19. und 20. Jahrhundert – eine Brücke zwischen dem Mittelalter und unserer Zeit. Aus dem Blickwinkel des Mittelalters stellt diese Entwicklung etwas Neues dar. In einer – fälschlicherweise – eher als statisch angesehenen Epoche ist sie ein stark dynamisches Element. Die Darstellung in diesem Kapitel knüpft deshalb an die bisher behandelte feudale Welt an und betont die neuen und vorwärtstreibenden Elemente. Drei Aspekte dieser Neuerungen werden besonders betont: Die Stadtgesellschaft, die Stadtwirtschaft und die Stadtherrschaft bilden jeweils einen Themenblock. Ein vierter Themenblock zieht den Bogen bis zur Gegenwart und fragt nach Möglichkeiten und Grenzen der Stadt in der Zukunft.

Vorschläge für Unterrichtssequenzen

Die Anlage des Kapitels ermöglicht einen flexiblen Einsatz der Themenblöcke und Themeneinheiten im Unterrichtsverlauf. So kann das Kapitel – unmittelbar nach der Einführung – auch am Beginn der Unterrichtsjahres stehen: Im Kontrast zur Stadt der Gegenwart wird dabei das Mittelalterliche deutlich. Ausgehend von den Menschen, die in der Stadt leben bzw. durch dieses Zentrum angezogen werden, kommen alle Bevölkerungsgruppen, Orte, Entwicklungen und Ereignisse ins Blickfeld, die in den Kapiteln 1 bis 6 thematisiert werden.
Das Kapitel kann aber auch aufgelöst werden, sodass die drei Themenblöcke im Zusammenhang mit anderen Kapiteln behandelt werden: Die Stadtgesellschaft im Zusammenhang mit der Ständegesellschaft (die Bürger brechen die gängige Dreiständelehre auf); die Stadtwirtschaft im Zusammenhang mit der Grundherrschaft (handwerklich-kaufmännische Ausrichtung im Unterschied zur Landwirtschaft, Kap. 1 oder die Entwicklung des Bankenwesens, Kap. 6); die Stadtherrschaft im Zusammenhang mit Kapitel 2 oder 5 (die Stadt als Gewinner des Konflikts zwischen geistlicher und weltlicher Gewalt, als Verlierer der Auseinandersetzung zwischen König und Adel im Zusammenhang mit der Entstehung der Landesherrschaft).
Vorschlag für eine Gruppenarbeit: Ausgehend von den Gruppen der Stadtbevölkerung, die sich nach Erarbeitung des ersten Themenblocks identifizieren lassen, können die beiden andere Themenblöcke in arbeitsteiliger Gruppenarbeit erarbeitet werden: Die Schüler verfolgen das wirtschaftliche und politische Leben der einzelnen Bevölkerungsgruppen, die sie im ersten Themenblock kennen gelernt haben. Die Ergebnisse werden über eine Kartenabfrage an eine Pinnwand geheftet (über Stichwörter und Seiten- bzw. Materialangabe). Dabei könnten die Karten „hoch" oder „niedrig" angebracht werden. Die Sammlung ergibt ein eindrückliches Ergebnis: Welche Gruppen sind unterprivilegiert, welche überprivilegiert? Abschließend kann reflektiert werden, wie wirtschaftliche und politische Macht sich gegenseitig bedingen und stützen.

Weiterführende Hinweise

Sachbücher

Hartmut Boockmann, Fürsten, Bürger, Edelleute – Lebensbilder aus dem späten Mittelalter, München (C. H. Beck) 1994
Evamaria Engel, Die deutsche Stadt des Mittelalters, München (C. H. Beck) 1993
Edith Ennen, Die europäische Stadt des Mittelalters, 4. verb. Aufl., Göttingen (Vandenhoeck & Ruprecht) 1987
Edith Ennen, Die Frau in der mittelalterlichen Stadtgesellschaft Mitteleuropas – In: Hansische Geschichtsblätter 98/1980, S. 1–22
Edith Ennen, Frauen im Mittelalter, 6. Aufl., München (C. H. Beck) 1999
Ulf Dirlmeier, Zu den Lebensbedingungen in der mittelalterlichen Stadt, Trinkwasserversorgung und Abfallbeseitigung, in: Bernd Herrmann (Hg.), Mensch und Umwelt im Mittelalter, Stuttgart (Deutsche Verlagsanstalt) 1986
Hermann Greive, Die Juden. Grundzüge ihrer Geschichte im mittelalterlichen und neuzeitlichen Europa, 4. verb. Aufl., Darmstadt (Wissenschaftliche Buchgesellschaft) 1992
Frantisek Graus, Judenfeindschaft im Mittelalter, in: Herbert A. Strauss, Norbert Kampe (Hg.), Antisemitismus, Von der Judenfeindschaft zum Holocaust, 2. Aufl., Frankfurt/M. (Campus) 1988, S. 29–46
Franz Irsigler, Bettler und Gaukler, Dirnen und Henker, 8. Aufl., München (dtv) 1998
Annette Kuhn u. a., Stadt der Frauen, Ebersbach/Zürich/Dortmund (eF eF-Verlag) 1994
Bea Lundt, Vergessene Frauen an der Ruhr, Köln (Böhlau) 1992

Stadtluft, Hirsebrei und Bettelmönch – Die Stadt um 1300. Hg. v. Landesdenkmalamt Baden-Württemberg und der Stadt Zürich, Stuttgart/Zürich (Theiss) 1992
Erika Uitz, Die Frau in der mittelalterlichen Stadt, Freiburg (Herder) 1992

Didaktische Literatur

Horst Buszello, Die Hanse. Die Große Ravensburger Handelsgesellschaft. Die Fugger. Arbeits-, Material- und Lehrerheft, Paderborn (Schöningh) 1983
Praxis Geschichte Heft 2/1994: Stadtleben im Mittelalter. Braunschweig (Westermann)

Jugendbücher

Robert Hess, Die Geschichte der Juden, neu bearb. und erg. Ausg., Ravensburg (Ravensburger Buchverlag) 1999
Sheila Sancha, Die Stadt, Hildesheim (Gerstenberg)1988
Arnulf Zitelmann, Unter Gauklern, Weinheim (Beltz & Gelberg) 1998

Medien

FWU 1002972:	Juden im Spätmittelalter. 5 sw + 7 f.
FWU 1003006:	Das Heiligen-Geist-Hospital in Lübeck. Soziale Diakonie im Mittelalter. 12 f.
FWU 1000574:	Mittelalterliche Stadt. 12 f.
FWU 1500058:	Stadt im Mittelalter – Entstehung. 12 f, 7 Min.
FWU 3000364:	Erstürmung einer mittelalterlichen Stadt
FWU 4200882:	Rathaus und Verwaltung in der spätmittelalterlichen Stadt. 15 Min.
FWU 4200883:	Haus und Straße in der spätmittelalterlichen Stadt. 15 Min.
FWU 4200884:	Frauen in der spätmittelalterlichen Stadt. 15 Min.
FWU 4200885:	Handwerk und Handel in der spätmittelalterlichen Stadt. 15 Min.
FWU 4200353:	Die Leute vom Domplatz. 30 Min.
FWU 3203302:	Salz im Spätmittelalter. Gewinnung – Transport – Handel. 19 Min.
FWU 1002408:	Stadt im Mittelalter – Alltag. 5 sw + 5 f.
FWU 1500059:	Stadt im Mittelalter – Markt. 12 f, 15 Min.
FWU 1500060:	Stadt im Mittelalter – Sozialstruktur. 25 f, 12 Min.
FWU 2202516:	Bürgerkämpfe in Augsburg, 1368. 15 Min.
FWU 3202891:	Nördlingen – Stadt im Mittelalter. 16 Min.
FWU 1000133:	Vom Leben des Bürgers im späten Mittelalter. 15 sw.
FWU 1000139:	Von den Zünften. 14 sw.

Notizen:

Auftaktseiten S. 102 f.

Ambrogio Lorenzetti (um 1280 bis um 1348) malte 1335 bis 1340 im Auftrag des Stadtrates von Siena die großen Wandfresken „Die gute und die schlechte Regierung" im Palazzo Pubblico, dem Rathaus. In einer allegorischen Gemäldefolge führte er den Einwohnern Sienas die Folgen einer schlechten Regierung vor Augen, wie sie die Stadt durch innere und äußere Kämpfe im 13. Jahrhundert erlitten hatte. Dem stellte er die Vorzüge einer wohltätigen und friedlichen Herrschaft gegenüber, wie sie Siena unter dem von den Großkaufleuten beherrschten „Rat der Neun" erlebte, der die Stadt zu ihrer höchsten Blütezeit führte.
Der zu Anfang dieser Blütezeit 1297 begonnene Palazzo Pubblico mit dem vorgelagerten Campo bildete neben dem (gleichfalls in städtischer Regie erbauten) Dom das architektonische Herzstück der Stadt.
Das Fresko von der guten Regierung ist in eine städtische (wohl Siena abbildende) und eine ländliche Hälfte unterteilt. Der wiedergegebene Ausschnitt stellt den Übergang dar: Rechts sind Stadtmauer und Tor zu erkennen, aus der ländlichen Umgebung kommen die Bauern mit Holz und Getreide gerade in die Stadt während ein Hirte mit seiner Schafherde sie verlassen will. Über dem Stadttor schwebt die Allegorie der Sicherheit. Sie hält einen Galgen mit einem Gehenkten und eine Schriftrolle in der Hand. Der Schriftzug lautet in Übersetzung: „Die Sicherheit erlaubt sicher zu reisen und gewährt dem Landbewohner ruhiges und friedvolles Auskommen." Durch diese Darstellung der Verbindung von Stadt und Land soll wohl verdeutlicht werden, wie sehr Stadt und Land aufeinander angewiesen waren. In Italien war diese Verbindung besonders eng: Viele Städter hatten Landbesitz, der Adel wohnte in der Stadt. So erklären sich auch die zahlreichen auf dem Bild zu sehenden Stadttürme als Kennzeichen der Stadtpaläste der Adligen.

Das blühende städtische Leben ist durch eine Vielzahl von Details dargestellt: Vorn links unterrichtet ein Schulmeister, daneben bietet ein Händler seine Waren an, im Hintergrund arbeiten Wollarbeiter, Färber und Bauhandwerker. Mädchen tanzen, wichtige Persönlichkeiten werden von ihrem Gefolge begleitet. Die Balkons und Loggien, die flachen Dächer, Sonnenblenden und offenen Lauben charakterisieren in der Gedrängtheit der Häuser ein vom südlichen Klima geprägtes städtisches Ambiente.

Die Stadtgesellschaft S. 104–115

Von der Siedlung zur Stadt

Sachinformation und Problemstellung

Es empfiehlt sich unter dem Gesichtspunkt der methodischen Schulung, diese Themeneinheit mit S. 107, M7 zu beginnen (vgl. Aufgabe 12): Mit dem Hinweis auf die Schwierigkeiten, das frühere Aussehen der Städte zu erforschen, werden die Schüler angehalten, die Quellen und Abbildungen zur Entstehung der Stadt besonders aufmerksam zu lesen und immer nur vorläufige Ergebnisse zu formulieren, die ständig überprüft werden müssen. Das Wissen ist allerdings nicht nur mit Blick auf das Aussehen der Städte lückenhaft, sondern auch mit Blick auf das Alltagsleben.

Die folgenden zwei Tafelbilder stellen Möglichkeiten der Ergebnissicherung vor: Das erste Schaubild zu den „Wesensmerkmalen" einer Stadt ist als Mind Map gestaltet (*Tafelbild 1*).

Tafelbild 1 Mind Map

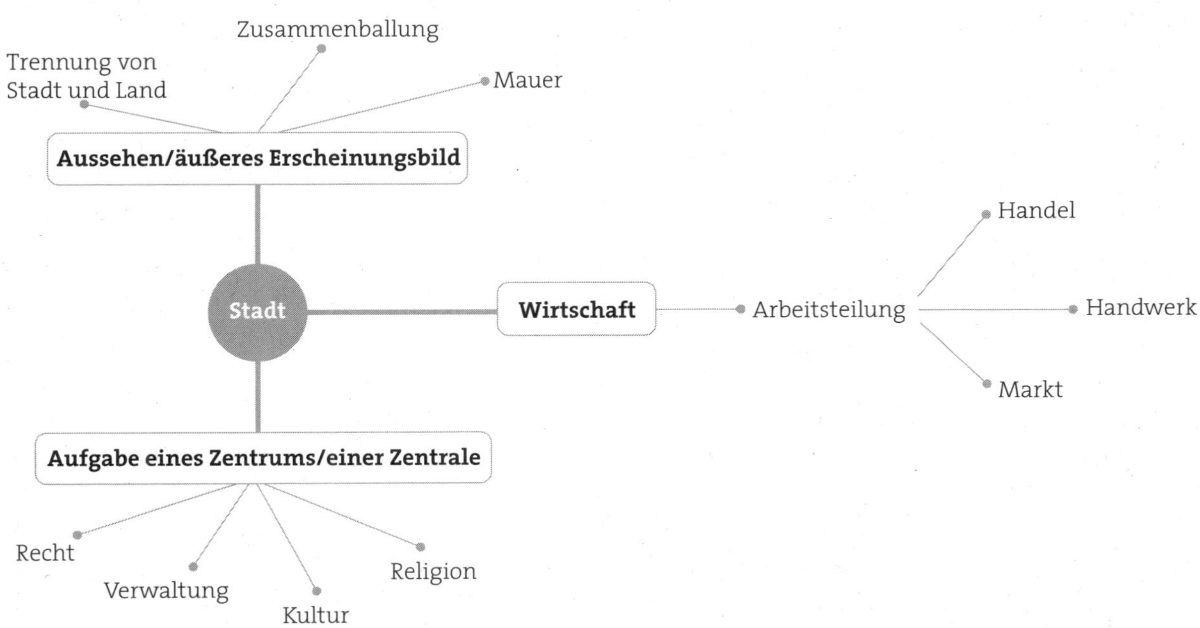

Eine andere Herangehensweise bietet sich über die Frage nach den Wurzeln der mittelalterlichen Stadt an. Idealtypisch kann hier *Tafelbild 2* erarbeitet werden.

Hinweise zu Materialien und Aufgaben

S. 105, M3 Die Karte von Lippstadt zeigt das typische Bild einer planmäßig angelegten Stadt im Drei-Straßen-System, die mit lokalen Variationen anderen westfälischen Gründungen als Vorbild diente. Sie knüpft an den vor der Gründung existierenden, ursprünglich wohl das gesamte Gelände des Klosters umfassenden burgartigen Herrensitz am Westrand der zukünftigen Stadt an. Im Mittelpunkt der Gründung liegt der verhältnismäßig große Marktplatz mit der 1221 geweihten Marienkirche und dem spätestens seit 1238 existierenden Rathaus. Ebenfalls vor der Stadtgründung (ab Mitte des 12. Jahrhunderts) existierte eine offene Marktsiedlung um die Nikolai-Kirche. Lippstadt war in geschützter sowie verkehrs- und handelsgünstiger Lage errichtet worden. Zusammen mit dem attraktiven Stadtrecht war deshalb nach 1220 eine Stadterweiterung notwendig. Die Stadtmauer des 13. Jahrhunderts umschloss 48 ha mit vier Pfarrkirchen und ca. 3000 Einwohnern.

S. 106, M5 Die Zerstörung Erfurts hängt mit den napoleonischen Befreiungskriegen zusammen. Erfurt ist seit 1807 eine kaiserliche Domäne Napoleons gewesen. Nach der Völkerschlacht bei Leipzig wurde die Stadt im Jahr 1813 durch preußische, österreichische und russische Truppen eingeschlossen. Bei der Beschießung der Festung Petersberg am 6. November wurde die Stadt schließlich schwer beschädigt, so etwa der nördliche Teil des Domplatzes, Teile der Befestigungsanlage sowie die Peterskirche und Teile der Klostergebäude auf dem Petersberg.

S. 107, M8 Die Grafik, die auf den Forschungen von Heinz Stoob zum Städtewesen in Europa und Schätzungen zur Bevölkerungsentwicklung beruht, kann in zweifacher Weise im Unterricht eingesetzt werden: Das Säulendiagramm gibt zunächst eine quantitative und zeitliche Orientierung zum Thema dieses Kapitels. Weil im Folgenden die Chronologie zugunsten struktureller Aspekte in den Hintergrund tritt, können die Schülerinnen und Schüler am Anfang einen Überblick bekommen. Es besteht zweitens die Möglichkeit, mithilfe dieser Grafik eine kurze methodische Einführung in die Interpretation von Schaubildern zu geben. Mit der *Kopiervorlage 1, S. 64* kann erweiternd der Aspekt der Bevölkerungsentwicklung hinzugenommen werden. Zu beachten ist in diesem Zusammenhang, dass sich das mittelalterliche Bevölkerungswachstum nur zu etwa einem Viertel in den Städten niederschlug, während ungefähr drei Viertel von der Binnenkolonisation und der Ostsiedlung absorbiert wurden. Die ungleiche Entwicklung der beiden Kurven kann die Schüler auf das Problem lenken, dass andere, in die grafische Darstellung nicht eingegangene Faktoren als die Bevölkerungsentwicklung die Gründung von Städten beeinflusst haben müssen, z. B. die Gründungspolitik von Territorialherren.

Der besondere Tipp:

Zum Aktivitätskasten Stadtquiz, S. 107: Die Aufgabe kann erweitert werden auf die Städte in der näheren Umgebung/im Landkreis/im Bundesland. Die Schüler könnten ihre Ergebnisse als Quartett gestalten: Jeweils ein Schüler oder ein Schülerpaar gestaltet einen Quartett-Satz. Dabei sollen jeweils die vier Karten der folgenden Kopiervorlage ausgefüllt und gestaltet werden. Zusätzlich zur Nummerierung der einzelnen Karten müssen die einzelnen Vierersätze noch durch ein gemeinsames Symbol (oder Buchstaben oder Namenseintrag der Stadt) gekennzeichnet werden (*Kopiervorlage 2, S. 65*).

Tafelbild 2 Wurzeln der mittelalterlichen Stadt

Antike Stadt	Kloster/ Wallfahrtsort	Burg/Pfalz	Brücke	Handelsplatz an der Küste	Gründung
↓	↓	↓	↓	↓	↓
Bischofssitz (Verwaltung)	Gewerbezentrum (z.B. Reliquienhandel)	„Unterstadt"	Zolleinnahmen, Fischerei, Wasserkraft	Hafen (Wik)	Privilegien (z.B. Wahl des Schultheiß)
↓	↓	↓	↓	↓	↓
Stadt mit Kontinuität zur Römerzeit					Stadttyp besonders ab dem 12. Jh.
↓	↓	↓	↓	↓	↓

Stadt

Bettler, Bürger und Patrizier

Sachinformation und Problemstellung
Seit dem 10. Jahrhundert lässt sich ein Unterschied zwischen Stadt- und Landbevölkerung ausmachen. Die Bauern werden nun mit einer eigenen Funktionsbezeichnung ausgewiesen („gebur"). Die Trennung zwischen Stadt und Land wird darin deutlich; allerdings setzt sich die Bevölkerung in den Städten aus ganz unterschiedlichen sozialen Gruppen zusammen.

Hinweise zu Materialien und Aufgaben
S. 108/109, M1 bis M3 Wohn- und Geschäftsbereich sind im Patrizierhaus (M1) getrennt, Bedienstete sind allenfalls im Hintergrund zu sehen. Diese Familie kann sich offensichtlich elegante und teure Festtagskleidung leisten. Die Frau ist in der Rolle als standesmäßig auftretende Ehefrau und Mutter dargestellt, während bei der Handwerkerfamilie (M2) alle Familienmitglieder zum Gelderwerb beitragen. Bei der Tagelöhnerfamilie (M3) überwiegt die Sorge um den täglichen Überlebenskampf – auch ohne körperliche Beeinträchtigung des „Ernährers".

S. 108/109, Darstellungstexte, M4 Anhand der Materialien dieser Doppelseite kann im Unterricht ein Tafelbild entwickelt werden, das die Stadtbevölkerung nach rechtlichen und nach wirtschaftlichen Gesichtspunkten darstellt (*Tafelbild 3*).

Tafelbild 3 Die Stadtbevölkerung

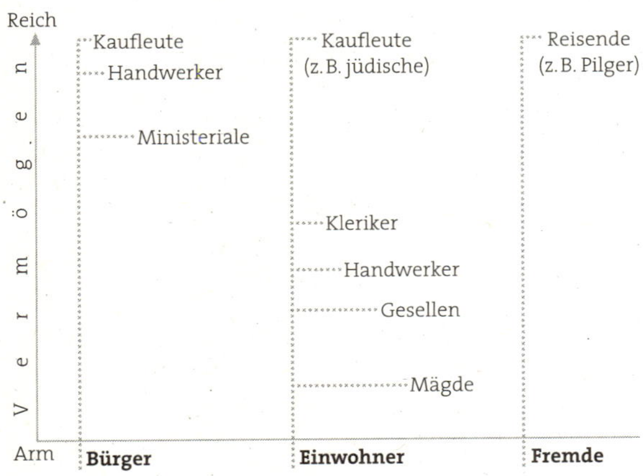

S. 109, Begriffskasten Der Begriff „Patrizier" kann den Quellen entnommen werden. Allerdings stammt der Begriff aus der frühen Neuzeit, als im Zuge neuhumanistischer Studien und Moden verstärkt auf die Antike reflektiert wurde. Die führenden Familien einer Stadt nahmen den Begriff für sich in Anspruch; er umfasst neben Besitz, Reichtum, sozialem Prestige auch die Amtswürde und den Stolz auf die familiäre Tradition. Besondere Bedeutung kam dem Heiratsverhalten zu: Das Patriziat verband sich mit ranggleichen Familien oder dem Adel.

Mit zwölf Jahren heiraten?

Sachinformation und Problemstellung
Da die Frau mit der Heirat aus dem Schutz und der Herrschaft (= Munt) der Eltern in die Munt des Ehemannes überging, muss man davon ausgehen, dass die Eheschließung vor allem dem Wunsch der Eltern, weniger der Ehepartner entsprach. Erst im Verlauf des Mittelalters setzte die Kirche durch, dass auch die Braut in die Ehe einwilligen konnte. Neben der Munt-Ehe gab es lange Zeit die so genannte Friedel-Ehe (althochdeutsch: friudila = Freundin, Geliebte). Sie wurde ohne Trauung und Brautgabe (Wittum), das als Mittel der Witwenversorgung der Braut gegeben wurde, vollzogen. Sie war aber auch öffentlich und die Frau erhielt nach der Hochzeitsnacht die Morgengabe. Ein Mann konnte also nur eine Ehefrau, aber mehrere Friedelfrauen haben. Bei den frühkarolingischen Königen z. B. lässt sich diese Form noch beobachten. Die Kirche verurteilte bald die Friedelehe und rückte sie mehr und mehr in die Nähe des Konkubinats. Der Einfluss der Kirche wird auch deutlich mit Blick auf die so genannten Kebsverhältnisse zwischen einem Freien oder Adligen und einer Unfreien. Zu Beginn des Mittelalters galten sie weder als Ehebruch noch als Ehe, da Ehen außerhalb des eigenen Standes nach germanischem Recht untersagt waren. Allerdings stand den Kindern aus diesen Verbindungen ein gewisses Versorgungsrecht zu. Nach dem kirchenrechtlichen Handbuch Regino von Prüms aus dem 10. Jh. sollte, wer als verheirateter Mann mit der eigenen Magd verkehrte, ein Jahr Buße tun. Für die Magd genügte eine Buße von 40 Tagen, sofern sie nicht eingewilligt hatte. Dies verdeutlicht, dass den Frauen oft sexuelle Gewalt angetan wurde. Die freie oder adlige Frau, die sich mit einem Knecht einließ, wurde mit dem Tode bestraft.

Hans-Werner Goetz betont, dass die Frau im Mittelalter zwar voll in den Arbeitsprozess integriert war, dass dies aber nicht zu ihrer Emanzipation führte: „Es scheint charakteristisch für diese Zeit, dass die Frau – vielleicht stärker als in späteren Jahrhunderten – im gesellschaftlichen Leben durchaus geachtet und angesehen war, ohne dass man die Vorstellung der naturbedingt schwachen, schutzbedürftigen und verhältnismäßig rechtlosen Frau aufgab. Die Unterscheidung der Geschlechter galt als natürliche Bedingung der geschaffenen Ordnung, an der es nichts zu deuten gab." (Hans-Werner Goetz: Leben im Mittelalter, 4. Aufl., München 1991, S. 54)

Hinweise zu Materialien und Aufgaben
S. 111, M5 und M6 Die Beginenhöfe erregen heute noch Interesse – zumindest sind sie als touristisches Ziel identifiziert, seit sie zum Weltkulturerbe gehören. Dieses Thema kann im Unterricht durch die Arbeit mit Online-Informationen zu Beginen vertieft werden. Die Schülerinnen und Schüler können über Suchmaschinen (Stichwort Beginen, Beginenhöfe) direkt im Internet recherchieren oder sie bearbeiten einen ausgewählten Online-Zeitungsartikel, der als Kopiervorlage vorliegt (*Kopiervorlage 3, S. 66*).

Juden – eine Minderheit

Sachinformation und Problemstellung

Es gibt viele Gesichtspunkte, unter denen das Thema „Juden im Mittelalter" behandelt werden kann: die Religion, die wirtschaftliche Bedeutung, die Rolle als Kulturvermittler, das Schicksal als über ganz Europa vertreute Minderheit, die Verfolgungen oder auch das Alltagsleben. Nachdem die jüdische Religion und das wechselhafte Verhältnis zwischen Christentum und Judentum bereits in Kapitel 3 (Arbeitsbuch, S. 96 f.) erarbeitet wurde, liegt der Schwerpunkt dieser Themeneinheit auf dem Alltag und der Verfolgung der Juden in der Stadt. Denn einerseits lässt sich an diesem Thema die konkrete Konsequenz aus der religiösen, rechtlichen, politischen und wirtschaftlichen Situation der Juden als Minderheit im Mittelalter darstellen, andererseits aber auch ein Gegenwartsbezug zur Verfolgung der Juden durch den Nationalsozialismus herstellen.

Hinweise zu Materialien und Aufgaben

S. 112, M1 Der Plan ist das Ergebnis einer erneuten Sichtung und Auswertung der Funde des jüdischen Viertels von Köln von 1997/98. Der Archäologe Sven Schütte schreibt über die Geschichte des Viertels: „Die Jahre nach 1266 sind noch eine Blütezeit der Kölner Judengemeinde. Mehr als allein durch die Religionsschule, entsprechend denen in Mainz und Worms, glänzte die Gemeinde durch Handel und Wohlstand (...) Zu den großen Kreditgebern des städtischen Haushaltes gehörten damals jüdische Kaufleute. Die internationalen Verbindungen der Gemeinde reichten, bei allen Restriktionen, durch ganz Europa vom Mittelmeerraum über England bis Palästina. Genau wie ihre christlichen Kollegen besaß die jüdische Kaufmannschaft einen internationalen Erfahrungshorizont, der sich indirekt auch in der Ausstattung der Synagoge niederschlug. Vor dem Pogrom von 1349 war das jüdische Viertel dicht bebaut. Im Zentrum lag die Männer- und Frauensynagoge, die Mikwe, das Hospital (Gästehaus), das Warmbad, die Bäckerei und das Fest- und Tanzhaus. Nach dem teilweisen Abriss der antiken Synagoge, vermutlich nach Erdbebenschäden am Ende des 9. Jahrhunderts, baute man (...) über dem Grundriss neu. Die Synagoge war mehrfach wiederaufgebaut, bzw. umgebaut worden (...) bevor sie 1349 aufs schwerste beschädigt und nahezu zerstört wurde (Sven Schütte: Der Almemor der Kölner Synagoge um 1270/1280, in: Colonia Romanica. Jahrbuch des Fördervereins Romanischer Kirchen Köln e. V., Bd. XIII, Köln 1998, S. 188–215).

S. 112, M3 1215 erließ die römische Kirche den Beschluss, dass sich alle Juden durch ihre Kleidung und ihr Aussehen von der christlichen Bevölkerung unterscheiden mussten. Daraufhin verordneten zahlreiche Stadträte und Stadtherren Kleiderordnungen für die jüdische Stadtbevölkerung, die das Ziel hatten, die jüdische Minderheit zu demütigen. Zu den häufigsten Kleidervorschriften gehörten der spitze Hut oder der gelbe Flecken, der sichtbar an der Kleidung befestigt werden musste.

S. 113, M4 Die Judenverfolgung in Straßburg 1349 kann als exemplarisch für viele Verfolgungen in den Pestjahren 1348/49 angesehen werden. Das Auftreten der medizinisch in jener Zeit weder erklärbaren noch bekämpfbaren Pest und ihre schnelle und existenzbedrohende Ausbreitung in Europa ließ an vielen Orten den (alten) Vorwurf aufleben, dass die Juden den Brunnen vergiften würden. Diese Diffamierung eilte der Pest von Frankreich nach Deutschland voraus und vernichtete in zahlreichen Städten die jüdische Bevölkerung. Typisch ist auch, dass die Pogrome nicht von den Patriziern und Stadtherren ausgingen, sondern die Handwerker der Zünfte die treibende Kraft waren. Weniger typisch ist allerdings, dass in Straßburg ein 100-jähriges Verbot der Wiederzulassung von Juden ausgesprochen wurde, denn in vielen anderen Städten wurden Juden schon in den 50er Jahren des 14. Jahrhunderts wieder aufgenommen.

Armut, Krankheit und Tod

Sachinformation und Problemstellung

Die Spitäler im Mittelalter waren multifunktionale Gebäude. Die verschiedenen Aufgaben können als Mind Map festgehalten werden (*Tafelbild 4*):

S. 115, M5 Ein wichtiges Untersuchungsergebnis hinsichtlich der Sterblichkeit im Mittelalter betrifft die Männer-Frauen-Relation. Die Autoren der Studie M5 ergänzen: „Die Relation von Männern zu Frauen liegt in der untersuchten Stichprobe bei 84 zu 67. Der daraus resultierende Maskulinitätsindex von 1254 dokumentiert einen deutlichen Männerüberschuss, eine Tendenz, wie sie für hoch- und spätmit-

Tafelbild 4 Die Aufgaben des Spitals

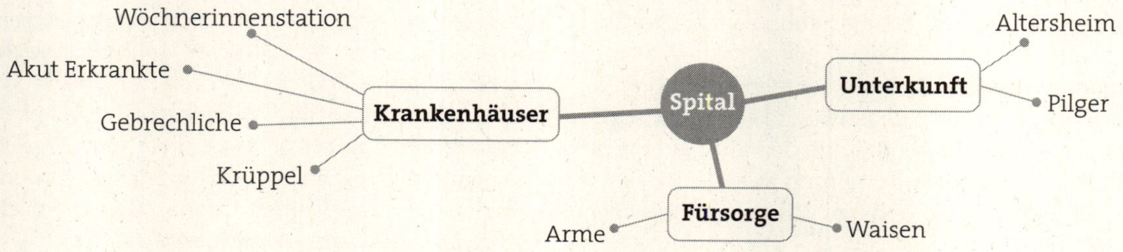

telalterliche Serien durchaus nicht untypisch ist und selbst noch für eine organisch gewachsene Stadtbevölkerung denkbar wäre. Das durchschnittliche Heiratsalter der Frauen, die mit 16 bis 20 Jahren die Ehe schlossen, hat sicherlich mit zu deren ‚Übersterblichkeit' in der frühadulten Altersgruppe beigetragen. Andere Quellen belegen, dass Frauen in den unteren sozialen Schichten überrepräsentiert waren und rund 50 Prozent aller Kinder das 14. Lebensjahr nicht überlebten." (Stadtluft, Hirsebrei und Bettelmönch. Die Stadt um 1300, hg. vom Landesdenkmalamt Baden-Württemberg und der Stadt Zürich 1992, S. 482)

Die Stadtwirtschaft S. 116–123

Interessen verbinden: Handwerker gründen Zünfte

Sachinformation und Problemstellung

Die Handwerker orientierten sich lange Zeit auf den lokalen Markt. Arbeitsplatz und Wohnstätte waren in einem Haus vereint. Dabei war auch die Spezialisierung nur wenig fortgeschritten: Metzger verkauften z. B. auch die Felle geschlachteter Tiere. Ab dem 12. Jahrhundert sind Zünfte bekannt. In den Quellen finden sich verschiedene Bezeichnungen dafür: Gilde, Gaffel, Hanse, Amt, Gewerbe, Einung, Zunft, Bruderschaft. In der wissenschaftlichen Literatur wird die Bezeichnung „Zunft" für gewerbliche Berufe, die Bezeichnung „Gilde" vor allem für Vereinigungen der Kaufleute verwendet. Beide sind Formen der mittelalterlichen Genossenschaft.
Als erste Zunft wird die Errichtung der Fischhändlerzunft im Jahr 1106 durch den Bischof und Graf von Worms angesetzt. Die Mitgliedschaft wurde vererbt, die Mitglieder hatten ein Zuwahlrecht. An diesem Vorgang sind zwei Aspekte interessant: Zum einen das Interesse der Stadtherren an den Vereinigungen, zum anderen ein teilweises Selbstbestimmungsrecht der Mitglieder. Die Beschränkung der Zahl sollte wohl dem Einkommensschutz und damit dem Aufrechterhalten sozialer Stabilität dienen. Hieran kann die Überlegung anknüpfen, dass die Vorschriften – als Hindernisse und Barrieren verstanden – technische Neuerungen verhindern konnten. Die Entwicklung des Zunftwesens zeigt auch, wie die Spezialisierung der Handwerker voranschritt.
Tafelbild 5 zeigt, wie das Zunftwesen in alle wirtschaftlichen und gesellschaftlichen Bereiche des Stadtwesens eingriff.

Kathedralen – Bauen zum Lobe Gottes?

Sachinformation und Problemstellung

Diese Themeneinheit wählt – im Kontext des Themenblocks „Stadtwirtschaft" – als Schwerpunkt die wirtschaftlichen Aspekte des Kathedralenbaus. Eine demgegenüber verklärende Beurteilung des Kathedralenbaus sei zunächst exemplarisch zitiert:
„Die Kathedrale war nicht nur ein Symbol des Glaubens, sondern auch ein Symbol der Liebe. Alles vereinigte sich zur Arbeit an dem Bau. Das Volk bot an, was es hatte: seine kräftigen Arme. Es spannte sich an die Wagen und trug die Steine auf seinen Schultern. Es hatte denselben guten Willen wie der heilige Riese Christoph. Der Bürger gab sein Geld, der Edelmann sein Land, der Künstler sein Genie. Mehr als zwei Jahrhunderte lang haben alle lebendigen Kräfte in Frankreich am Bau der Kathedralen mitgearbeitet. Hieraus erklärt sich die gewaltige Lebenskraft, die von diesen ewigen Werken ausströmt. Auch die Toten gesellten sich zur Versammlung der Lebenden, denn die Kathedrale war mit Grabsteinen gepflastert. Die früheren Generationen, die man noch mit gefalteten Händen auf den Grabplatten sah, schienen ihr Gebet in der ehrwürdigen Kirche nie unterbrochen zu haben. In ihr vereinigten sich Vergangenheit und Gegenwart

Tafelbild 5 Funktionen des Zunftwesens

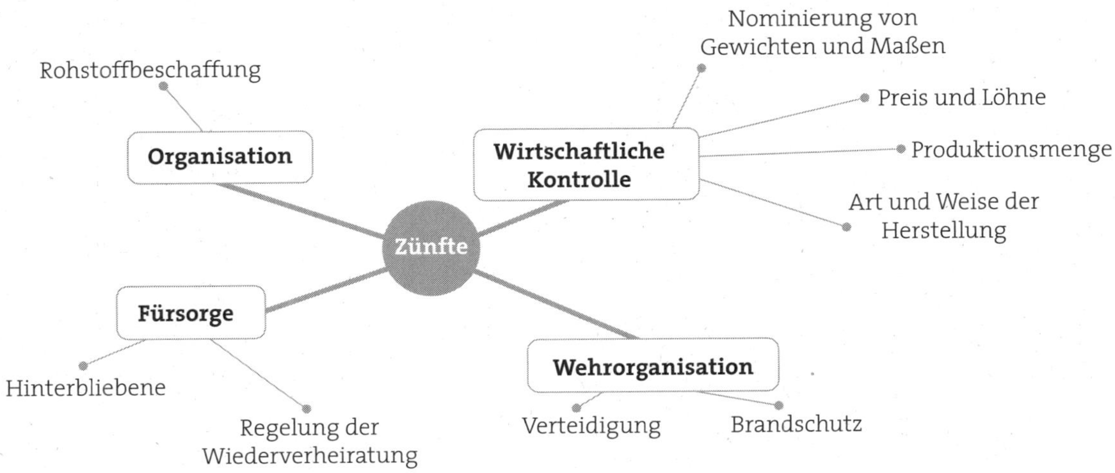

zu einem und demselben Gefühl der Liebe. Sie war das Gewissen der Stadt." (Emile Mâle: Die Gotik. Die französische Kathedrale als Gesamtkunstwerk, 2. Aufl., Stuttgart/Zürich, 1994, S. 344).

Historiker, die weniger poetisch formulieren, zeigen die Multifunktionalität des Kirchengebäudes auf: Die Glockentürme dienten als Wehrtürme und Aussichtstürme. Die Vorhalle wurde als Sitzungsort des Rates und des Gerichts genutzt. Die großen Westwerke vieler Hallenkirchen waren als Speicher- und Vorratsräume eingerichtet. Hier konnten auch Urkunden und Silberschätze gesichert werden. Gerade diese Multifunktionalität bot die Möglichkeit, dass sich über den Kirchenbau ein städtisches Selbstverständnis, ein Identitätsgefühl entwickeln konnte (*Kopiervorlage 4, S. 67*).

Workshop Methoden: Das Internet nutzen

Sachinformation und Problemstellung

Um beim Surfen in der Informationsflut nicht zu ertrinken, müssen die Schülerinnen und Schüler das Setzen elektronischer Lesezeichen beherrschen (vgl. auf dem folgenden Bildschirmausdruck links oben). Hierzu ist es notwendig, zunächst sinnvolle Unterordner einzurichten, in welche die durch Lesezeichen markierten Seiten eingefügt werden können.

Handel treiben – auf dem Markt und in der Ferne

Sachinformation und Problemstellung

Fernhandel und Fernkaufleute hatten entschiedenen Anteil an der Entstehung und Enfaltung der mittelalterlichen Städte und damit am wirtschaftlichen Aufschwung des Hochmittelalters. Dieser von Pirenne vertretenen These stehen allerdings andere Gewichtungen gegenüber. Bevölkerungswachstum (Abel) und innere Dynamik des Feudalismus (Duby) gelten gleichfalls als wichtige Antriebselemente des Aufschwungs. In der vorliegenden Themeneinheit wird der Schwerpunkt auf die Herkunft und Tätigkeit der Kaufleute gelegt. Der Wandel von der Natural- zur Geldwirtschaft und die Ausdehungen des Fernhandels hatte direkte Auswirkungen auf die Mentalität der Kaufleute, die in der Stadt eine führende Rolle spielten. Über die Person des Händlers und Bankiers Francesco Datini kann eine direkt Verbindungslinie zur Entwicklung des Bankenwesens in den norditalienischen Städten gezogen werden, die im Arbeitsbuch im Kapitel „Neues Denken – Neue Welt" (Arbeitsbuch, S. 188ff.) dargestellt ist. Die beiden Themeneinheiten sind so angelegt, dass sie bereits an dieser Stelle direkt hintereinander unterrichtet werden können.

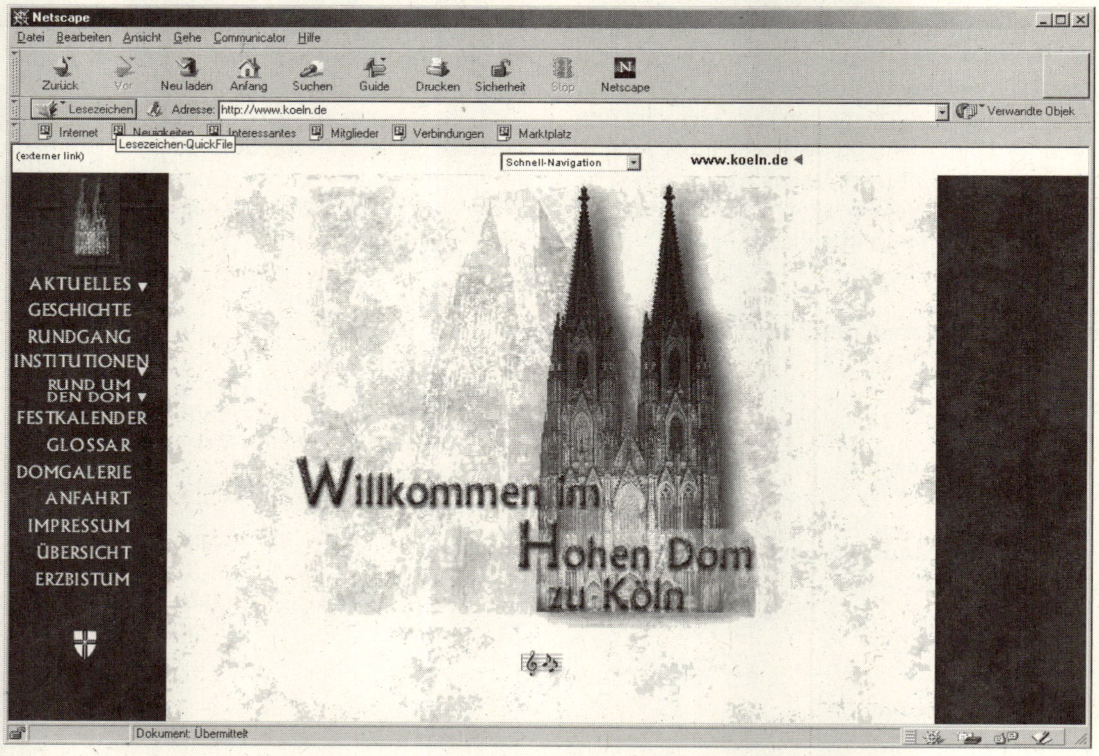

Hinweise zu Materialien und Aufgaben

S. 120, Begriffskasten Zu der heute vorwiegend abstrakten Verwendung des Begriffes Markt als Zusammenspiel von Angebot und Nachfrage vgl. die Erläuterungen S. 24.

S. 121, Darstellungstext Die Unterschiede zwischen Natural- und Geldwirtschaft lassen sich als Tafelbild festhalten (*Tafelbild 6*).

S. 121, M2 Das Gemälde eignet sich für einen Vergleich mit der zwei Jahrzehnte zuvor entstandenen Darstellung eines Kaufmannsehepaares („Der Goldwäger und seine Frau", 1538), das als M1 auf S. 218 des Arbeitsbuches abgebildet ist.

Fernhändler und Städte schließen sich zusammen

Sachinformation und Problemstellung

Die Hanse (auch mit dem Zusatz „deutsch") war keine nationale Erscheinung, sondern ein Städtebündnis im nordwest- und nordosteuropäischen Raum. Die Zentren bildeten sich vor allem an den Küsten, der Hanse gehörten aber auch Binnenstädte nördlich einer fiktiven Linie von Brügge über Köln, Erfurt, Breslau, Krakau, Danzig an. Der Hansetag bildete lange Zeit den organisatorischen Mittelpunkt. Allerdings führten die hohen Kosten, die durch die Gesandtschaften verusacht wurden, und die Interessensunterscheide zwischen der Vielzahl der Städte dazu, dass sich regionale Unterbündnisse bildeten. Dabei handelte es sich z.B. um die preußisch-pommersche, die wendische, die sächsische oder die niederrheinisch-westfälische Städteverbindung.

Hinweise zu Materialien und Aufgaben

S. 123, Darstellungstext Ausgehend von der Frage nach dem Einflussverlust der Hanse können zwei Stränge entwickelt werden, die zu zwei Themeneinheiten aus dem Kapitel „Neues Denken – Neue Welt" überleiten: Zum einen das Aufkommen eines oberdeutschen Wirtschaftsraums (Augsburg, Nürnberg), zum anderen der Aufstieg der Territorialherrschaften, der auch die traditionellen Absatzstrukturen veränderte. Die Territorialherren förderten den Aufbau von Messeplätzen als überregionale Umschlagplätze.

S. 123, M3 Der Aspekt der europäischen Einigung zeigt nicht nur die Größe der Hanse, sondern auch ihre Begrenzung. Fritz Rörig sprach mit Blick auf die Hanse von der mittelalterlichen Weltwirtschaft. Heinz-D. Heimann widerspricht dieser These, „weil in anderen Teilen Europas tatsächlich schon neue Wirtschaftsräume der – künftig – ‚Neuen Welt' systematisch erkundet wurden (u.a. Heinrich der Seefahrer von Portugal) und z.B. im Asienhandel die Mittelmeerstädte bereits im Weltmaßstab arbeiteten." (H.-D. Heimann: Einführung in die Geschichte des Mittelalters, Stuttgart 1997, S. 249f.). Der Asienhandel der Mittelmeerstädte kann im Zusammenhang mit den Kreuzzügen (vgl. S. 73) thematisiert werden.

Tafelbild 6

Naturalwirtschaft

Geldwirtschaft

Funktion und Vorteil des Geldes

- Tauschmittel
- Rechnungseinheit mit unbegrenzter Teilbarkeit (in Naturalwirtschaft kann Wert eines Gutes nur in Einheiten eines anderen Gutes ausgedrückt werden, z. B. 3 Hühner=1 Hammer)
- Aufbewahrungsmittel

Die Stadtherrschaft S. 124–127

Der Kampf um das Stadtregiment

Sachinformation und Problemstellung
Die Geschichte des Kampfes um die Stadtherrschaft lässt sich in drei Phasen unterteilen; die beiden ersten Phasen sind in der Themeneinheit ausführlich dargestellt. Die dritte Phase kann im Zusammenhang mit der Entstehung der Territorialstaaten eingeholt werden (s. Tabelle unten).

Hinweise zu Materialien und Aufgaben
S. 124, M2 Der Stadtherr/der Bischof sitzt am Kopfende des Tisches in schwarzer Kutte und rotem Bischofshut. Er sitzt auf Kissen und gepolsterter Bank. Am Tisch sitzen seine Berater, Schreiber und Beamten. Sie führen die Akten und Schriftstücke. Der Raum ist prächtig ausgestattet; vor allem die wertvollen Butzenscheiben deuten auf Reichtum hin. Vorn links im Bild stehen die Bittsteller in respektvoller Entfernung vom Bischof und Schreibtisch. Von links nach rechts: Bürger, Bauer, Adliger. Die kleine Gestalt im roten Gewand ist kein Zwerg, sondern ein Knecht des Stadtherren. Es war im Mittelalter üblich, dass der Maler durch die Größe der Abbildung die Bedeutung der Personen ausdrückte.

S. 126, Begriffskasten Gerd Althoff stellt die Kämpfe um die Stadtherrschaft in einen großen Zusammenhang: „Es kann überdies nicht zweifelhaft sein, dass in dieser kommunalen Entwicklung die ersten Ansätze zu Werten wie Freiheit, Gleichheit und Brüderlichkeit zu suchen sind, die seit den amerikanischen Befreiungskriegen und der Französischen Revolution Grundwerte der demokratischen Staaten darstellen. Aber man sollte sich stets präsent halten, dass es erste Ansätze waren. Demokratisch waren die Verhältnisse in den mittelalterlichen Städten zweifelsohne nicht." (Gerd Althoff/Hans-Werner Goetz/Ernst Schubert: Menschen im Schatten der Kathedrale, Darmstadt 1998, S. 90f.)
Betrachtet man die europäische Stadtgeschichte, werden auch Unterschiede deutlich. Während in Deutschland die Amtszeit eines Rates zu meist auf Lebenszeit angelegt war, wurden vor allem in den norditalienischen Städten Amtsträger auf Zeit gewählt. Diese Praxis brach mit den mittelalterlichen Herrschaftsvorstellungen. Sie orientiert sich am Vorbild des römischen Magistrats.

Workshop Werkstatt: Rollenspiel

Sachinformation und Problemstellung
Im Rollenspiel übernehmen die Schülerinnen und Schüler die Rollen von realen oder fiktiven Beteiligten einer Konfliktsituation. Im Aufeinanderprallen unterschiedlicher Interessen werden die Handlungsspielräume der jeweiligen Gruppen erkundet. Dabei kann es leicht zu historischen Fehlern bzw. zu unhistorischen Übertragungen kommen. Der Beobachtergruppe, die im vorliegenden Beispiel als fünfte Arbeitsgruppe eingerichtet worden ist, kommt große Bedeutung zu, da durch sie – wie Ulrich Mayer dies für alle Rollenspiele fordert – die Möglichkeit zur Distanzierung und Aufarbeitung bewusst eingeplant ist.
Um zu verhindern, dass Rollenspiele im Unterricht zu künstlichen Veranstaltungen ausarten, müssen die Phasen des Rollenspiels bewusst thematisiert und reflektiert werden. Das Rollenspiel umfasst in der Regel fünf Phasen:
1. Ausgangssituation: Unterrichtliche Situation, zum Teil auch durch gruppendynamische Prozesse stimuliert, in die das Rollenspiel eingebettet wird.
2. Einführung in das Rollenspiel: Hierfür werden auch die Bezeichnungen „Information" oder „Briefing" verwendet. Die Ausgangslage wird umrissen.
3. Übergang zum Rollenspiel und Durchführung
4. Auswertung: Hierfür findet sich oft auch die Bezeichnung „Debriefing". Die Beobachtergruppe initiiert oder leitet das Auswertungsgespräch.
5. „Abkühlung": Hier muss die Lehrkraft auf mögliche Hitzigkeiten und Streitigkeiten reagieren, die sich beim Rollenspiel ergeben haben können. (Nach: Wilhelm H. Peterßen: Kleines Methoden-Lexikon, München 1999, S. 255–259).

Zeit	Phase	Unterstützende und begleitende Umstände
ca. 1100–1250	1. Städte sind an einen Stadtherrn gebunden, Konflikte zwischen Stadtherrn und Stadtgemeinde häufen sich. Die wirtschaftliche Führungsschicht (Patriziat) beansprucht rechtliche und politische Eigenständigkeit.	Streit zwischen König und Kirche im Investiturstreit fördert Handlungsspielraum der Städte.
ca. 1250–1400	2. Konflikte mit dem Stadtherrn und zwischen den städtischen Gruppen fördern Autonomie der Städte. Handwerkerzünfte beanspruchen Zugang zu den Räten.	Wirtschaftskrise und Folgen der Seuchen lassen soziale Spannungen in der Stadt anwachsen.
ca. 1400–1550	3. Die städtische Selbstständigkeit wird durch die aufstrebenden Territorialstaaten eingeschränkt.	Es kommt zu keiner städtischen Bündnispolitik.

Von der mittelalterlichen Stadt zur Mega-City?

S. 128/129, M3 und M4 Bis zum Ende der 50er Jahre war eine Stadttheorie bestimmend, die führende Architekten 1933 in der Charta von Athen entwickelt hatten: Danach sollten die vier Funktionsbereiche einer Stadt (Arbeit, Wohnen, Erholung, Verkehr) klar getrennt sein. Die Folge: Immer breitere Verkehrswege sind notwendig, um die Menschen an die drei Orte zu bringen, wo man arbeitet, sich erholt und wohnt. M3 hält den Vorgang der weiter wachsenden Stadtbildung für ungebrochen, plädiert am Ende dafür, die Städte menschenfreundlicher zu machen. M4 macht hierzu konkrete Vorschläge.

Zusammenfassung

S. 131, Silbenrätsel Die Lösung lautet:

1. **S**tadtmauer
2. In**t**ernet
3. H**a**ndel
4. Kölner **D**om
5. Ge**t**to
6. **L**ehre
7. Stift**u**ng
8. Zün**f**te
9. Ra**t**haus
10. **M**ünzrecht
11. H**a**nse
12. Unehrli**c**he
13. **H**eiraten
14. Stadt**t**or
15. **F**lorenz
16. Bü**r**gerin
17. Patrizi**e**r
18. Beg**i**ne

Der Lösungsspruch lautet: Stadtluft macht frei.

Notizen:

Name: .... Klasse: .... Datum: ....

1. Beschreibe, was die Kurve aussagen kann.

2. Zeichne das Säulendiagramm aus deinem Arbeitsbuch (S. 107, M8) in die Grafik ein.

3. Beschreibe die Entwicklung der Stadtgründungen und des Bevölkerungswachstums. Stelle einen Zusammenhang her.

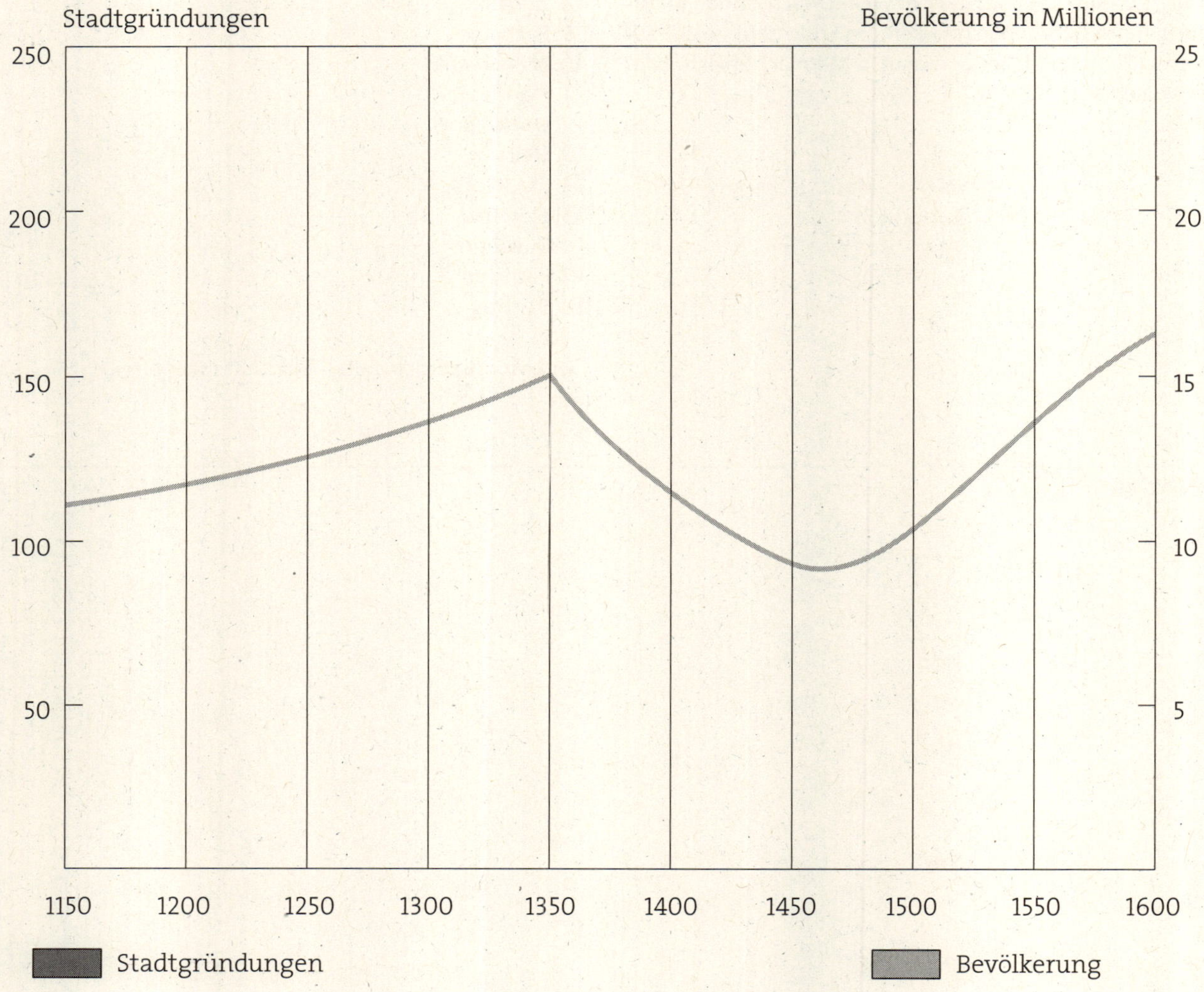

Name: .... **Klasse:** .... **Datum:** ....

Gestalte einen Quartett-Satz zu einer Stadt, deren Wurzeln im Mittelalter liegen. Trage den Namen der Stadt in die obere Zeile ein. Suche dann nach Informationen und Abbildungen, die die vorgegebenen Fragen beantworten und bringe sie auf den Kartenvorlagen an.

Die verschiedenen Quartett-Sätze, die in der Klasse entstehen, könnt ihr zu einem Spiel zusammenfügen, das ihr – je nach Bedarf – einige Male vervielfältigt und in Gruppen erprobt. Viel Spaß!

1 ....

Stadtname

Wann wurden die Stadtrechte verliehen?

2 ....

Stadtname

Wie hieß der erste Stadtherr?
Wo wohnten die Stadtherren?

3 ....

Stadtname

Woher kommt der Stadtname?

4 ....

Stadtname

Wie sieht das Stadtwappen aus?

Name: .... Klasse: .... Datum: ....

Beginenhöfe gehören zum Weltkulturerbe

Gut ein Drittel von einst achtzig Beginenhöfen im belgischen Flandern sind noch erhalten, dreizehn stehen neuerdings auf der Liste des schützenswerten Weltkulturerbes. Wer waren die Beginen, jene frommen Frauen, die einst die stimmungsvollen Höfe bewohnten? Gegen Ende des 12. Jahrhunderts hat sich die Beginenbewegung, eine Art weltlicher Frauenorden, herausgebildet. In den durch Handel reich gewordenen flandrischen Städten war wesentlich früher als in Mitteleuropa auch das soziale Bewusstsein gewachsen. Verwitwete oder unverheiratete Frauen konnten Unterschlupf finden in den von adeligen Spendern und den Kirchen eingerichteten klosterartigen Wohnanlagen. Die Beginen trugen eine Tracht, die an Gewänder von Klosterschwestern erinnerte. Die beige Kleidung könnte den Beginen auch den Namen gegeben haben. Sie waren auch zu Gehorsam, Keuschheit und Gebet verpflichtet.
Aber sie waren nicht wirklich klösterlich gebunden und legten keine Gelübde auf Lebenszeit ab. Wollte eine Begine heiraten, stand einem Austritt nichts im Wege. Beginen waren karitativ tätig, etwa in der Krankenpflege. Zudem kümmerten sie sich um den Unterricht der ihnen anvertrauten Mädchen, der sogenannten „Wohnkinder". Für ihren Lebensunterhalt sorgten sie meist mit textiler Handarbeit. Das Klöppeln zum Beispiel war für die belgischen Beginen eine typische Beschäftigung.

Das Beginenwesen hat über Jahrhunderte vielen Frauen geistliche und materielle Versorgung gesichert. Ab dem 14. Jahrhundert gab es auch in Italien, Spanien und Südfrankreich Beginen.

Beginenhöfe zählen seit kurzem zum Weltkulturerbe. „Die heilige Familie" steht auf dem Türschild. Ist da jemand in spirituellen Größenwahn verfallen?
Im Gegenteil, es ist bloß Demut: Eine fromme Frau hat ihr kleines Refugium unter den Schutz der „heiligen Familie" gestellt. Die Tür mit der vielversprechenden Aufschrift entdeckte ich im Beginenhof der kleinen belgischen Stadt Lier.

Von Reinhard Kriechbaum

Eine der größten Anlagen in Belgien ist der „Große Beginenhof" in Leuven. Als er in der ersten Hälfte des 13. Jahrhunderts eingerichtet wurde, lag er wie die meisten anderen Beginenhöfe noch außerhalb der Stadtmauern. Um 1600 lebten hier an die dreihundert Beginen. Die 72 Backsteinhäuser rund um die gotische St.-Johannes-Kirche sind vorbildlich restauriert und dienen jetzt Studenten und Dozenten der Universität als Wohnstätte.

Der meistbesuchte Beginenhof Belgiens ist „De Wijngaard" in Brügge, gegründet 1245. Dort leben jetzt Benediktinerinnen. Die Anlage in Hasselt ist in ein Kulturzentrum umgewandelt worden, mit Ausstellungsräumen und einem Konferenzzentrum. So haben die restaurierten Höfe in unserer Zeit ganz unterschiedliche neue Verwendung gefunden.

Wer mehr erfahren will über Reiseziele in Belgien:
Auskünfte erteilt die Tourismuswerbung Flandern-Brüssel in Wien, Tel. 01/596 06 60.

Quelle: Salzburger Nachrichten, 21. Mai 99

1. *Welche Informationen, die du dem Arbeitsbuch entnehmen konntest, fehlen im Zeitungsartikel, welche Informationen kommen in beiden Texten vor, welche zusätzlichen Informationen erhältst du über den Zeitungsartikel? Erstelle eine Tabelle.*

2. *Untersuche, worauf der Zeitungstext besonders abhebt.*

3. *Wie wird im Zeitungstext die Attraktivität des Beginenlebens im Mittelalter erklärt?*

Name: .... **Klasse:** .... **Datum:** ....

Glasmalereien wurden oft von reichen Familien oder Vereinigungen gestiftet. In der französischen Stadt Chartres z. B. gaben im 13. Jahrhundert die Wirte und Weinhändler ein Fenster für die Kathedrale in Auftrag. Das Fenster war ihrem Schutzpatron, dem heiligen Lubinus, gewidmet.

→ Zusatzinfo

Die riesigen Fenster der gotischen Kirchen wurden erst durch Fortschritte in der Glasherstellung und den gerüstartigen Aufbau möglich. Die leuchtenden Farben entstanden durch Metallzusätze im Glas:

Gelb	Silberoxid
Rot	Eisenoxid
Blau	Kobalt
Grün	Kupferoxid
Weiß	Zinnoxid

1. *Male das Fenster an, um einen Eindruck von seiner Farbenpracht zu bekommen (rot = 1, blau = 2, gelb = 3, grau = 4, braun = 5).*

2. *Entschlüssele das Bild mithilfe der im Arbeitsbuch angegebenen Schritte („Eine Bildquelle entschlüsseln"):*
   1. *Schritt: Einzelne Bildelemente erfassen: Welche Personen sind dargestellt? Wo befinden sich Gegenstände und Personen?*

   ....

   ....

   2. *Schritt: Bildelemente zusammenfügen: Lassen sich die Bildelemente in einen sinnvollen Zusammenhang bringen? Welche erste Deutung ergibt sich daraus?*

   ....

   ....

   3. *Schritt: Zusätzliche Informationen heranziehen: Was sagt die Bildunterschrift? Was lässt sich über den Auftraggeber und seine Absicht herausfinden?*

   ....

   ....

   4. *Schritt: Gesamtdeutung formulieren*

   ....

   ....

Sachinformationen und Hinweise zum Gesamtaufbau

Das Kapitel besteht aus drei Themenblöcken. In Themenblock 1 (Papst, König und Fürsten streiten um die Macht) und Themenblock 3 (König und Adel in Westeuropa) wird der Niedergang einer europäischen Zentralinstanz deutlich: Weder Papsttum noch Kaisertum können den europaweiten Herrschaftsanspruch aufrechterhalten. Die „Umbruchzeit", wie die Zeit der Kirchenreform und des Investiturstreits auch genannt wird, begann mit lokal begrenzten, unkoordinierten Reformtätigkeiten (Freiheit der Klöster, Friedenswahrung, radikale Forderungen nach Durchsetzung der mönchischen Ideale von Armut und Ehelosigkeit) und mündete in eine bis dahin unbekannte Ausrichtung der westlichen Kirche auf das römische Papsttum. Diese Entwicklung war nicht von Beginn an angelegt, war aber langfristig das Ergebnis des von Papst Gregor VII. formulierten Anspruchs auf unbedingten Gehorsam gegenüber Rom. Den Schülerinnen und Schülern soll durch das Thema der Kirchenreform der Problemhorizont für den Investiturstreit vermittelt werden. Das Wormser Konkordat wurde als Endpunkt für die Darstellung des Investiturstreits gewählt, da hier klar wird, dass die deutschen Könige als Kaiser nicht die Oberherrschaft über die Kirche beanspruchen konnten und außerdem auf einen dritten Machtfaktor Rücksicht nehmen mussten: die Reichsfürsten. Am Ende des jeweiligen Themenblocks stehen die Gewinner dieser Umbruchphase: Im Reich die Landesherrschaften und in Westeuropa die Nationalstaaten England und Frankreich.

Der zweite Themenblock (Eroberung und kulturelle Begegnung) steht in engem Zusammenhang mit dieser Entwicklung: Die Kreuzzüge in den östlichen Mittelmeerraum zeigen einerseits die Überbeanspruchung der Kräfte (besonders des deutschen Kaisertums) und andererseits sind sie ein Beispiel dafür, wie der eigene, christlich begründete Absolutheitsanspruch durch die Begegnung mit einer teilweise überlegenen Kultur und Religion relativiert werden muss.

Vorschläge für Unterrichtssequenzen

Das Kapitel kann in chronologischer Reihenfolge behandelt werden. Die Themenblöcke sind aber so aufgebaut, dass sie leicht durch stärkere Eigenarbeit der Schülerinnen und Schüler (Anwendung von bereits gelernten Methoden, Interpretation vor dem Hintergrund bereits erfolgter Wissensvermittlung) an Themenblöcke aus anderen Kapiteln anknüpfen, als Fortführung bzw. Voraussetzung dieser Themenblöcke. Im Einzelnen:

- Der erste Themenblock (Papst, König und Fürsten streiten um die Macht) kann unmittelbar an das zweite Kapitel anschließen. Das Miteinander von weltlicher und geistlicher Macht entwickelt sich zu einem Gegeneinander, der Adel ist letztlich der Gewinner.
- Der zweite Themenblock (Eroberung und kulturelle Begegnung) kann unmittelbar an den dritten Themenblock (Muslime, Juden und Christen: Miteinander leben) des dritten Kapitels anschließen. Die mögliche selbstständige Erarbeitung des Themenblocks ist durch den Werkstattauftrag dieses Themenblocks schon vorgegeben: Ein Brettspiel zur Geschichte entwickeln.
- Der dritte Themenblock (König und Adel in Westeuropa) kann über Referatsaufträge mit dem zweiten Themenblock (Der Dreißigjährige Krieg) des siebten Kapitels verbunden werden. Wie kam es zur Herausbildung der Staaten, die in den kriegerischen Auseinandersetzungen des 17. Jahrhunderts – weitgehend unabhängig von weltanschaulich-religiösen Aspekten – ihre Sicherheits- und Machtansprüche vertraten?

Weiterführende Hinweise

Sachbücher

Hermann Jakobs, Kirchenreform und Hochmittelalter: 1046–1215, 4. Aufl., München (Oldenbourg) 1999
Johannes Laudage, Gregorianische Reform und Investiturstreit, Darmstadt (Wissenschaftliche Buchgesellschaft) 1993
Ders., Der Investiturstreit: Quellen und Materialien, Köln (Böhlau) 1990
Amin Maalouf, Der Heilige Krieg der Barbaren. Die Kreuzzüge aus der Sicht der Araber, München (Diederichs) 1996
Erich Meuthen, Das 15. Jahrhundert, 3. überarb. und erw. Aufl., München (Oldenbourg) 1996
Tilmann Nagel, Die islamische Welt bis 1500, München (Oldenbourg) 1998
Norbert Ohler, Krieg und Frieden im Mittelalter, München (C. H. Beck) 1997
Allan Oslo, Der Kreuzzug der keiner war: die wahren Hintergründe des ersten Kreuzzugs 1096–1099, Neuausg. Düsseldorf (Artemis & Winkler) 1999
Anne Sefriouri/Michael Welphy, Geschichte der Menschheit. Die islamischen Kulturen, Berlin (Union) 1992
Bassam Tibi, Der wahre Imam. Der Islam von Mohammed bis zur Gegenwart, München (Piper) 1998
William M. Watt, Der Einfluss des Islam auf das europäische Mittelalter, Berlin (Wagenbach) 1993

Didaktische Literatur
„Geschichte lernen", Heft November 1998: „Stauferzeit"
Sammelband Weltreligionen – Judentum, Christentum, Islam. Reihe: Geschichte lernen, Best.-Nr. 92147

Jugendbücher
Richard von Benda, Mein Jerusalem – Dein El Kuds, Münster (Oppenrath) 1988
Marie Farré/Dominique Thibault, Stolze Burgen, Edle Ritter, Ravensburg (Otto Maier) 1986
Christopher Gravett/Geoff Dann, Ritter. Rüstungen und Waffen, Schlachten und Turniere, Kreuzzüge und Ritterorden, Hildesheim (Gerstenberg) 1996
Christopher Gravett/Brett Breckon, Die Welt der Ritter, Hamburg (Carlsen) 1997
Wolfgang Hammer, Der Junge mit dem Falken. Kindheit und Jugend Kaiser Friedrichs II., Würzburg (Arena) 1997
Harald Parigger, Der schwarze Mönch, München (Schneider) 1994
Wolfgang Tarnowski, Ritter (Serie: Was ist was?), Nürnberg (Tessloff) 1990
Wiebke von Thadden, Philipp zwischen Kaiser und König: ein Ritterleben zur Stauferzeit, Weinheim (Beltz & Gelberg) 1999

Spiele
Geschichtsspiel „Welfen und Staufer", hg. von G. H. Kuhlmann. M. A., Seelze/Velber (Friedrich)
CD-ROM Ritter Arthaud – Kreuzritter im Heiligen Land, Berlin (Cornelsen) 2001

Medien

FWU 1002682	Die Kreuzzüge. 1 sw + 10 f.
FWU 3203021	Der Kreuzzug. 20 Min.
FWU 1003028	Kaisertum und Papsttum in der Stauferzeit. 12 f.

Auftaktseiten S. 132 f.

Die Abbildung zeigt einen Ausschnitt aus einer illuminierten Seite der „Distinctiones" des „Decretum Gratiani", einem im 12. Jahrhundert von dem Mönch Gratianus in Bologna verfassten Lehrbuch zum Kirchenrecht.
Der thronende Christus erscheint als Gründer und Garant kirchlicher und weltlicher Autorität: Der Maler platziert zwei Engelpaare über dem Haupt des Christus, Boten Gottes, die ihm, symbolisiert durch zwei Kronen (eine für die kirchliche und eine für die weltliche Macht), die Herrschaft über Geistlichkeit und Adel übertragen. Der Umfang der Macht Christi wird ferner betont durch das Buch und das Schwert als Zeichen der kirchlichen und weltlichen Herrschaft, die er von den Engeln zu seiner Seite erhält. Zugleich sind weitere Engel – als Boten Christi – damit befasst, die Herrschaftssymbole an die jeweiligen Vertreter von Geistlichkeit und Adel weiterzuleiten, die sich im Kreise ihres Gefolges am Fuße des Thrones kniend versammelt haben und die Insignien, Tiara und Bibel bzw. Krone und Schwert, betend empfangen. Die Vertreter der jeweiligen Stände sind nicht nur durch ihre Kleidung als „Beter" und „Kämpfer" gekennzeichnet, sondern auch durch die den Mittelgrund der Darstellung beherrschenden prunkvollen, mit Balkonen und Galerien versehenen architektonischen Versatzstücke. Den Hintergrund gestaltete der Illuminator als ornamentales Muster in Rot- und Goldtönen, die als Hinweis auf das Feuer der Liebe des Heiligen Geistes (rot) und als Symbol der Anwesenheit Gottes/des göttlichen Lichtes (gold) gedeutet werden können.
In die dargestellte Szene ragt von unten der Kopf eines Reihers, der einen Fisch im Schnabel hält. Formal stellt das Motiv eine Verbindung zum unteren Teil des Blattes, dem (hier nicht abgebildeten) Textteil, her. Inhaltlich könnte der Reiher als Sinnbild der Pflicht des Einzelnen, für das Wohl und den Fortbestand der Gemeinschaft zu sorgen, gedeutet werden.
Die Illumination spiegelt das mittelalterliche Verständnis gesellschaftlicher Ordnung wider: Adel und Geistlichkeit sind Gott, dem Schöpfer, unterworfen und verpflichtet, tragen jedoch auf unterschiedliche Weise zum Funktionieren der Gesellschaft bei. Diese Vorstellung fließt in die mittelalterlichen Ständelehren ein.
Kaiser und Päpste erkannten selbstverständlich Christus als Ursprung ihrer Macht an. In der Konfrontation der Abbildung mit dem Inhalt des Kapitels wird jedoch die Diskrepanz zwischen abstrakter Lehre und gesellschaftlicher Realität, die von Konflikten um geistliche oder weltliche Vorherrschaft gekennzeichnet war, deutlich. Indem sie die zeitgenössische Vorstellung vom Ursprung weltlicher und geistlicher Macht vermittelt, bietet die Abbildung einen Einstieg, der die Problemstellung des Kapitels 2 (Wer herrscht in Europa?) fortführt.
Die Analyse des Bildes kann in einem Tafelbild festgehalten werden (*Tafelbild 1, S. 70*): Im Unterschied zu der Abbildung S. 61, M1 sind geistliche und weltliche Macht hier gleichgestellt, da sie beide direkt von Jesus die Herrschaftszeichen erhalten. Die Schülerinnen und Schüler können aufgefordert werden, zunächst die Figuren aus dem Bild zu „entfernen", die im realen Leben nicht vorkommen (im Tafelbild fett): Christus und die Engel. Es stellt sich dann die Frage, wie die Machtverteilung in der Realität des Mittelalters geregelt und umgesetzt wurde.

Tafelbild 1

Jesus Christus als Weltenherrscher, umgeben von **Himmlischen Heerscharen**

→ geistliche Macht, Bischofshut und Bibel werden von **Engeln** überreicht

→ weltliche Macht, Krone und Schwert werden von **Engeln** überreicht

Papst, König und Fürsten streiten um die Macht S. 134–149

Politik folgt Spielregeln

Hinweise zu Materialien und Aufgaben

S. 134, M1 Die Abbildung aus dem „Sachsenspiegel" zeigt auf geschmückter Thronbank Papst (links) und Kaiser (rechts), noch in brüderlicher Umarmung vereint. In diesem Buch „spiegelt" (= zeichnet auf) Eike von Repkow ostfälisches Gewohnheitsrecht als allgemeines Land- und Lehnsrecht. Dieses erste deutsche Prosawerk fand weite Verbreitung; aus ihm ging das „Gemeine Sachsenrecht" hervor und später (1265) der „Deutschenspiegel".

S. 135, M2 Die Abbildung stammt aus dem Reichenauer Evangeliar. Das Bild findet sich dabei an der Stelle, an der in anderen Evangeliaren die Darstellung des thronenden Christus zu finden ist. Der Herrscher, umgeben von Bischöfen und Äbten (links) und Herzögen und Grafen (rechts) ist dargestellt wie ein antiker Herrscher. Besondere Bedeutung kommt dabei dem Zepter mit dem römischen Adler des Augustus zu. Der Historiker Stefan Weinfurter bemerkt dazu: „Der Kaiser rückt damit gleichsam an den Platz Christi, eine fürwahr bemerkenswerte und bedeutungsschwere Entwicklung. Der Kaiser sollte Christus damit natürlich nicht verdrängen, vielmehr ihn gleichsam in sich aufnehmen, um sich so der sakralen Begründung seiner Herrschaft stets zu versichern." (Stefan Weinfurter – In: Helmut Altrichter (Hg.): Bilder erzählen Geschichte, Freiburg 1995, S. 53).

S. 135, M3 Zu erkennen sind Wolfgang Thierse, der Bundestagspräsident, am Rednerpult, in vorderster Reihe Bundeskanzler Gerhard Schröder, daneben Außenminister Joschka Fischer. Deutlich wird, dass der Bundestagspräsident gegenüber der Regierung erhöht sitzt. Für die Schülerinnen und Schüler könnte die Information hilfreich sein, dass das Amt des Bundestagspräsidenten nach dem Amt des Bundespräsidenten das zweithöchste Amt in der Bundesrepublik ist – noch vor dem Amt des Kanzlers.

Kirchenreform: Hände weg vom Krummstab

Sachinformation und Problemstellung

Die Kirchenreform des 11. Jahrhunderts umfasste vier Ziele. Ausgangspunkt war dabei der vermeintliche Gegensatz zwischen realer Gegenwart und dem Verständnis biblischer und kirchenväterlicher Schriften:

- Simonie und Konkubinat von Klerikern sollten abgeschafft werden.
- Die Lebensführung der geistlichen Einrichtungen sollte verbessert werden.
- Der Einfluss der Laien in der Kirche sollte zurückgedrängt werden.
- Die Vorrangstellung des römischen Bischofs (= Papstes) sollte betont und ausgebaut werden.

Die Kirchenreform wurde zunächst von den deutschen Kaisern unterstützt. Die Verwirklichung der vierten Forderung kann als Voraussetzung für das Erreichen der drei erstgenannten Ziele angesehen werden. Die Vorrangstellung des Papsttums wird vor allem im Dictatus Papae (**S. 136, M2**) deutlich. Hierbei handelt es sich um 27 Leitsätze, denen die Überzeugung Gregors zugrunde lag, „dass die aus Matthäus 16, 18 f. abzuleitende besondere Autorität des heiligen Petrus eine Fülle von rechtlichen Konsequenzen für die hierarchische Kirchenverfassung nach sich ziehe". (Johannes Laudage: Gregorianische Reform und Investiturstreit, Darmstadt 1993, S. 100).

S. 136, M1 Der König Otto II. wird sitzend dargestellt. Er hat die Krone auf und hält in der linken Hand das Zepter. Hinter Otto ist rechts ein Schwertträger zu sehen; das Schwert stellt das Zeichen höchster Gerichtsbarkeit dar. Er überreicht dem Bischof Adalbert von Prag den Stab als Zeichen der Einsetzung in seine weltlichen Ämter. Die geistlichen Befugnisse der kirchlichen Amtsträger wurden durch einen Ring symbolisiert.

Werden im Investiturstreit die Spielregeln missachtet?

Hinweise zu Materialien und Aufgaben

S. 139, Darstellungstext, M2 Die Ereignisse um Canossa haben nicht nur bei den Zeitgenossen Bestürzung ausgelöst. Noch in späteren Jahrhunderten wurde das Ereignis als Demütigung des Staates vor der Kirche verstanden. Horst Fuhrmann zeigt widerstreitende Aspekte einer Wertung des Konflikts auf: „War Canossa wirklich ein so tiefer Einbruch in den Beziehungen zwischen Papsttum und deutschem Königtum? Durch die Absolution war Heinrich IV. wieder rechtmäßiger König – gegen die Erwartung der Fürsten und wohl auch des Papstes: zweifellos ein Augenblickserfolg. Doch das Gottesgnadentum und die Unantastbarkeit des Amtes hatten nicht wiedergutzumachenden Schaden gelitten. Auch der König steht als sündiger Mensch unter der Kirchenhoheit des Papstes und Gregor VII. hat dieses Richteramt hervorgehoben: Bereits seine Vorgänger Zacharias und Stephan hätten einen König abgesetzt und einen neuen (Pippin) eingesetzt." (Horst Fuhrmann: Einladung ins Mittelalter, 4. Aufl., München 1989, S. 96). Gert Althoff (M2) spricht von „verheerenden Konsequenzen", die aus dem Verhalten Heinrichs IV. erwuchsen. Einem politischen System, das auf der Bereitschaft zum Kompromiss und dem Vertrauen auf diese Bereitschaft gründete, war dadurch großer Schaden zugefügt worden.

S. 139, M3 Der so genannte Stratordienst eines Kaisers gegenüber einem kirchlichen Wüdenträger wird zum ersten Mal in der Konstantinischen Schenkung erwähnt: Kaiser Konstantin führt nach Art eines Stallknechts das Pferd des Papstes am Zügel. Dieser Dienst gilt als Dienst eines Lehnsmannes gegenüber seinem Lehnsherrn. Barbarossa hatte sich zunächst geweigert, den Steigbügel des Pferdes zu halten, auf dem Papst Hadrian saß. Die Szene spielt 1155, im Jahr der Kaiserkrönung Barbarossas in Rom. Mittelalterlichen Quellen zufolge hat Barbarossa so stark am Zügel gezogen, dass der Papst beinahe vom Pferd gefallen wäre.

Methoden Workshop: Textquellen vergleichen

S. 141, Aufgaben 1 bis 4 Deutlich sollte werden, dass Quelle M3C Heinrich als politisch Handelnden darstellt. Danach war der Besuch Heinrichs in Canossa ein „schlauer Plan", der dazu diente, den König vom Bann zu befreien und die Koalition der Gegner zu verhindern. Die vermeintlichen Verbrechen spielen kaum ein Rolle, von einem Schuldeingeständnis ist nicht die Rede. Ganz anders dagegen M3A und M3B: Hier wird Heinrich nur als Bittsteller bezeichnet, der seine Schuld eingesteht. Gregor VII. hat die stärkere Position inne. Die Demütigung des öffentlichen Bußganges wird als Entgegenkommen bewertet – weitaus schlimmere Maßnahmen, wie z. B. die Forderung nach dem Rücktritt des Königs, wären möglich gewesen.

Hier könnte quellenkritisch gefragt werden, warum Gregor diese Forderung nicht massiver vertritt. Sind es wirklich nur die Bitten des Gesandten (M3A) und das Mitleid (M3B) oder befürchtet Gregor VII., er könnte Heinrich IV. militärisch nicht gewachsen sein? Immerhin wurde Gregor durch Heinrichs Zug über die Alpen überrascht und hatte sich auf die Burg Canossa zurückgezogen. Die norditalienischen Städte standen eher auf Seite Heinrichs.

Staufer und Welfen: verbündet – und verfeindet?

Hinweise zu Materialien und Aufgaben

S. 142, M3 Das Löwenstandbild wurde im Jahr 1166, als Heinrich im Kampf mit sächsischen Adligen lag, aus Harzer Erz gefertigt. Es wurde in der Burg Dankwarderode errichtet. Parallelen zur kapitolinischen Wölfin, die Roms Universalanspruch symbolisierte, sind unverkennbar.
Um das Selbstverständnis Heinrichs des Löwen zu verdeutlichen, kann auch noch einmal auf das Evangeliar Heinrichs (S. 33, M2) zurückgegriffen werden: Die königlichen Verwandten sind mit Kronen dargestellt, die Eltern des Herzogs, die nicht von königlichem Rang sind, haben keine Kronen. Auch Heinrich und seine Gemahlin Mathilde sind nur von herzoglichem Rang. Dennoch erhalten sie Kronen, und zwar direkt aus Gottes Hand. Jeder König musste diesen Herrschaftsanspruch, der sich nur auf ein von Gott verliehenes Recht berief, als Provokation empfinden.

S. 142, Aufgabe 2 (a) Friedrich I. Barbarossa hat eine Welfin (Judith) als Mutter, zwei Welfen als Onkel, Heinrich der Löwe ist sein Cousin mütterlicherseits. **(b)** Der Streit zwischen Welfen und Staufer schadete den Fürsten, die sich auch untereinander bekämpften. Das Machtvakuum führte zu Krieg und Zerstörung.

S. 144, M6 und Aufgabe 6 Die Abbildung aus der so genannten Sächsischen Weltchronik bezieht sich auf das Ereignis von Chiavenna im Jahr 1167, als Friedrich Barbarossa seinen Vetter um Hilfe im Kampf gegen Städte der Lombardei bat. Überdeutlich ist die Krone auf dem Kopf des knieenden und bittenden Friedrichs – so als wolle der Maler betonen, dass sie hier eigentlich gar nichts zu suchen hat.

S. 144, Aufgabe 7 Die Machtposition Heinrichs wurde nicht nur von diesem selbst als sehr hoch eingeschätzt. Auch Friedrich Barbarossa war von ihr sichtlich beeindruckt: Immerhin konnte er die Acht gegen Heinrich nur mit Hilfe anderer Fürsten durchsetzen. Friedrich soll sogar anfänglich Heinrich Geld dafür geboten haben, wenn dieser zu einer gütlichen Einigung mit seinen sächsischen Widersachern bereit gewesen wäre.

Aus Fürsten werden Landesherren

Sachinformation und Problemstellung
Der Ausbau der Landesherrschaften kann in folgenden Schaubild dargestellt werden:

Königsherrschaft

Fürsten ▷ **Landesherren**

Kleinere Adlige, Klöster, Städte

Ursachen und Faktoren, die den Ausbau der Landherrschaft fördern:

- Eigenbesitz
- Landesausbau/Besiedlung
- Gerichtsrecht (oft als Vertreter des Königs = Graf)
- Niedere Gerichtsbarkeit (Verhängen von Geldstrafen)
- Zugeständnis von Königsrechten (Markt, Zoll, Münze, Bergbau)
- Schutzherrschaft/Vogtei über Klöster und Stifte
- Herzogtum als Ausgangsbasis bzw. Fehlen eines Herzogtums und damit verbundenes Vakuum als Erleichterung für den eigenen Aufstieg
- Wahl des Königs durch Fürsten/Kurfürsten

Workshop Werkstatt: Wir stellen eine Urkunde her

Sachinformation und Problemstellung
Folgende Bestandteile machen den Aufbau einer Urkunde aus:

Protokoll	Invocatio	Anrufung Gottes
	Intitulatio	Name und Titel des Ausstellers
	Inscriptio	Nennung des Empfängers
	Arenga	Allgemeine redensartliche Begründung
Text	Publicatio	Verkündigungsformel
	Narratio	Aufzählung und Erläuterung der Umstände, die zur Ausfertigung der Urkunde geführt haben
	Dispositio	Willenserklärung und konkreter Inhalt der Urkunde
	Sanctio	Androhung von Strafen für den Fall von Zuwiderhandlungen
	Corroboratio	Beglaubigungsmittel wird angegeben
Eschatokoll (Schlussprotokoll)	Subscriptiones	Unterschriften des Ausstellers und möglicher Zeugen
	Datierung	Tages- und Ortsangabe

Neben Wachs wurden im Mittelalter auch Metalle für Siegelzwecke benutzt. Diese Siegel bezeichnet man als Bullen. Das Wort stammt vom lat. Wort bulla, das zunächst Wasserblase bedeutete, dann aber für alle Gegenstände verwendet wurde, die ähnlich aussahen. Eine goldene Bulle (vgl. S. 146, Begriffskasten) ist mit einem Siegel aus Gold versehen.

Kleve – eine Landesherrschaft unter der Lupe

Der besondere Tipp:
Zu S. 149, Aufgabe 4: Auf der Homepage der Stadt Kleve findet sich folgender Eintrag zur Geschichte der Stadt:
„Auf dem Höhenzug, der sich links des Rheins von Xanten bis Nimwegen hinzieht, liegt auf steilem Kliff über einem Altwasser des Rheins die Schwanenburg, das Wahrzeichen der Stadt Kleve.
Dieses Kliff, der Steilhang des Burgberges, hat zunächst der Burg und dann der Stadt den Namen gegeben. Die heutige Stadt ist aus drei Siedlungskernen zusammengewachsen: Der Burg, dem Dorf, das sich unter ihrem Schutz entwickelte, und der Stadt, die auf dem der Burg gegenüberliegenden Heideberg vom Grafen Dietrich VI. gegründet wurde.
Am 25. April 1242 erhielt Kleve die Stadtrechte. In der zweiten Hälfte des 17. Jahrhunderts erlebte die Stadt eine weitere Zeit reicher Blüte. Sie verdankt diese dem Statthalter des Großen Kurfürsten, dem Fürsten Johann Moritz von Nassau. Die von ihm geschaffenen Anlagen sind zu einem großen Teil noch vorhanden bzw. wurden in der Vergangenheit behutsam restauriert.
Der einstige Lustgarten war Vorbild für die Gärten in Berlin und Versailles. An die alte Bädertradition erinnern heute das ehemalige Kurhaus, jetzt Museum Kurhaus Kleve. Heute ist Kleve eine moderne Stadt mit besonderem Flair an der Grenze zu den Niederlanden. Unsere niederländischen Nachbarn bezeichnen die Stadt zu Recht als Perle des Niederrheins."

In dem Text fehlen genau die Jahrhunderte, die in der Aufgabenstellung erfragt werden. Die Schüler könnten die zwei Lösungen, die sie für die besten halten, an die Stadt Kleve schicken mit der Bitte, die Erweiterung des Homepage-Eintrags zu überprüfen.

http://www.kleve.de

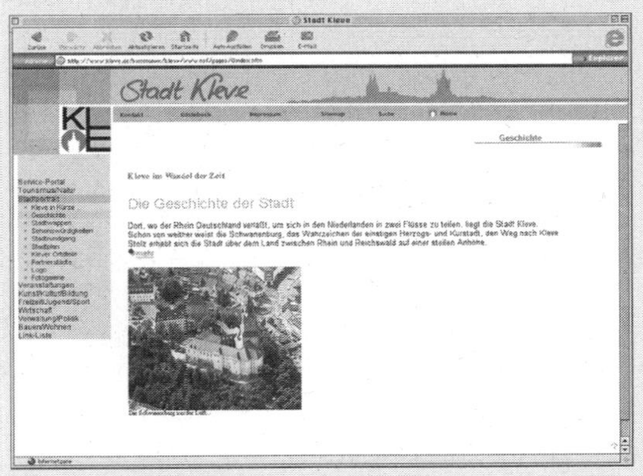

Eroberung und kulturelle Begegnung S. 150–165

Der Papst ruft zum Kreuzzug auf

Hinweise zu Materialien und Aufgaben

S. 151, M1 und M3 Die beiden Bilder zeigen Urban einmal vor hochrangigen Kirchenvertretern (M3), einmal im Freien, zur Bevölkerung sprechend (M1) – wobei Männer und Frauen, Adlige, sogar ein König im Hintergrund und breite Bevölkerungsschichten zu unterscheiden sind. Bis heute konnte nicht eindeutig rekonstruiert werden, was 1095 tatsächlich geschah: So viel aber sollte den Schülern klar werden: Wenn der Text M2 (ab Z.3) und M1 den tatsächlichen Ereignissen nahe kommen, wenn also Urban II. im Freien vor einer großen Bevölkerungsmenge gesprochen hat, dann war dies ein gut vorbereiteter und geplanter propagandistischer Auftritt: Es musste im Vorfeld bekannt gemacht werden, dass der Papst eine wichtige Rede hält, die Stadt musste auf den Andrang vorbereitet werden, der Platz war zu räumen und vorzubereiten.

S. 151, M2 Bei diesem Bericht von Robert von Reims über den Kreuzzugsaufruf von Papst Urban II. in Clermont am 27. November 1095 handelt es sich um eine der wichtigsten Quellen der Kreuzzugsbewegung, denn es gibt keine unmittelbar in Clermont entstandene Aufzeichnung der Papstrede. Wie andere Berichte über den Papstaufruf zeigen, gibt Robert von Reims den Inhalt der Papstrede wohl korrekt wieder; auch dass sie eine enthusiastische Reaktion bei den Zuhörern hervorgerufen hat, muss als erwiesen angesehen werden. Die Papstrede ist nach einem sehr einfachen Argumentationsmuster aufgebaut: Zuerst stellt der Papst die Franken als auserwähltes Volk heraus, um ihnen die Gottlosen und Fremden gegenüberzustellen, die das Heilige Land angeblich bedrohen. Sehr wortreich schmückt er die Greueltaten der Muslime und gleichzeitig den Mut und die traditionelle Tapferkeit der Franken aus. In einem zweiten Argumentationsschritt stellt er dann die Zustände im Frankenreich besonders negativ dar, damit die Zustände im Heiligen Land um so verlockender erscheinen. Ausgehend vom religiösen Grundmotiv (Befreiung des Heiligen Landes) werden vom Papst geschickt wirtschaftliche (Armut, Niedergang der Landwirtschaft u. Ä.) und politische Aspekte (Bedrohung des Byzantinischen Reiches, Kriege zwischen den europäischen Völkern) angeführt, um die Interessen möglichst vieler anzusprechen. Nicht zuletzt hieraus erklärt sich wohl die begeisterte Reaktion der Zuhörer. Mit den Schülern sollte erörtert werden, ob diese Rede als demagogische zu charakterisieren ist. Auf ein Indiz dafür werden die Schülerinnen und Schüler leicht kommen, denn offensichtlich ist ein Widerspruch in der Argumentation des Papstes: Obwohl

Armut, Fehden und Krieg die Zustände im Frankenreich bestimmen, werden dessen Bewohner als geliebtes und auserwähltes Volk Gottes bezeichnet.
Den Schülerinnen und Schülern sollte außerdem deutlich werden, dass der Bericht viele Jahre nach dem eigentlichen Ereignis geschrieben worden ist, als das Ergebnis des ersten Kreuzzugs, nämlich die Eroberung Jerusalems, schon bekannt war.

S. 151, Aufgabe 5 Hier kann nach Motiven und geistigem Hintergrund unterschieden werden.
- Motive der Beteiligten: Hinter dem Kreuzzug lassen sich vielfältige Interessen ausmachen: Aggressivität des westeuropäischen Rittertums; Wunsch, die Ostkirche wieder mit der römisch-katholischen Kirche zusammen zu bringen, Hoffnung auf Besitz und Herrschaft; Erlass der Sündenstrafen.
- Geistiger Hintergrund: Bereits im Investiturstreit und vor allem in der so genannten Reconquista in Spanien wurde in der Kirche, vor allem durch Papst Gregor VII., die Idee eines Kreuzzuges entwickelt, der jedem, der das Kreuz nahm, Erlass von seinen Sündenstrafen und freies Eigentum versprach.

S. 152, Aufgabe 6 Auffällig ist das Fehlen der Könige im Ersten Kreuzzug. Der Historiker Guy Lobrichon hat die Führungsspitze des 1. Kreuzzuges untersucht und kommt dabei zu folgendem Ergebnis:
„Waren keine Könige dabei? (...) Fürsten haben mit Sicherheit das Kreuz genommen. Herren von großen Fürstentümern, von denen sich einige einer größeren Macht als der kapetingische König erfreuten. So der Graf von Toulouse, Raimund IV. von Saint-Gilles, der Herzog der Normandie, Robert Kurzhose, der Graf von Flandern, Robert, der Herzog von Lothringen, Gottfried von Bouillon, oder der Graf von Chartres und Blois, Stephan (...) Mit den Fürsten ziehen Tausende von Rittern (...) Dazu kommen noch einige reiche Patrizier der italienischen Städte (...) Die meisten Italiener haben dennoch abgewartet (...) Desgleichen warteten die klugen Venetianer auf die gute Nachricht von der Einnahme Jerusalems, bevor sie eine Flottille (...) in Richtung Orient entsandten (...) Dieser Kreuzzug bestätigt eindeutig den Triumph des Papstes über die Könige, die sein Vorgänger und er selbst wegen ihres Widerstandes gegen die römischen Reformen exkommuniziert haben. Exkommuniziert wird nämlich der Kaiser und König des Deutschen Reiches, Heinrich IV., der sich dagegen sträubt, auf eigenhändig eingesetzte Bischöfe zu verzichten. Eine seiner Kreaturen hält als Gegenpapst Rom und verbietet Urban den Zutritt: Er lässt die flämischen und französischen Kreuzfahrer laut verhöhnen, als sie 1096 auf ihrem Weg nach Jerusalem die Stadt passierten. Exkommuniziert wird der König der Franzosen, Philipp I., (...) weil er Bertrada von Montfort entführt hat und in ehebrecherischer Verbindung mit ihr lebt (...) Exkommuniziert wird auch der König von England (...), gleichermaßen wegen seines erbitterten Widerstandes gegen die Kirchenreform (...) Er (Urban) konnte sich zu Recht zum Anführer des Kreuzzuges erheben, und die Fürsten zögerten kaum, sich unter seinem Banner zu engagieren, das sich höher als jemals zuvor zu erheben schien, höher auf jeden Fall als das ihrer gedemütigten Könige." (Guy Lobrichon: Die Eroberung Jerusalems im Jahre 1099, Sigmaringen 1998, S. 62ff.)

S. 153, M7 Alle drei Texte sprechen von einem Blutbad, das die Kreuzfahrer in Jerusalem anrichteten. Während M7A das religiöse Motiv in den Vordergrund stellt („Heiligtum des Herrn mit ihren abergläubischen Bräuchen entweiht"), zeigen M7B und M7C das Besitzstreben, das die Kreuzritter an den Tag legen. Fulcher von Chartres' Darstellung (M7C) erweckt sogar den Eindruck, als ob die Kreuzfahrer systematisch die Häuser durchkämmt und beschlagnahmt hätten. Dabei muss davon ausgegangen werden, dass auch Christen ermordet wurden. Der Jerusalemer Historiker Joshua Prawer antwortet auf die Frage, ob die Kreuzfahrer Muslime von Juden und Christen, die auch in Jerusalem lebten, unterscheiden konnten: „Nein. Das war für Europäer fast unmöglich. Wer aus dem Westen kommt, braucht sehr lange, um die verschiedenen Gruppen zu unterscheiden. Viele Christen, die Bärte trugen, wurden getötet, weil sie orientalisch aussahen. Es sei denn, sie trugen christliche Symbole, etwa ein Kreuz. Aber es liegt auf der Hand, dass kein Christ es während der Belagerung gewagt hat, ein Kreuz zu tragen. So wurden möglicherweise einige Christen getötet, oder auch viele." (zit. nach Peter Milger: Krieg im Namen Gottes, 4. Aufl., München 1988, S. 118f.)
So könnte die Darstellung, wie sie sich bei Wilhelm von Tyrus (M7A) findet, auch einen entschuldigenden Zug haben. Peter Milger urteilt: „Das Massaker von Jerusalem gilt nicht nur den Muslimen als eine herausragende Schandtat. Auch im christlichen Abendland wurde es immer wieder bedauert und kritisiert. Und es wurde im Sinne von Wilhelm von Tyrus (einem zeitgenössischen Chronisten) erklärt: „Die Kreuzfahrer metzelten nach den Strapazen der Reise im Blutrausch mehrere Stunden in einem vollständigen Chaos die Bevölkerung Jerusalems nieder. Träfe dies zu, wären die Kreuzfahrer von dem Vorwurf entlastet, sie hätten bewusst auch Christen niedergemetzelt." (Peter Milger, a.a.O., S. 118).

S. 154, Aufgabe 13 Der Faktenkasten gibt eine chronologische Übersicht über die Kreuzzugsbewegung von 1095 bis 1291. Darüber hinaus lassen sich mit seiner Hilfe Fragen des Wandels der ursprünglichen Kreuzzugsidee erörtern. Besonders eklatant wird der Missbrauch dieser Idee bei der Eroberung von Byzanz, bei der Ketzerverfolgung und dem Kreuzzug fanatisierter Kinderscharen. Nach der Eroberung Akkons durch die Türken (1291) räumten die Christen Palästina. Nur das Königreich Zypern konnte sich als Kreuzfahrerstaat halten. 1489 kam es zu Venedig. Die Übersicht macht auch deutlich, dass es sich bei der Kreuzzugsbewegung um eine das gesamte Europa umfassende Bewegung handelte.

Miteinander oder gegeneinander in den Kreuzfahrerstaaten?

Hinweise zu Materialien und Aufgaben

S. 155, Aktivitätskasten Die Zuordnung der Materialien könnte folgendermaßen vorgenommen werden:
Politik: M2, Begriffskasten „Ritterorden", M7
Kultur: M1, M3, M6, M8A
Wirtschaft: M5
Leute: M4
Leserbriefe: M8B. Hierzu könnten auch Texte und Materialien von S. 94 und 95 herangezogen werden. Schüler könnten den Auftrag erhalten, als Wiederholung einen Leserbrief aus Spanien an den Edessa Express zu schreiben.
Auf *Kopiervorlage 1, S. 78* finden sich Zusatzmaterialien für die Erstellung der Zeitung.

Werkstatt: Ein Brettspiel zur Geschichte entwickeln

Sachinformation und Problemstellung

Der Einsatz von Spielen im Unterricht ist umstritten. Die (kurzfristige) Motivation wird von den meisten Lehrkräften geschätzt, die Nachhaltigkeit und Effektivität des Lernens allerdings bezweifelt. Die folgende Übersicht lotet – ausgehend von einer Analyse der Situation der Schülerinnen und Schüler – die pädagogischen Zielsetzungen des Spieleeinsatzes im Unterricht aus und stellt unter systematischen Gesichtspunkten Spiele vor, wie sie auch in Forum Geschichte eingesetzt werden.

Spiele und Spielen im Unterricht

Gegenwärtige Situation vieler Jugendlicher

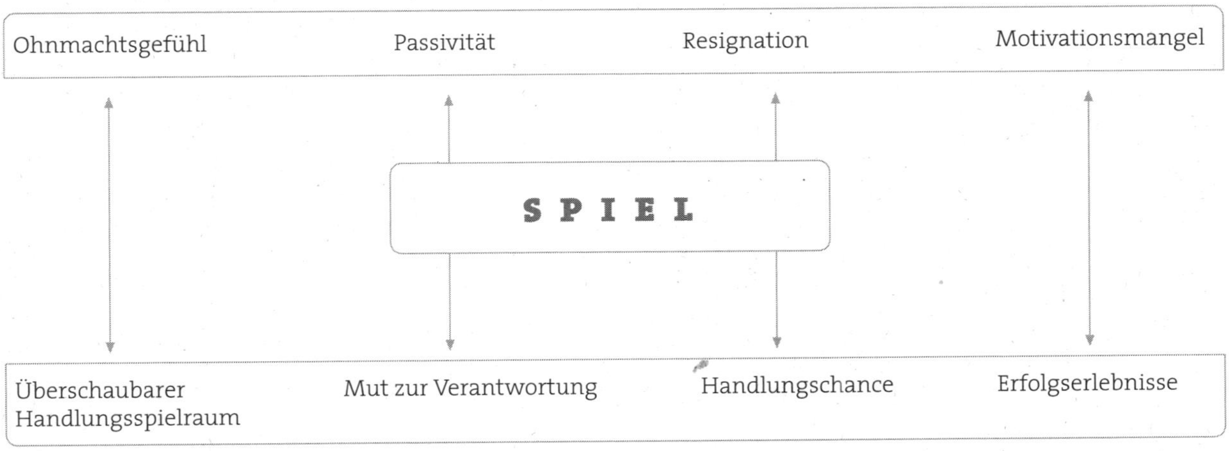

Systematisierung der Spiele (nach Elisabeth Hank)

Lernspiele	Szenische Darstellungen	Projektorientierte Aktivitäten
– Memorieren – Explorieren (z. B. Puzzle) ...	– Szenisches Spiel – Interviews ...	– Produktion – Inszenierung von historischem Alltagsleben ...

Literatur:
– Klaus Bergmann u. a. (Hg.), Handbuch der Geschichtsdidaktik, 5. Aufl., Seelze-Velber 1997, S. 447–451.
– Elisabeth Hank, Spiel im Geschichtsunterricht, in: GWU 42/1991, S. 355–368.

Deutsche und Polen

S. 161, M3 Die Buchmalerei aus dem 14. Jh. zeigt einen Grundherrn (links), der einen Siedlungsunternehmer (Locator) beauftragt, Siedler anzuwerben und ein Dorf zu gründen. Der Locator erhält dafür Belohnung in Form von Besitz und Steuerrechten; rechts sind drei Bauern zu sehen.

S. 161, Aufgabe 6 Sollten die Schülerinnen und Schüler wenig Erfahrung im Anfertigen von Dialogsequenzen haben, kann ihnen der Einstieg durch einen Startdialog erleichtert werden (*Kopiervorlage 2, S. 79*).

Workshop Methoden: Eine Geschichtskarte lesen

S. 164, M1 Die Karte zeigt, wie sich die deutsche Ostsiedlung in vier Jahrhunderten vollzogen hat. Den Schülern sollte deutlich sein, dass die Karte ein Gebiet abbildet, das heute den vier Staaten Deutschland, Polen, Tschechische Republik und Slowakei zugeordnet ist (vgl. S. 164, M4). Mit Blick auf die Stadtgründungen wird deutlich, dass vor allem Städte mit Magdeburger Recht gegründet worden sind. Aus Gründen der didaktischen Reduktion sind keine polnischen und slawischen Siedlungen und Orte eingetragen. Hier könnte kritisch gefragt werden, ob die Karte dadurch nicht auch die Gefahr der Einseitigkeit enthält: Die polnische Siedlungskultur wird zu wenig beleuchtet. Auch die Frage, ob die Markierung einer Reichsgrenze die Realität widerspiegelt, kann anhand dieser Karte diskutiert werden.

König und Adel in Westeuropa S. 166–169

Die Königreiche England und Frankreich

Sachinformation und Problemstellung
Die Entwicklung kann hier nur in groben Zügen gezeigt werden. Dabei kann auch nicht darauf eingegangen werden, wie etwa das englische Parlament, das 1215 wichtige Kontrollrechte errungen hat, im 15. Jahrhundert Verfallserscheinungen zeigte – parallel zum Niedergang der Stände in Frankreich. Die Magna Charta wird hier erwähnt, weil sie nicht nur Parallelen zur Auseinandersetzung zwischen König

Der besondere Tipp:
Diese Themeneinheit ist besonders dafür geeignet, die politische Aktualität geschichtlicher Ereignisse aufzuzeigen. Beipiele deutsch-polnischen Austausches heute können die Schülerinnen und Schüler im Internet kennen lernen:
Homepage der Deutsch-polnischen Jugendwerks: *http://www.dpjw.org*
Homepage der Deutsch-polnischen Jugendakademie: *http://www.muenster.org/dpja*

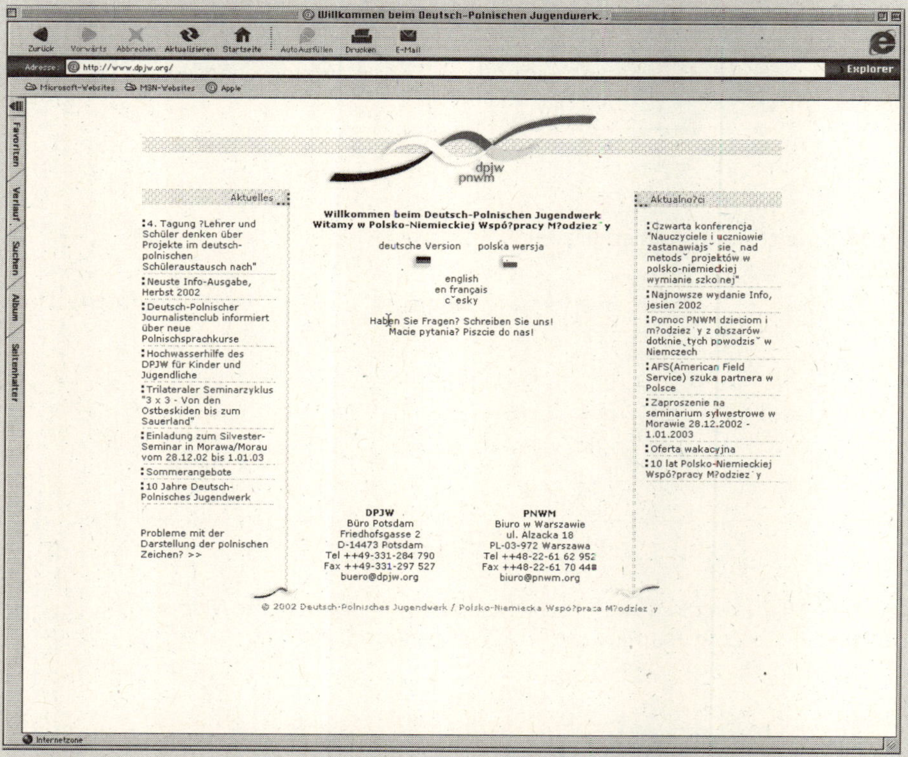

und Adel in anderen Ländern Europas aufzeigt, sondern weil hier auch eine Institutionalisierung der Kontrolle königlichen Handelns erfolgte, die für spätere Jahrhunderte, nicht nur in England, vorbildlich wirkte. Die Wege Frankreichs und Englands wurden vor allem durch den Hundertjährigen Krieg bestimmt. Dabei kommt dem Auftreten der so genannten „Jungfrau von Orleans" in militärischer Hinsicht weniger Bedeutung zu als in propagandistischer. Jeanne d'Arc erscheint in jener Kriegsphase, in der die englischen Kräfte ohnehin nachzulassen begannen. Viel wirkungsvoller war ihr Tod, der als vaterländisches Opfer gefeiert wurde und die Stärkung der Person des französischen Herrschers als eines von Gott begnadeten Herrschers. Vor allem brachte der Hundertjährige Krieg eine Klärung der verschiedenen Rechts- und Besitzansprüche, die gegenseitig erhoben wurden. Erich Meuthen formuliert als Ergebnis der Entwicklung von 1200 bis 1450: „Die staatliche Einheit Frankreichs nach außen ist das sichtbarste Ergebnis des 100-jährigen Krieges. Die Zeit der typisch mittelalterlichen Rechtsüberschichtungen größten Stils, wie sie im französisch-englischen Spannungsfeld des Hoch- und Spätmittelalters vor allem auf lehnsrechtlicher Grundlage begegnen, war mit dem Ausgang dieses Krieges jedenfalls abgeschlossen; er hatte integrale Staatsgebilde zum Ergebnis. Die dynastisch legitimierte Politik, die von den englischen Königen – bisweilen im Gegensatz zum Parlament – verfolgt wurde, war der ‚staatlichen' Politik Frankreichs unterlegen. Andererseits verlieh das Ergebnis der künftigen englischen Politik ihre eindeutige Insular- und Seeprägung." (Erich Meuthen: Das 15. Jahrhundert, München und Wien, 2. Aufl. 1984, S. 59).

Zusammenfassung

S. 171, Schlagzeilen entwerfen Die vier Abbildungen finden sich im Buch auf den folgenden Seiten:

S. 165, M2:	Klostergründung in Trebnitz
S. 157, M7:	Hinrichtung in Akkon
S. 138, M1:	Heinrich IV. bei der Markgräfin Mathilde
S. 156, M4:	Der Tod Friedrich Barbarossas

Notizen:

Name: .... **Klasse:** .... **Datum:** ....

Im Folgenden findest du die Kurzbiografien wichtiger Männer und Frauen rund um das Königreich Jerusalem:

Agnes von Courtenay (um 1150–1186): Witwe des Herrn von Edessa, 1158 Heirat mit Amalrich I., Mutter von Balduin IV. und Sibylle. Wegen eines leichtfertigen Lebenswandels muss sie sich nach Amalrichs Amtsantritt von ihm trennen, mischt sich aber immer wieder zugunsten ihrer Kinder in die Politik ein.

Amalrich I., König von Jerusalem (1136–1174): wird 1162 nach dem Tod seines Bruders Balduin III. zum König gewählt.

Balduin IV.: Sohn Amalrichs I. Wird nach dem Tod des Vaters König von Jerusalem. Schwere Lepraerkrankung, schon mit 17 Jahren fehlten ihm zwei Finger. Geschwüre entstellten sein Gesicht. Seine Pfleger tragen gegen den schrecklichen Geruch Essigmasken. In späteren Jahren Erblindung, gilt als „lebender Leichnam". Tod im März 1185.

Balduin V. (1177–1185): Sohn von Sibylle und Wilhelm Langschwert von Montferrat. Balduin IV. verfügte, dass Balduin V. sein Nachfolger werden sollte. Doch das kranke Kind starb 1186.

Guido von Lusignan (gest. 1194): Wurde von seiner Schwiegermutter Agnes und ihren Anhängern 1186 zum König gemacht, obwohl das Testament Balduins IV. für den Fall des Todes von Balduin V. vorsah, dass Papst, Kaiser und Könige die Nachfolge regeln sollten.

Heinrich von Champagne (1166–1197): Neffe der Könige von Frankreich und England, heiratet 1192 Isabella; kann die Bedrohung Jerusalems durch diplomatische Aktionen mildern. Als einmal eine Gesandschaft pisanischer Kaufleute zu Besuch kommt, tritt er einen Schritt zurück und stürzt aus dem Fenster; auch sein Hofzwerg Scarlatto kann ihn nicht festhalten und stürzt mit ihm in den Tod.

Isabella I. (1172–1205): Königin von Jerusalem (nach dem Tod ihrer Halbschwester Sibylle), Tochter Amalrichs I. aus dessen zweiter Ehe. Von Balduin IV. 1180 mit Humfried von Toron verlobt, um Parteibildungen im Adel zu dämpfen. Heirat 1183. 1190 wird die Ehe aufgehoben, obwohl Isabella Humfried liebt – die Ehe sei zu früh geschlossen worden. Isabelle muss Konrad von Montferrat heiraten, nachdem Sultan Saladin Jerusalem erobert hat: Konrad gilt als harter Kriegsmann, auf den die Verantwortlichen ihre Hoffnung setzen. 1192 fällt Konrad einem Mordanschlag zum Opfer. Sie heiratet Heinrich von Champagne, der 1197 nach einem Sturz aus dem Fenster stirbt. 1198 muss sie auf Initiative des Erzbischofs Konrad von Mainz König Amalrich II. von Zypern heiraten, der noch vor ihr 1205 stirbt. Ihre Tochter Maria, aus der Ehe mit Konrad, wird Königin von Jerusalem.

Maria Komnena: Byzantinische Prinzessin, zweite Frau Amalrichs I.

Sibylle (1159–1190): Tochter Amalrichs I. 1176 Heirat mit Wilhelm Langschwert von Montferrat, der noch im gleichen Jahr stirbt. 1180 zweite Ehe mit Guido von Lusignan. Nach dem Tod ihres Bruders Balduin IV. wird Guido König.

1. *Zeichne einen Stammbaum, in dem du alle beteiligten Personen aufnehmen kannst.*
2. *Verfasse anhand der Biografien Zeitungsmeldungen für eine „Kreuzfahrer-Zeitung".*

Name: .... **Klasse:** .... **Datum:** ....

Im Herbst des Jahres 1359 könnte sich in Magdeburg folgende Szene zwischen dem Bauernpaar Hans und Margarete abgespielt haben:

Hans: Hast du gehört, dass in Polen König Kasimir III. dem Ritter Johann Gladisch große Ländereien gegeben hat, um Dörfer nach unserem deutschen Recht zu errichten?

Margarete: Lange habe ich auf einen solchen Anwerbungsversuch gewartet, denn die Verhältnisse hier sind unerfreulich: Unser Hof wirft nicht viel ab. Aber warum gerade jetzt dieser Aufruf? Sind nicht schon viele nach Osten gezogen?

Hans: Das schon. Aber eine Heuschreckenplage und die Seuche muss viele Siedler dahingerafft haben. Und auch die Mongolen müssen wohl das Land heimgesucht haben.

Margarete: Das gelobte Land ist es also auch nicht …

Hans: Das nicht, aber das Angebot, das der König für Neusiedler hat, ist verlockend.

Margarete: Du meinst, keine Abgaben, z.B. Hühner und Eier, und Dienste in den ersten Jahren?

Hans: Auch nicht in späteren Jahren. Abgaben und Dienste werden durch Steuerzahlungen ersetzt. Auch kann man frei fischen im Umkreis des Dorfes. Und wenn du vor Gericht stehst, dann ist der Richter einer aus dem Dorf.

Margarete: Ich merke schon, sobald es Frühling wird, wirst du dich aufmachen – ja wohin denn eigentlich?

Hans: Nach Sandez, südlich von Krakau.

Margarete: Wie lang ist die Wegstrecke?

1. Schreibe eine Fortsetzung des Dialogs.

2. Verfasse eine zweite Szene mit dem Thema: „Ein Jahr danach – was ist aus den Plänen geworden?"

Name: .... **Klasse:** .... **Datum:** ....

Die ronkalische Ebene am linken Ufer des Po in Norditalien war in der staufischen Zeit Sammelplatz der deutschen Ritterheere auf dem Weg nach Rom. Hier hielt Friedrich I. 1158, zu Beginn seines zweiten Italienfeldzugs, einen Reichstag ab. Er wollte die Reichsgewalt in Italien wiederherstellen und die oberitalienischen Städte zurückgewinnen.

Aus einem Bericht über den Reichstag von Roncaglia (1158):
Dem Kaiser standen vier Richter zur Seite; es waren redegewandte, fromme und äußerst gesetzeskundige Männer, die an der Universität Bologna Rechtswissenschaft lehrten und sehr viele Schüler hatten. Mit diesen und anderen Juristen aus verschiedenen Städten hörte, beriet und entschied er die vorgebrachten Streitfälle. Sehr sorgfältig erörterte der Kaiser die Rechte des Reiches und die Regalien, die dem Reich schon seit langer Zeit teils durch freche Anmaßung derer, die sie an sich gerissen hatten, teils durch die Gleichgültigkeit der Könige verlorengegangen waren. Da die Bischöfe, die Großen und die Städte keine Rechtfertigung für ihr Verhalten vorbringen konnten, gaben sie einstimmig – Mailand allen voran – die Regalien in die Hand des Kaisers zurück. Auf die Frage, worin dieses Recht bestünde, sprachen sie ihm zu: Herzogtümer, Markgrafschaften, Grafschaften, Konsulate, Münzrechte, Zölle, Heersteuer, Steuern, Hafen-, Geleits- und Fischrechte, Mühlen, Brücken und alle Nutzungen aus den Flußläufen, außerdem jährlich eine Land- als auch eine Kopfsteuer.
Nachdem dies alles der Kasse des Reiches zuerkannt worden war, zeigte der Kaiser gegenüber den früheren Besitzern seine Großmut. Jeder, der den Besitz solcher Regalien durch echte Urkunden als Schenkung von Königen nachweisen konnte, durfte sie als kaiserliche Lehen im Namen des Reiches auch weiterhin behalten. Von denen aber, die sich die Regalien widerrechtlich angemaßt hatten, flossen der Kasse des Reiches jährlich etwa 30000 Pfund Silber zu.

Rahewin, Die Taten Friedrichs IV., 6–9. Zit. nach Heinz Dieter Schmid, Fragen an die Geschichte, Bd. 2, 6. Aufl., Berlin (Cornelsen) 1981, S. 95.

Die Einnahmen des Kaisers beim Abschluss von Verträgen mit oberitalienischen Städten
(in Mark Silber bzw. Pfund Silber; 1 Mark = 1/2 Pfund Silber = etwa 200 Groschen Silber)

Stadt	Summe	Münzart	Jahr
Piacenza	600	M.S.	1158
Mailand	9000	M.S.	1158
Crema	120	M.S.	1158
Mailand	10000	M.S.	1161
Brescia	6000	Pfd. S.	1162
Piacenza	6000	M.S.	1162
Piacenza	11000	M.S.	1164
Pisa	13000	Pfd. S.	1165
Siena	4000	Pfd. S.	1186

Die Jahressteuer deutscher Städte im Jahre 1241

Frankfurt	250 M. S.
Basel, Hagen, Gelnhausen	200 M. S.
Schwäbisch Hall, Wetzlar	170 M. S.
Schwäbisch Gmünd, Kolmar	160 M. S.
Friedberg, Seligenstadt, Oppenheim,	120 M. S.
Lindau, Breisach, Neuenburg, Rottweil	100 M. S.
Rothenburg, Kaufbeuren	90 M. S.
Konstanz	60 M. S.
Kaiserswerth, Eberbach, Neckargemünd	20 M. S.

1. Informiere dich mithilfe des Quellenausschnittes darüber, was unter Regalien zu verstehen ist.

....

....

2. Halte in Stichpunkten fest, wie über die Regalien entschieden wurde und welche Bedeutung sie für Kaiser und Reich hatten.

....

....

3. Erkläre mithilfe deiner Ergebnisse und den Aussagen der Tabelle die wiederholten Feldzüge Friedrichs I. gegen die oberitalienischen Städte.

....

....

Name: .... **Klasse:** .... **Datum:** ....

In dem Roman „Gib mir die Zügel!" schildert die niederländische Jugendbuchautorin Thea Beckmann die Geschichte der 15-jährigen Bürgerstochter Marije, die als Junge verkleidet einem lieblosen Elternhaus in Brügge entflieht, weil sie dort eine trostlose Zukunft an der Seite eines ungeliebten Mannes erwartet. Sie reitet in das Land ihrer Träume – Frankreich. Dort herrscht seit neun Jahren Krieg und Marije gerät ahnungslos in den Wald von Cressy, wo die Franzosen wenige Tage zuvor vernichtend von den Engländern geschlagen wurden. In einer Waldhütte stößt sie auf den verwundeten Musikanten Berton de Fleur, der als Söldner auf französischer Seite mitgekämpft hat.

„Erzähl mir etwas über dich", bittet Berton, mühsam kauend. „Ich weiß noch nichts von dir. Nicht einmal deinen wirklichen Namen."

„Ich bin Marije Wartelstochter."

„Mireille?"

„Marije."

Darüber zerbricht er sich die Zunge.

„Ich kann das nicht gut aussprechen", murmelt er. „Darf ich dich Marie nennen, wie die heilige Jungfrau? Warte, ich weiß einen noch besseren Namen für dich. Du hast so strahlende Augen und eine so schöne glatte Haut, die glänzt, wenn der Tag anbricht. Künftig nenne ich dich Marie-Claire. Der Name passt genau zu dir. Marie-Claire."

Marije lächelt. Das hört sich wie ein Gedicht an.

„Und warum bist du aus Brügge weggelaufen? Nur wegen des Jungen?" fragt Berton neugierig.

Und dann beginnt sie plötzlich zu erzählen: Von ihrer Kindheit, ihrer Verzweiflung, ihrer Flucht. Sie ist so viele Wochen allein gewesen, dass es ihr gut tut, zu jemand sprechen zu können, der geduldig zuhört. Sie bemerkt, wie Berton immer überraschter dreinschaut.

„Also warst du reich", sagt er endlich.

„Ach, reich ... Uns ging's gut, das stimmt. In den Augen armer Mädchen muss ich ein Glückspilz gewesen sein. Ich habe nie Hunger gekannt, im Winter war das Haus gut geheizt, ich hatte schöne Kleider. Aber was ist das wert, wenn du nicht frei sein kannst? Wenn du nicht leben kannst, wie du willst? Glaubst du, Berton, dass silberne Gitter angenehmer sind als eiserne?" Der Musikant lächelt und setzt sich etwas bequemer hin. Plötzlich wird er sehr ernst.

„Liebe Marie-Claire", murmelt er warnend, „Frauen haben kein Recht auf Freiheit. Wenn sie die doch für sich fordern, verlieren sie ihre Seele."

Marije fröstelt vor Angst.

„Sind Frauen denn keine Menschen?" flüstert sie bestürzt. Sofort gewinnt ihr wilder Stolz wieder die Oberhand, die Lust, der ganzen Welt zu trotzen.

„Du bist auch nicht anders als alle anderen", brummelt sie. „Kaum dass du dich wieder besser fühlst, spielst du dich auch schon als Herr auf. Aber das dulde ich nicht, verstehst du (...) sonst hätte ich genauso gut bleiben können, wo ich war."

„Das stimmt", nickt Berton. „Obwohl ..."

Er lächelt wieder. „Vielleicht", sagt er leise, „passt deine Aufsässigkeit ganz gut in Gottes Pläne für unsere Welt. Vielleicht ist es gut, dass von Zeit zu Zeit Frauen geboren werden, die so sind wie du: Frauen, die sich nicht an die von Menschen aufgestellten Regeln halten. Aber warum willst du mit aller Gewalt in die Bretagne? Hast du dort Verwandte?" (...)

„Ach, ich bin eine Närrin", flüstert sie verschämt. „Ich träumte von einem tapferen Ritter, von einem Helden, der mich liebhaben und beschützen sollte. So einer wie Tristan."

„Und wegen so einem Traum hast du alles, was dir Sicherheit bieten konnte, zurückgelassen und dich ins Abenteuer gestürzt?"

„Ja", sagt Marije stolz. (...)

„Bretagne", murmelt er. „Das Land, das langsam zugrunde geht durch Bürgerkrieg und englische Überfälle. Das Land, wo die Trümmerhaufen rauchen und die Banditen sich versammeln. Großer Gott, Bretagne! Wenn es ein Land gibt, in dem deine Träume zu Scherben geschlagen werden sollen, dann ist es bestimmt dort!"

„Ich weiß nichts davon", murmelt sie unglücklich.

„Marie-Claire, liebes Mädchen, das Land ist nichts für dich. Einen Tristan wirst du dort nicht finden, höchstens blutdurstige Kriegsleute, die sich Ritter nennen und sich gegenseitig die Besitzungen verwüsten oder die aus Berechnung ihr Land an die Engländer verkaufen." (...) Sie hört nur seine Stimme: warm und leicht, manchmal vor Schwäche zitternd.

„Ich wünschte mir, Marie-Claire, das Blut, das ich verloren habe, hätte nicht alle Kraft mitgenommen. Ich wollte, ich könnte dich beschützen. Denn so rein und so tapfer du auch bist, Mädchen, du wirst zugrunde gehen, wenn du denkst, du könntest mutterseelenallein deine Freiheit erkämpfen. Die Welt duldet keine Frauen, die meinen, sie seien vollwertige Menschen ..." (...)

„Würdest du doch bei mir bleiben, Marie-Claire", sagt er verträumt. „Ich bin ein freier Mann, ich habe die Freiheit des Vogels in der Luft und die Freiheit des Fuchses in den Wäldern. Ich besitze keinen Fußbreit Grund und Boden, aber ich habe auch keinen Herrn und bin niemandem zu Treue verpflichtet. An deine gute Fürsorge denke ich mein Leben lang. Ich könnte dich als Gegenleistung dafür so viel lehren: Schreiben, Gedichte machen, Musik ... Ich würde dich beschützen, dir die schönsten Städte und herrlichsten Landschaften zeigen, ich würde ..." Ihr steigen Tränen in die Augen. Nie zuvor hat ihr jemand etwas Schönes versprochen, für sie einzustehen gewagt. (...)

Schwer liegt seine Hand auf ihrer Schulter, eine Hand, die Stütze sucht, weil er sonst nicht aufrecht sitzen bleiben kann. Sie fühlt, wie er sich an sie lehnt, sterbensschwach und erschöpft. Wer ist der Stärkere? Und er spricht von Beschützen! Sie lächelt ins Dunkle.

Thea Beckmann, Gib mir die Zügel!,
Stuttgart (Urachhaus) 1993, S. 44 ff.

1. Bearbeite den Textausschnitt mithilfe der in deinem Arbeitsbuch angegebenen Schritte „Texte aus Jugendbüchern erarbeiten".

Sachinformationen und Hinweise zum Gesamtaufbau

Als wesentliches Merkmal der Renaissance wird die Herausbildung des Individualismus, eine Neubestimmung des Selbstwertgefühls des Menschen, ausgewiesen. Dieses neue Selbstwertgefühl geht einher mit dem Aufkommen neuer Machtzentren und Eliten und wirkt sich gesamteuropäisch auf alle Bereiche des Lebens aus, nicht nur in der Kunst und Kultur, sondern auch in der Gesellschaft, in der Wirtschaft und in der Politik. Neuansätze, die der Renaissance ähneln, gab es auch im Mittelalter: Man spricht etwa von der karolingischen Renaissance oder der staufischen Renaissance. Kontinuitäten sind zu beachten. Dennoch kann man die Veränderungen, die mit dem 14. Jahrhundert in Norditalien begannen, als Umbruch bezeichnen. Karl Jaspers sprach von einer zweiten „Achsenzeit", die nur vergleichbar sei mit der Zeit um 500 v. Chr., als in Europa und Asien das Ich und sein Gewissen entdeckt und tradierte Weltbilder kritisiert wurden. Sokrates kann exemplarisch als Vertreter der ersten Achsenzeit genannt werden, Leonardo da Vinci exemplarisch als Vertreter der zweiten Achsenzeit.

Dieses Verständnis der Renaissance wird im sechsten Kapitel durch die Anordnung der drei Themenblöcke unterstrichen: Der erste Themenblock stellt mit dem Individualismus und Rationalismus das neue Selbstverständnis des Menschen vor. Der zweite Themenblock zeigt die Auswirkungen exemplarisch im Bereich der Wirtschaft. Der dritte Themenblock untersucht die weltweiten Auswirkungen, die letztlich bis in die Gegenwart erkennbar sind. Der dritte Themenblock (Entdeckung und Eroberung), der andernorts oft am Anfang des Kapitels Renaissance steht, ist hier an das Ende gerückt, um auch kritische Rückfragen an ein naives und unreflektiertes Fortschrittsverständnis zu ermöglichen.

Vorschläge für Unterrichtssequenzen

Bei den ersten beiden Themenblöcken (Beginn einer neuen Zeit?, Wirtschaft um 1500) können, um den Umbruchcharakter zu betonen, zum Einstieg folgende ausgewählte Materialien eingesetzt werden:

- Im 1. Themenblock: Bildervergleich, S. 182/183; Vergleich zweier Weltbilder S. 179, M6.
- Im 2. Themenblock: Verstärkung marktwirtschaftlichen Denkens, S. 188, auch im Zusammenhang mit Aktivitätskasten „Die Papiermacher", S. 190.

Der dritte Themenblock bietet die Möglichkeit zur verstärkten arbeitsteiligen Gruppenarbeit. Die erste Themeneinheit „Eine Fahrt nach Westen" kann mit den Arbeitsaufträgen im Plenum erarbeitet werden. Die zweite Themeneinheit „Die Völker des altamerikanischen Kontinents" wird über den Aktivitätskasten „Gruppenarbeit" (S. 200) erschlossen. Zeitgleich machen sich andere Schüler auf die Spurensuche aus heutiger Sicht (Aktivitätskasten, S. 212). Als Erklärung für den Kontrast können dann die dritte und vierte Themeneinheit (Freund oder Feind?, Die Kolonialherrschaft) behandelt werden. Im Überblick:

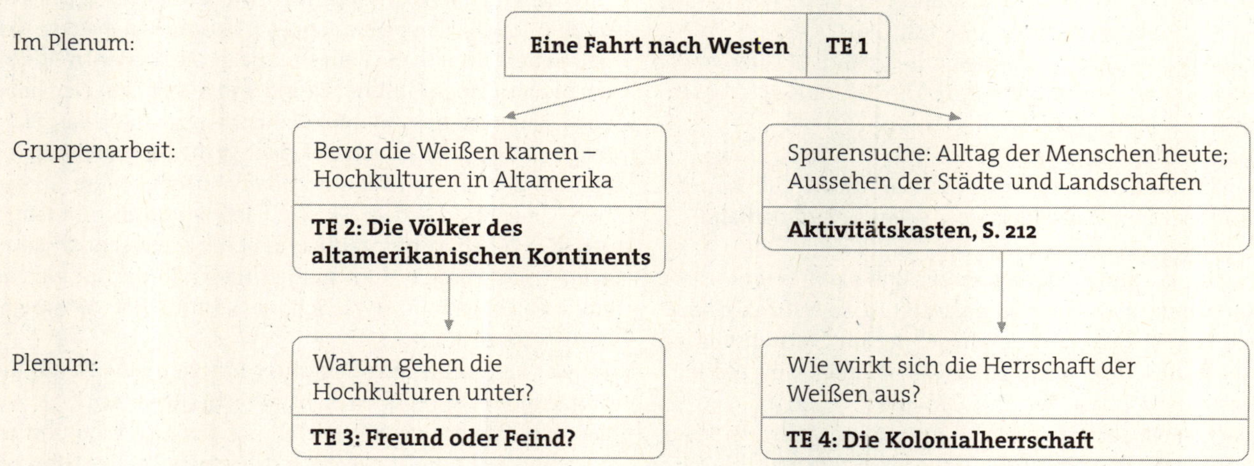

Weiterführende Hinweise

Sachbücher

Amerika 1492–1992. Neue Welten – Neue Wirklichkeit. Geschichte – Gegenwart – Perspektive. Hg. vom Ibero-Amerikanischen Institut, Preußischer Kulturbesitz und Museum für Völkerkunde, Braunschweig (Westermann) 1992

Amerika 1492. Die Indianervölker vor der Entdeckung. Hg. von Alvin M. Josephy, Frankfurt/M. (Fischer) 1992

Bodo von Borries, Kolonialgeschichte und Weltwirtschaftssystem: Europa und Übersee zwischen Entdeckungs- und Industriezeitalter, 1492–1830, 2. Aufl., Münster u.a. 1992

Zvi Dor-Ner, Kolumbus und das Zeitalter der Entdeckungen, Köln (vgs) 1991

Rolf Engelsing, Analphabetentum und Lektüre. Zur Sozialgeschichte des Lesens in Deutschland zwischen feudaler und industrieller Gesellschaft, Stuttgart (Metzler) 1973

Geheimnisvolles altes Mexiko. Die Kultur der Azteken. Hg. von Arne Eggebrecht, Augsburg (Weltbild) 1994

Erich Meuthen, Das 15. Jahrhundert, 3. Aufl., München (Oldenbourg) 1996

Jürgen Osterhammel, Kolonialismus. Geschichte, Formen, Folgen, 2. Aufl., München (C. H. Beck) 1997

Wolfgang Reinhard, Kleine Geschichte des Kolonialismus, Stuttgart (Kröner) 1996

Wolfgang Stromer von Reichenbach, Die Begründung der Baumwollindustrie in Mitteleuropa, Stuttgart (Hiersemann) 1978

Ders., Gutenbergs Geheimnis: von Turfan zum Karlstein. Die Seidenstraße als Mittler der Druckverfahren von Zentralasien nach Mitteleuropa Genf (Slatkine) 2000

Christoph Strosetzki (Hg.), Der Griff nach der Neuen Welt. Der Untergang der indianischen Kultur im Spiegel zeitgenössischer Texte, Frankfurt/M. (Fischer) 1991

Anette Völker-Rasor (Hg.), Frühe Neuzeit, München (Oldenbourg) 2000

Rita Voltmer/Franz Irsigler (Hg.), Incubi Succubi. Hexen und ihre Henker bis heute. Ein historisches Lesebuch zur Ausstellung im historischen Museum der Stadt Luxemburg (5. Mai bis 29. Oktober 2000), Luxembourg (Musée d'Histoire de la Ville) 2000

Quellensammlungen

Bartolomé Las Casas, Bericht von der Verwüstung der westindischen Länder, hg. v. Hans Magnus Enzensberger, Frankfurt/M. (Insel) 1981

Die Entdeckung und Eroberung der Welt. Dokumente und Berichte, hg. v. Urs Bitterli, Band I: Amerika und Afrika, München (C. H. Beck) 1980

Eberhard Schmitt, Dokumente zur Geschichte der europäischen Expansion, Bd. 1 bis 4, München (C. H. Beck) 1982–88

Didaktische Literatur

Almut Brückmann, „Sie wühlten wie hungrige Schweine im Gold." Spanische Kolonialherrschaft und ihre Folgen in Mexiko. Materialien Sek. 1, in: Praxis Geschichte (Westermann), Heft 1/1992, S. 19–24

Peter Knoch, Kolumbus und die Folgen (Basisbeitrag), in: Praxis Geschichte (Westermann), Heft 1/1992, S. 4–12

Ders., Indianisches in unserer Alltagswelt. Spielvorschläge, in: Praxis Geschichte (Westermann), Heft 1/1992, S. 32–34

Jugendbücher

Hans Baumann, Die Barke der Brüder, Stuttgart (Verlag freies Geistesleben) 1985

Anna Cnattingius, Benrimon ist nicht tot, Kevelaer (Anrich) 1988

Urs Fichtner/Sergio Vesely, Erwachsen in der neuen Welt, Baden-Baden (Signal) 1988

Kurt Lütgen, Das Rätsel Nordwestpassage, 5. Aufl., Bindlach (Loewes) 1989

Ludwig Moritzberger, Als die Sonne stehen blieb, Stuttgart (Urachhaus) 1986

Wiebke von Thadden, Thomas und die schwarze Kunst, Weinheim (Beltz & Gelberg) 1998

Medien

ARD:	Christoph Kolumbus, Drei Folgen 1987
FWU 1000356	Die Entdeckung Amerikas, 9 sw + 2 f.
FWU 2200320	Paul Alverdes. Die schwarze Kunst, 16 Min.
FWU 3202489	Nicolaus Copernicus. Chronik seines Lebens, 17 Min.
FWU 3200901	Entdeckungsreisen europäischer Seefahrer, 18 Min.
FWU 3203870	Im Land der Inka, 24 Min.

Auftaktseiten S. 172 f.

Folgende Informationen könnten zu den vier Seefahrern erarbeitet werden:

Christoph Kolumbus (1451–1506): Der Genuese in spanischen Diensten entdeckt 1492 die Bahamas-Insel Guanahani, die er San Salvador nennt. Im Fortgang der Reise stößt er auf Haiti und Kuba, die er irrtümlicherweise für Japan hält.

Amerigo Vespucci (1454–1512): Der Spanier entdeckt 1499 die Amazonas-Mündung. Nach ihm, der den neu entdeckten Kontinent auch als solchen erkannte, ist Amerika benannt.

Fernando de Magellanes (1480–1521): Der Portugiese bricht 1519 zur ersten Weltumsegelung auf. Er erreicht auf der Westrunde Amerika, umrundet Feuerland und wird im Verlauf der weiteren Fahrt auf den Philippinen erschlagen. Ein Schiff seiner Flotte erreicht mit 18 Matrosen 1522 wieder Portugal. Damit ist die Kugelgestalt der Erde auch praktisch bewiesen.

Francesco Pizarro (1476–1541): Der Spanier erobert 1532 das peruanische Hochland.

Beginn einer neuen Zeit? S. 174–187

Der Mensch im Mittelpunkt der Welt?

Sachinformation und Problemstellung

Der Begriff der „Renaissance" ist in der Geschichtsschreibung umstritten. Das Interpretationsspektrum ist sehr breit: Hat die Renaissance „ganze 400 oder nur 27 Jahre gedauert, von der Ansicht jener Gelehrter ganz zu schweigen, die glauben, dass es die Renaissance überhaupt nicht gegeben hat"? (P.O. Kristeller: Humanismus und Renaissance, Bd. 2, München 1976, S. 10). Schon auf die Frage nach dem Beginn der Renaissance findet sich keine einheitliche Antwort: Manche Forscher sprechen von der Renaissance des 12. Jahrhunderts, die wichtiger sei als die Renaissance des 15. Jahrhunderts. Besonders mit Blick auf die norditalienische Stadtkultur werden größere Entwicklungslinien aufgezeigt, die sich vom Hochmittelalter bis zur vermeintlichen Renaissance durchziehen. Wenn man als bleibendes Kennzeichen der Renaissance den Aspekt eines geistigen, sich als solches erkennenden Individuums (vgl. Erich Meuthen: Das 15. Jahrhundert, 3. Aufl., München 1996, S. 161) sieht, dann wird man feststellen, dass dies nicht vor dem 14. Jahrhundert der Fall war.

Die Bedeutung dieses Aspekts, der schon von Jacob Burckhardt (Die Kultur der Renaissance in Italien. Ein Versuch, Basel 1860) herausgestellt wurde, wird auch durch das Selbstverständnis des 14. und 15. Jahrhunderts unterstrichen: „Öffentlich und mit zugleich großartiger Gebärde wird das große Individuum gefeiert, z.B. im Reiterdenkmal, im Grabmonument. Der Heros spielte im Verständnis der Renaissance eine wichtige Rolle, das sich Gott nähernde Übermenschentum, ein Leistungsideal, das seinen Endpunkt im Barockhelden findet. Überhaupt wird das individuelle Erlebnis begierig erfahren und ebenso genussvoll mitgeteilt. Biographie und Autobiographie machten als neue literarische Gattungen ebenfalls den Wert des Individuums deutlich." (Erich Meuthen, a.a.O., S. 98).

Hinweise zu Materialien und Aufgaben

S. 174, M1 Linkshändern wie Leonardo fällt es grundsätzlich leichter, in Spiegelschrift zu schreiben. Da Leonardo, wie manche Briefe und Schriften zeigen, aber auch die Normalschrift beherrschte, ist zu fragen, warum er so häufig die Spiegelschrift bemühte. Drei Erklärungen werden diskutiert:

1. Leonardo wollte seine Notizen vor Gegenspielern geheimhalten.
2. Leonardo fühlte sich der Tradition der Alchemisten verpflichtet und benutzte deshalb „Geheimzeichen".
3. Leonardo dachte an spätere Publikationen und wollte den Kupferstechern (die seitenverkehrt die Druckplatten erstellen) die Arbeit erleichtern.

S. 174, M2 Das berühmte Gemälde wurde zwischen 1503 und 1506 gemalt. Sein zweiter Titel „La Gioconda", geht vermutlich auf Lisa del Giocondo zurück, die Gattin des reichen Seidenhändlers Francesco del Giocondo aus Florenz. Nicht geklärt sind Fragen zum Inhalt des Bildes, z.B. warum die Frau ein dunkles Kleid und einen schwarzen Schleier über den Haaren trägt. Leonardo hat das Gemälde dem Auftraggeber nicht übergeben, wohl weil er es für unfertig hielt. Er nahm es mit auf seine Reisen. Franz I., König von Frankreich, kaufte ihm das Gemälde ab. 1911 wurde das Bild aus Frankreich von einem Italiener entwendet, der es in seine Heimat zurückbringen wollte. Nachdem das Bild 1913 in Florenz wieder auftauchte, wurde es 1914 nach Paris zurückgebracht. 1956 wurde das Gemälde, das im Pariser Louvre ausgestellt ist, durch ein Säureattentat beinahe zerstört und konnte durch eine mühevolle Restaurierung gerettet werden. Die „Mona Lisa" ist heute nur noch hinter einer Schutzschicht aus Panzerglas zu betrachten.

S. 175, M4 Leonardo hält in seiner Zeichnung Nervenleitungen fest, die von den Augen zum Gehirn reichen. Die moderne Biologie und Medizin hat dies bestätigt.

S. 176, M7 Das Bild zeigt, wie Kaiser Friedrich III. Aeneas Silvius Piccolomini (1405–1464), den späteren Papst Pius II., wegen seiner Verdienste um die klassischen Studien mit dem Lorbeerkranz krönt. Die Krönung von Dichtern und Gelehrten mit dem Lorbeerkranz folgte einem antiken Brauch und setzte in der Neuzeit mit der Krönung Petrarcas zum poeta laureatus ein.

Himmelsbeobachtungen verändern das Weltbild

Hinweise zu Materialien und Aufgaben

S. 177, M2 Die Abbildung zeigt, wie der Mensch mit einer Kombination aus bloßem Auge und astronomisch-optischen Instrumenten Himmelsbewegungen nutzen konnte. Es werden mit verschiedenen Instrumenten Ortsveränderungen von Sternen und damit die Nachtzeit gemessen, links ganz grob mit der gespreizten Hand (zwischen Polarstern und dem Stern c im großen Wagen), durch Visieröffnungen an einem Quadranten (hier fehlt aber die Messung der Senkrechten), rechts mit der Nachtuhr, deren Mittenloch auf den Polarstern gerichtet und das Zeigerende mit zwei Sternen des großen Wagens zur Deckung gebracht wurde. Der Jakobsstab, eine Latte mit zwei Querstäben, in der Mitte zu sehen, wurde nicht zur Zeitbestimmung eingesetzt. Man benutzte ihn zur Messung von Winkeldistanzen, hier angewendet bei einem Turm.

S. 179, M6 Bei der Abbildung handelt es sich um das Titelbild der lateinischen Ausgabe von Galileis „Dialogi" („Dialog über die zwei hauptsächlichsten Weltsysteme"). Rechts präsentiert Kopernikus (er vertritt die gleiche Position wie Galilei) dem Betrachter stolz die Sonne als Zentrum der Welt. Sein Gesicht, wie von der zentral stehenden Sonne bestrahlt, leuchtet. Im Hintergrund sieht man Ptolemäus, den Vertreter der alten Weltsicht – seine Gestalt und sein Modell stehen im

Schatten. Aristoteles, links vorne, steht noch zwischen Licht und Schatten.

Neues Denken durch neue Medien?

Hinweise zu Materialien und Aufgaben

S. 180, M1 Am linken Bilderrand und vorne in der Mitte kann man drei Schriftsetzer erkennen. Sie entnehmen den schräg stehenden Setzkästen die Drucktypen und reihen sie auf einem so genannten Winkelhaken auf. Über den Setzkästen finden sich die Blätter mit dem zu setzenden Text. Neben den Setzkästen stehen Hilfskräfte, die den Austausch der Manuskriptblätter besorgen. Im Hintergrund ist ein Tisch mit noch unbedruckten Papierbogen zu erkennen. Die Person, die rechts im Hintergrund zu sehen ist, schwärzt die Druckform ein. Am rechten Bildrand sieht man, wie in der Druckerpresse der Papierbogen auf die Druckformen gepresst wird. Bei den Blättern über der Druckerpresse handelt es sich um schon bedruckte Bogen, die zum Trocknen aufgehängt wurden. Der Junge vorne in der Mitte legt die getrockneten Bogen aufeinander. Am rechten äußeren Bildrand ist ein Aufseher zu sehen, möglicherweise auch der Besitzer der Druckerei.

S. 180, M2 Folgende Schritte können unterschieden werden:
- Buchstaben gießen (1–3)
- Buchstaben nach der Textvorlage setzen (4)
- Buchstaben in der Druckform mit Farbe einstreichen (5)
- Papier mit den eingefärbten Buchstaben unter der Druckerpresse drucken (6–7)
- Bedrucktes Papier aus dem Rahmen nehmen und trocknen lassen
- Fertige Seiten zum Einbinden zusammenlegen und binden (9–10)

S. 181, Aufgabe 6 Hier kann ein Erhebungsbogen zum Einsatz kommen (*Kopiervorlage 1, S. 92*)

Workshop Methoden: Bilder vergleichen

Hinweise zu Materialien und Aufgaben

S. 183, M1 Das Bild stammt aus der berühmten Großen Heidelberger Liederhandschrift (auch: Codex Manesse), die vermutlich um 1300 von den Züricher Chorherren Rüdiger und Johannes Manesse zusammengestellt worden ist. Der Codex Manesse besteht aus 426 Pergamentblättern und hat ein Gewicht von ca. sieben Kilogramm. Heute wird er in der Universitätsbibliothek Heidelberg aufbewahrt.
An der Entstehung der Handschrift, einer Sammlung von Minneliedern, waren etwa 10 Schreiber und mindestens vier Maler beteiligt. Jedes Lied ist mit dem Bild seines Autors versehen. Die Anordnung richtete sich nach dem gesellschaftlichen Rang (Heerschild) des jeweiligen Dichters. Bei der vorliegenden Abbildung handelt es sich um das Autorenporträt Berngers von Horheim. Ritter und Dame stehen sich fast frontal gegenüber. Die Dame hält in der einen Hand ein Schoßhündchen und rafft gleichzeitig ihr Kleid – eine Geste, mit der der Manessemaler das weibliche Schönheitsideal ausdrückt. Das Bild wird durch ein Rosenbäumchen geteilt, vor dessen Stamm die beiden Personen ihre Hände ineinander gelegt haben. Diese Gebärde ist im Sachsenspiegel als Symbol für einen Vertrag eingeführt – in der Buchmalerei begegnen sie deshalb bei einer Trauung von Braut und Bräutigam durch den Priester oder der Übergabe der Braut durch den Vater. In Minnedarstellungen wie dieser sind sie als Zeichen für ein Treuegelöbnis zu verstehen.

S. 183, M2 Bei der Beschreibung des Bildes sollte deutlich werden, dass manche Einzelheiten mit Rückgriff auf die Mode, andere mit Rückgriff auf Sitten und Gebräuche zu erklären sind. Das Brautkleid ist nach der burgundischen Mode gestaltet, ebenso der kostbar verzierte Gürtel mit einem Kannenmuster. Die Ringe sind ein Symbol der Liebe. Die Haare der Frau sind bedeckt – nur unverheiratete Frauen durften ihr Haar offen tragen. Am Hochzeitstag wurden der Braut die langen Haare zum Knoten aufgebunden, aufgesteckt und mit einer Haube bedeckt. Das Sprichwort „unter die Haube kommen" hat hier seinen Ausgangspunkt.
Die Bildinformationen machen auch deutlich, dass der Künstler des zweiten Bildes bekannt ist – auch dies ein Zeichen für den Individualismus, der mit der Renaissance verbunden wird.

Zwei Gesichter des Fortschritts

Hinweise zu Materialien und Aufgaben

S. 184, M1 Im Jahr 1503 (dem selben Jahr, in dem er mit der „Mona Lisa" begann) führte Leonardo Flugexperimente durch, die allerdings ergebnislos blieben.

S. 184, M4 Ein Vergleich der drei Flugobjekte zeigt, dass die Forscher und Techniker der Renaissance ihre Erfolge mühsam gegen die Begrenztheit des menschlichen Tuns und die Übermacht der Natur erkämpfen mussten. Joachim Worthmann verdeutlicht, dass dieses Gefühl der Begrenztheit einem Allmachtsgefühl gewichen ist. Katastrophen und Unglücksfälle werden so auch neu interpretiert: Wurden sie früher noch als mahnendes Zeichen verstanden, das auf die Endlichkeit des Menschen verwies, so können sie heute Ausgangspunkt sein für verstärkte Bemühungen, den Fortschritt voranzubringen, um Unglücksfälle und Katastrophen zu verhindern – möglicherweise mit der Folge neuer Katastrophen.

Hexenverfolgung in der frühen Neuzeit

Hinweise zu Materialien und Aufgaben

S. 187, M4 Am Ende des Überblicks zur Hexenforschung, der im Arbeitsbuch nur als Ausschnitt abgedruckt ist, kommen die Autoren zu einem eher pessimistischen Fazit: „Ob freilich die Ergebnisse der neueren Hexenforschung, insbesondere der Mikrostudien, überhaupt vermittelbar sind, ist eine andere Frage. Denn große Teile des Publikums möchten zweifellos immer noch lieber die alten einfachen Antworten hören: Das Verlangen nach sex & crime und holzschnittähnlichen Comics von weisen Frauen und bösen Richtern war nicht nur eine Obsession des 19. Jahrhunderts. Wer hört schon gerne etwas von bösen Nachbarn, zänkischen Weibern, unzuweisbarer Schuld und ratlosen Obrigkeiten? Könnte sich doch herausstellen, dass uns solche Geschichten viel zu nahe gehen, zumal die Tendenz, die Schuld zu personalisieren, nicht in ferner Vergangenheit entschwunden, sondern sehr präsent ist. Und wenn wir auch noch so sorgfältig und methodenbewusst wissenschaftlich arbeiten: Zur Debatte steht nicht nur die primitive society der Anthropologen, sondern immer auch unsere eigene Gesellschaft." (in: Hexen und Hexenverfolgung im deutschen Südwesten, hg. v. Badischen Landesmuseum, Ostfildern 1994, S. 135) Gerade dieses Kapitel frühneuzeitlicher Geschichte ist also von eminenter Aktualität.

S. 187, Aufgabe 8 Die Aufgabe bezieht sich zunächst auf ein übertragenes Verständnis von „Hexenverfolgung": die Bekämpfung von Gegnern oder Meinungen mit eher fragwürdigen Mitteln, z. B. durch Einbeziehung der Massenmedien und ihrer Berichterstattung mit einer Mischung aus Wahrheit und Lüge. Die Frage kann auch erweitert werden: Gibt es nicht nur Hexenverfolgungen im übertragenen Sinne, sondern gibt es heute auch noch Hexen? So leben etwa Mitte der 90er Jahre des 20. Jahrhunderts auf der Schwäbischen Alb Frauen, die sich selbst als Hexen bezeichnen, die nach der Initiatorin der Gruppe auch „Schiran-Frauen" genannt werden. Was zeichnet diese Frauen aus? Hildegard Gerlach hat in ihrem Überblick über die so genannten „neuen Hexen" diese Gruppe charakterisiert: „Sie halten Ziegen, bauen biologisch Gemüse und Obst an, sammeln Heilkräuter und treffen sich regelmäßig in magischen Zirkeln, um mit Hilfe von Übungen (Musik, Tanz, Meditation, Massagen u. a.) Körperbewusstsein zu entwickeln und ihre weibliche Identität zu stärken. Das von Ute Schiran entwickelte Ritual der Jahreszeitenfeste, bei denen der Kreislauf der Natur und die Naturvorgänge Wachstum, Reife, Vergehen in großen Festen nachvollzogen und in rituellen Handlungen entsprechend symbolisiert werden, hat in den magischen Frauenzirkeln einen festen Platz (...) Ziel der Schiran-Frauen ist neben Engagement für die Öko-Bewegung, (...) an die in den Frauen ruhenden magischen Kräfte zu erinnern, zu spüren, sie zu wecken und damit umzugehen." (Zit. nach: Hexen und Hexenverfolgung im deutschen Südwesten, hg. v. Badischen Landesmuseum, Ostfildern 1994, S. 169).

Der besondere Tipp:

Harry Potter verboten

Der Kinderbuch-Bestseller „Harry Potter und der Stein der Weisen" darf in einer evangelischen Kirchengemeinde auf der Schwäbischen Alb nicht gelesen werden. In Münsingen-Rietheim warnten zwei Kirchengemeinderäte vor der Gefahr okkulter Praktiken aufgrund der Lektüre des Buches der Britin Joanne K. Rowling. Daraufhin wurde die Zaubergeschichte zunächst aus dem Regal der Gemeindebücherei genommen. Der gesamte Kirchengemeinderat hat dem jetzt zugestimmt. Bereits vor Monaten hatte eine englische Grundschule ihren Schülern das Lesen der Bücher über den Zauberlehrling Harry Potter verboten. Die Harry-Potter-Bücher erweckten zu Unrecht den Eindruck, dass Zauberer „nett und harmlos" seien. „Das ist nicht, was die Bibel uns lehrt", hatte die Direktorin erklärt. Nach ihrer Ansicht verharmlosen die erfolgreichen Kinderbücher böse Geister und Magie. „Die Bibel ist sehr klar, dass Zauberer, Teufel und Dämonen existieren und sehr real, mächtig und gefährlich sind und dass Gottes Kinder nichts damit zu tun haben sollten."

FAZ Nr. 286/2000 vom 8.12.2000.

Wirtschaft um 1500 S. 188–193

Neues Wirtschaften bringt Gewinn

Sachinformation und Problemstellung
Dem Verlagswesen kommt in dieser Themeneinheit besondere Bedeutung zu. Gerade an ihm kann die verstärkte individuelle Initiative aufgezeigt werden, die das erstarrte Zunftsystem sprengt. Das Verlagswesen breitete sich zunächst in Süd- und Westeuropa aus, von da aus dann auch in Deutschland. Erich Meuthen zeigt die Ambivalenz des Verlagswesens auf, die im Zusammenspiel von kurz- und mittelfristigen Folgen bestand: „Einerseits ist der Verlag auch als soziale Sicherung des kleinen Handwerks zu sehen; doch wurde durch die Rohstoffversorgung und Absatzsicherung für ganze Gewerbelandschaften im besonderen die Massenproduktion gefördert und eine wesentliche Vorstufe des jüngeren Manufakturwesens erreicht." (Erich Meuthen: Das 15. Jahrhundert, 3. Aufl., München 1996). Die Gewinnspannen waren dabei enorm. Ein Beispiel: Das Vermögen der Verleger der Beckenschmiede betrug in Braunschweig durchschnittlich fast das Dreifache im Vergleich zu den Vermögen der reicheren Beckenschmiedemeister.

Hinweise zu Materialien und Aufgaben
S. 189, Aufgabe 2 Das Wechselgeschäft kann auch als Skizze dargestellt werden (*Tafelbild 1*).

S. 189, Aufgabe 3 Auch für die Verdeutlichung des Verlagswesens empfiehlt es sich, eine Skizze anzufertigen. Sie stellt das Verlagswesen in Gegensatz zum mittelalterlichen Handwerksbetrieb dar (*Tafelbild 2, S. 88*):

Im Unterschied zur modernen Fabrikarbeit hat der frühneuzeitliche Handwerker oft noch zu Hause gearbeitet, war also noch im Besitz der Werkstätte und teilweise der Werkzeuge. Dies hat sich in den folgenden Jahrhunderten geändert.

S. 190, Aktivitätskasten Zur Erläuterung sei die erste Runde beschrieben:
- Spieler 1 produziert 3 Papiere und verlangt je 30 Euro.
- Spieler 2 produziert 1 Papier und verlangt 20 Euro.
- Spieler 3 produziert 1 Papier und verlangt 40 Euro.
- Spieler 4 produziert 2 Papiere und verlangt je 20 Euro.
- Spieler 5 würfelt eine 4 – es können also 4 Papiere verkauft werden, nämlich
  - 1 Papier von Spieler 2
  - 2 Papiere von Spieler 4
  - 1 Papier von Spieler 1

Tafelbild 1

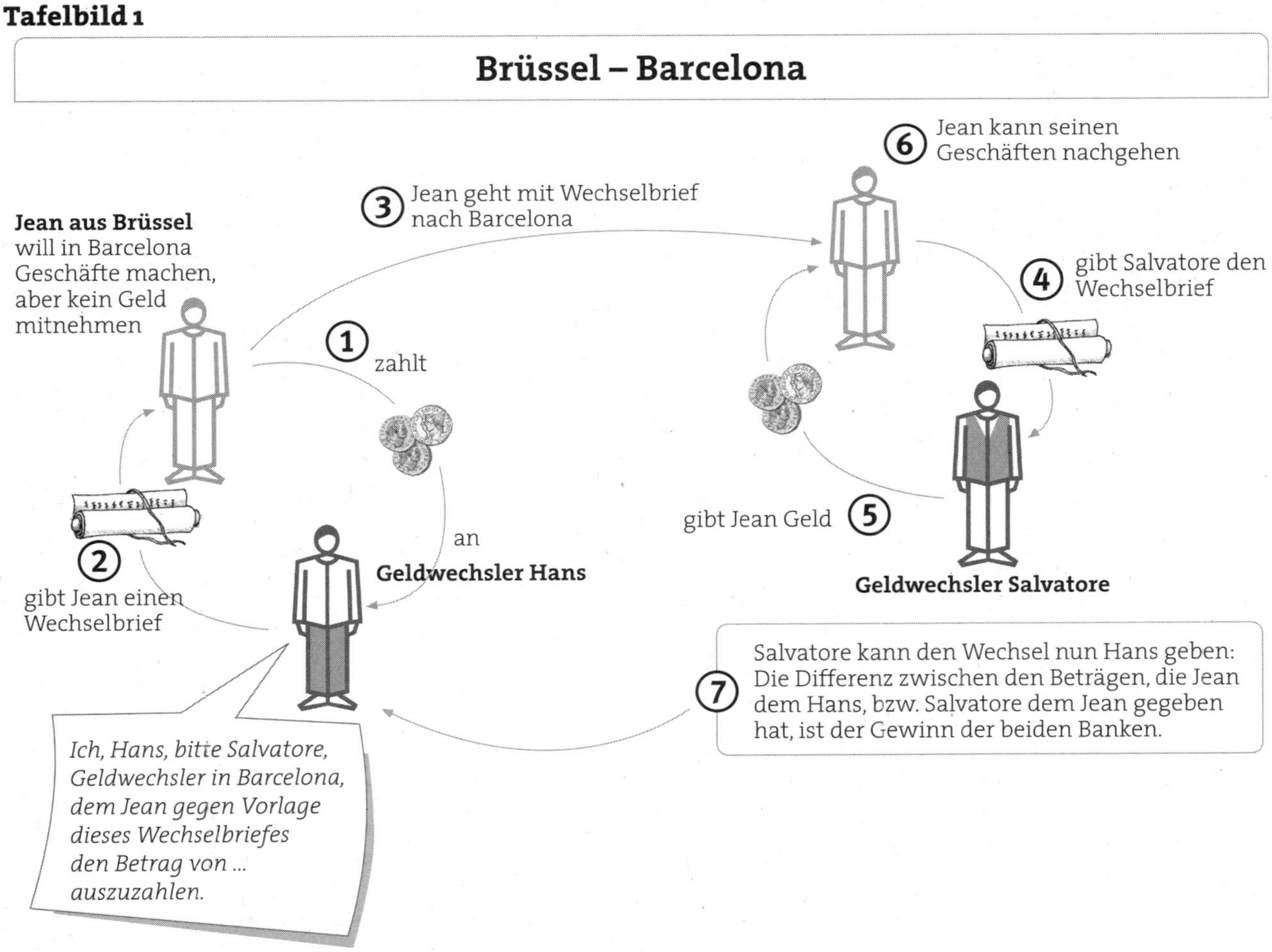

Wie sieht die Bilanz nun z.B. für Spieler 1 aus?

Runde	1
Wie viel ich produziere	3
Wie viel ich verlange	Je 30
Wie viel ich verkauft habe	1
Mein Gewinn/Verlust	0 (da der Erlös von 30 Euro gerade die Herstellungskosten deckt: 3×10 Euro für 3 hergestellte Papiere)

Was sich Spieler 1 für die zweite Runde überlegen wird: Soll er die Produktion beibehalten und die Preise senken? Soll er die Produktion drosseln, aber am hohen Preis festhalten?

Die Fugger: Von der Handelsgesellschaft zum Großunternehmen

S. 193, Begriffskasten Der abschließende Hinweis im Begriffskasten auf die unterschiedliche Nutzung des Gewinnes soll verdeutlichen, dass die Entwicklung des Frühkapitalismus nicht geradlinig verlief. So kann das Investieren in Landbesitz als konservative Handlung, als Regression des kapitalistischen Geistes verstanden werden, „die einer eindimensionalen Interpretation des aufsteigenden Bürgertums der Neuzeit im Wege stehen." (Heinrich Lutz: Reformation und Gegenreformation, 4. Aufl., München 1997, S.11). Und der Bankrott konnte zu nachhaltigen Störungen des gesamten Wirtschaftsgefüges werden, wie das Beispiel der Welser-Familie zeigt: Als der spanische König Philipp II. im Jahr 1557 seine Schulden für null und nichtig erklärte, führte dies zum Niedergang des zweitgrößten Bankhauses in Europa. Europa geriet in eine Finanzkrise.

Tafelbild 2

Mittelalterliches Handwerk

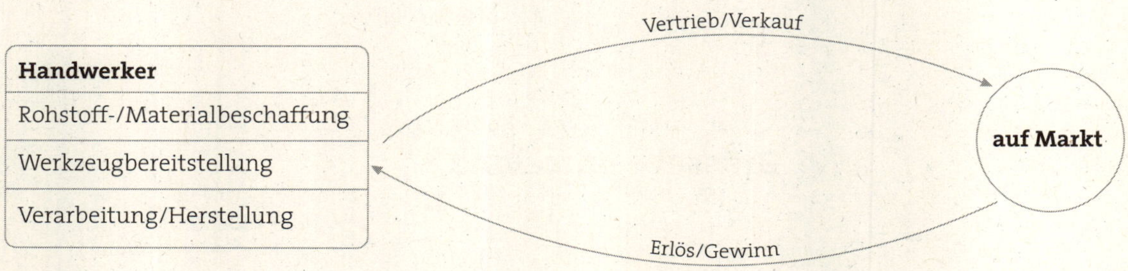

Frühzeitliches Verlagswesen

Entdeckung und Eroberung S. 194–213

Eine Fahrt nach Westen

Sachinformation und Problemstellung
Die Voraussetzungen der Entdeckungsfahrten können in einem Schaubild festgehalten werden (Mind Map, s. unten).

Hinweise zu Materialien und Aufgaben
S. 194, M1 Der Kupferstich zeigt Kolumbus in Herrscherpose. Im Hintergrund sieht man die Flotte, angeführt vom Flaggschiff „Santa Maria“. Die Eingeborenen bringen Geschenke dar, sind dabei scheu oder rennen fluchtartig davon. Die Abbildung, zwei Jahre nach dem Ereignis entstanden, steht in auffälligem Kontrast zum Bericht des Kolumbus, der einzigen schriftlichen Quelle zur Entdeckung Amerikas: Nach diesem Bericht war er selbst es, der die Eingeborenen mit Geschenken bedachte. Welcher Eindruck entsteht durch die verfälschende Abbildung? Kolumbus tritt von Anbeginn als Herrscher auf, die Eingeborenen widersetzen sich seinem Anspruch nicht, im Gegenteil: Sie reichen ihm sogar Geschenke dar.
Die Schülerinnen und Schüler können die im Textauszug aus dem Bordbuch des Kolumbus dargestellte Szene in einer Skizze festhalten. Anschließend vergleichen sie die Skizze mit dem Kupferstich von 1594 (*Kopiervorlage 2, S. 93*).

S. 195, M4 Wie aus S.194, M1 zu ersehen, war die Santa Maria das einzige der drei Schiffe, das über Deckaufbauten verfügte, in dem der Kapitän – Kolumbus durfte sich Admiral nennen – schlief. Da das Schiff auch mit Kanonen bewaffnet war und Gewehre und Munition an Bord trug, war es nicht nur schwerer, sondern hatte auch einen deutlich größeren Tiefgang als die beiden anderen Schiffe, die nur einen Tiefgang von 1,80 m aufwiesen. Die Santa Maria lief vor Haiti auf Grund und sank.

S. 197, M7 Bei der Auswertung der Karte sollte die zentrale Schlüsselstellung deutlich werden, die das Osmanische Reich für den Asienhandel hatte. Die Entdeckungsfahrten, vor allem die Suche nach der Möglichkeit einer Umrundung um das südliche Afrika in Richtung Osten, dienten auch der Suche und Sicherung neuer Handelswege (*Kopiervorlage 3, S. 94 f.*).
Vorschlag für ein Referat: Heinrich der Seefahrer findet sich in Forum Geschichte 2 nicht, kann aber leicht durch ein Schülerreferat eingebracht werden. Die wichtigsten Daten hierzu: Heinrich der Seefahrer (1394–1460), Prinz von Portugal. Heinrich errichtete in Sagres die erste Sternwarte und die erste Seefahrtsschule der Welt. Seit 1418 veranlasste er viele Entdeckungsfahrten entlang der afrikanischen Westküste bis Guinea.

Voraussetzungen der Entdeckungsfahrten

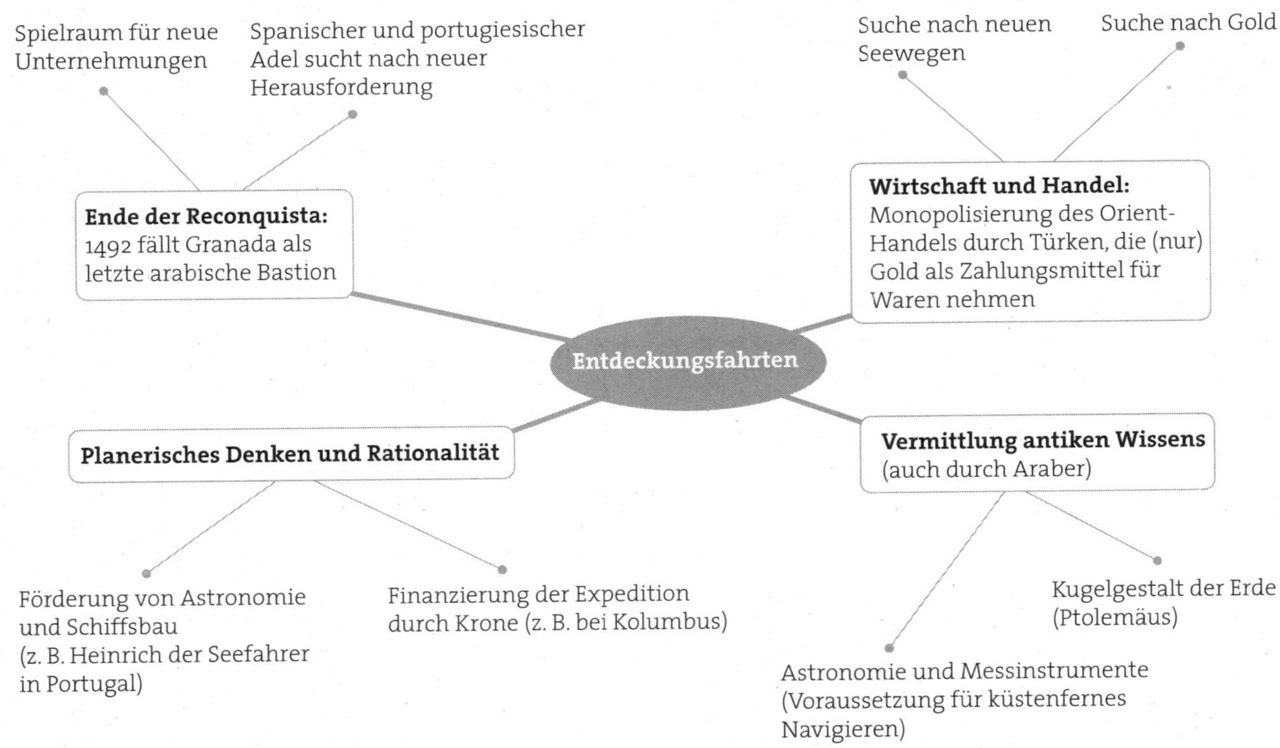

Workshop Methoden: Historische Karten lesen und vergleichen

S. 198, M1 Für die Kartografie war es lange Zeit ein Problem, gerade bei Karten größeren Formats die Winkeltreue zu erreichen. Erst Gerhard Mercator (1512–1594) löste im Jahr 1567 das Problem der Projektion einer Kugeloberfläche auf eine Ebene.

Die Völker des altamerikanischen Kontinents

Hinweise zu Materialien und Aufgaben

S. 200, Aktivitätskasten „Gruppenarbeit" Die Gruppenarbeit umfasst drei Phasen. Aufgrund der umfangreicheren Materialien empfiehlt sich der Einsatz der Gruppenarbeit im Zusammenhang mit einer Doppelstunde (siehe Tabelle unten).

Als Lernzielkontrolle/Ergebnissicherung in der Integrationsphase kann ein Arbeitsblatt zum Einsatz kommen, das die Schülerinnen und Schüler beim jeweiligen Bericht ausfüllen (*Kopiervorlage 4, S. 96*).

S. 203, M6 Die Hauptstadt des Aztekenreiches, Tenochtitlan, lag in einer Höhe von über 2000 m auf einer 4qkm großen Insel inmitten des Texcoco-Sees. Da es sich dabei um einen Salzwassersee handelt, musste das Trinkwasser über ein Aquädukt herangeführt werden. Zu jedem Haus gehörte ein Stück Gartenland. Dies ist auf der Abbildung zu erkennen. Das Stadtbild wird beherrscht durch die Tempelgebäude: Es soll ca. 2000 dieser Anlagen in Tenochtitlan gegeben haben. Die Stadt war durch ein Kanalsystem mit Dammanlagen gegen äußere Feinde geschützt.

Freund oder Feind? Die Ankunft der „weißen Götter"

S. 207, Darstellungstext Wie gründlich die Eroberer bei ihrer Zerstörungsarbeit zu Werk gingen, zeigt auch die moderne Archäologie, die nur mit großen Mühen Erkenntnisse über das Leben der untergegangenen Kulturen sammeln kann. Der online-Infodienst des Wissenschaftsmagazins „bild der wissenschaft" berichtete am 6. Mai 1998 über Funde von Spielfeldern der Inkas (*Kopiervorlage 5, S. 97*).

Die Kolonialherrschaft: Im Auftrag von Krone und Kreuz

Hinweise zu Materialien und Aufgaben

S. 212, Aufgabe 14 Lösungsvorschlag s. S. 91 unten. Anknüpfend an die Auflistung können weltwirtschaftliche Zusammenhänge angesprochen werden. Mit dem Aufzeigen der oft als Dreieckshandel bezeichneten Handelsströme kann nicht nur ein erstes Verständnis gelegt werden für die spätere Entwicklung der amerikanischen Politik im Bürgerkrieg (die Nordstaaten belegen europäische Fertigprodukte mit einem Einfuhrzoll, um ihre eigenen Fertigprodukte zu schützen, was die Baumwolle produzierenden Südstaaten – auf die teuren Fertigprodukte aus dem Norden angewiesen – in den wirtschaftlichen Ruin treiben kann), sondern auch die Kontinuität der Handelsverhältnisse bis in die Gegenwart: Europa exportiert teure Fertigprodukte, die Länder der so genannten Dritten Welt – oft Nachfolgestaaten früherer Kolonialländer – liefern die Rohstoffe. Die Effektivitätssteigerung bzw. die Substitution von Rohstoffen durch Kunststoff in den europäischen Ländern lässt die Entwicklung der so genannten Terms of Trade (die das Verhältnis des Wertes von Exporten zu Importen angibt) immer mehr zugunsten der europäischen Länder verlaufen.

Phasen	Was zu tun ist
Vorbereitungsphase	Die Gruppen werden organisiert (Es empfiehlt sich 6 Gruppen zu bilden). Die Materialien und Aufgaben werden den Gruppen zugewiesen (jeweils 2 Gruppen bearbeiten ein Volk).
Erarbeitungs- und Besprechungsphase in Gruppen	Sichten und Auswerten der Materialien Formulieren der Teilergebnisse Erstellen einer Gliederung für den Vortrag Personelle Entscheidung: Wer macht bei der Präsentation was?
Berichts- und Integrationsphase	Präsentation/Bericht der einzelnen Gruppen (da stets 2 Gruppen ein Thema/Volk bearbeitet haben, kann die jeweils zweite Gruppe entweder Ergänzungen vornehmen oder beide Gruppen einigen sich zuvor, wer welche Fragen und Materialien/Ergebnisse präsentiert) Besprechung und Bewertung der Gruppenberichte (um in die Bewertungsphase über einen Vergleich einsteigen zu können, könnten beim ersten Thema beide Gruppen nacheinander über ihre Ergebnisse berichten). Integration und Lernzielkontrolle

S. 213, M9 Den Schülerinnen und Schülern sollte deutlich werden, dass noch um 1600 das Hauptgewicht des Schiffsverkehrs in den traditionellen Räumen des Mittelmeers und der Nord- und Ostsee lag. Erst nach 1600 nahm der Überseeverkehr rapide zu. Der Überseehandel machte sich aber schon im 16. Jahrhundert in Europa bemerkbar. Vor allem die eingeführten Silbermengen, die um ein Vielfaches die europäische Produktion überstiegen und vorwiegend in der Münzprägung verwendet wurden, führten zu einer lang anhaltenden Inflation in Europa: Die Preise für Nahrungsmittel stiegen im Verlauf des 16. Jahrhunderts etwa um das Fünffache. Für die Europäer blieb dieses Phänomen lange Zeit unerklärlich. Erst Jean Bodin konnte 1568 Ursachen und Wirkung einer Geldvermehrung ohne gleichzeitiges Anwachsen der Warenproduktion beschreiben. Unter der Inflation litten besonders auch diejenigen Adligen, die sich ihre Abgaben in Geld auszahlen ließen, und die Lohnarbeiter, deren Löhne nur ungenügend angehoben wurden.

S. 213, Aufgabe 17 Die Schüler kennen Kolonien bereits aus Forum Geschichte 1: Hier vor allem die Siedlungskolonien (Griechenland und Rom), aber auch die Militärkolonien (Rom). Mit Blick auf die Eroberung und Kolonisation in Amerika könnte man von Wirtschaftskolonien sprechen: Das Mutterland soll mit Rohstoffen u. a. versorgt werden, Reichtümer sollen überführt werden. Die Schaffung von Absatzmärkten, die auch zum Wirtschaftskolonialismus gehört, ist hier nur am Rande von Bedeutung.

Zusammenfassung

S. 215, Spiel Für die Durchführung des Spiels muss mindestens eine halbe Stunde veranschlagt werden. Dies hängt nicht nur damit zusammen, dass mancher Versuch zunächst fehlschlagen wird („Schuss ins Wasser"), sondern vor allem mit den zu erwartenden Antworten: Hier werden nicht stichwortartig Einwort-Antworten verlangt; die Schülerinnen und Schüler müssen vielmehr Entwicklungen skizzieren können, Ursachen oder Folgen aufzeigen u.a. Deshalb empfiehlt es sich, neben den beiden gegnerischen Partien jeweils eine dritte Instanz (Schiedsrichter) einzurichten.

	Europa	**Afrika**	**Amerika**
erhält	*Rohstoff für Kleidung:* Pelze Baumwolle *Metalle/Edelmetalle u.Ä.* Gummi Silber Gold Eisen *Nahrungsmittel u. Ä.:* Gewürze Rum Tabak Zucker Kaffee	*Fertigprodukte:* Textilien *Nahrungsmittel:* Rum Tabak	*Arbeitskraft:* Sklaven *Fertigprodukte:* Metallwaren Textilien
gibt ab	*Fertigprodukte:* Textilien Metallwaren Sklaven	*Arbeitskraft:* Sklaven *Metalle/Edelmetalle u.Ä.:* Eisen Gold Gummi *Nahrungsmittel u.Ä.:* Gewürze	*Rohstoffe für Kleidung:* Baumwolle Pelze *Nahrungsmittel u.Ä.:* Tabak Rum Kaffee Zucker *Metalle/Edelmetalle:* Silber Gold

Name: .... **Klasse:** .... **Datum:** ....

1. Rekonstruiere dein Leseverhalten in der letzten Woche oder halte es in der kommenden Woche fest.
Du findest für jeden Tag eine Zeile; in fünf Spalten sind die Medien aufgelistet, mit denen du liest.
2. Halte in den betreffenden Feldern fest, wie lange du gelesen hast.
3. Benutze Abkürzungen/Zahlen, um festzuhalten, was du mit dem Lesen erreichen wolltest, z. B.
1 = „wissenschaftliche" Information für Schule;
2 = „wissenschaftliche" Information außerhalb der Schule;
3 = Alltagsinformation (Veranstaltungshinweise u.Ä.);
4 = Unterhaltung usw.
Du kannst auch eine andere Unterteilung wählen.

	Buch	Zeitung	Zeitschrift	Internet/Videotext	Brief/SMS
Montag					
Dienstag					
Mittwoch					
Donnerstag					
Freitag					
Samstag					
Sonntag					

Name: .... Klasse: .... Datum: ....

Eintrag aus dem Bordbuch des Kolumbus

Freitag den 12. Oktober

Am Strand erblickten wir Eingeborene, nackend, wie Gott sie erschaffen hat ... Während wir uns dem Land näherten, strömten immer mehr Bewohner aus den Wäldern herbei und ich konnte, als wir uns nur noch einen Steinwurf weit von der Küste befanden, von ihren Mienen nur Erstaunen und keine feindseligen Gefühle ablesen. Ich kniete nieder ... Dann entfaltete ich das königliche Banner und rief die beiden Beamten der Krone zu Zeugen an, dass ich im Namen des Königs und der Königin von Spanien von der Insel Besitz ergriff ... Niemand hat mich ins Meer werfen wollen ... Ich wurde umarmt, geküsst ... Die Eingeborenen, glaube ich, sehen mich für einen Gott und die Schiffe für Ungeheuer an ... Ich überwand ihre Scheu und Angst, indem ich Halsketten und rote Kappen an sie verteilen ließ.

Zit. nach Robert Grün (Hg.): Christoph Kolumbus. Das Bordbuch, Stuttgart 1983 (Thienemann), S. 96 f.

Die Landung des Kolumbus, Kupferstich von Theodor de Bry, 1594

1. *Halte die Szene, die Kolumbus in seinem Bordbuch beschreibt, in einer Skizze fest. Beachte alle Einzelheiten.*
2. *Vergleiche deine Skizze mit dem Kupferstich von Theodor de Bry.*

Name: .... Klasse: .... Datum: ....

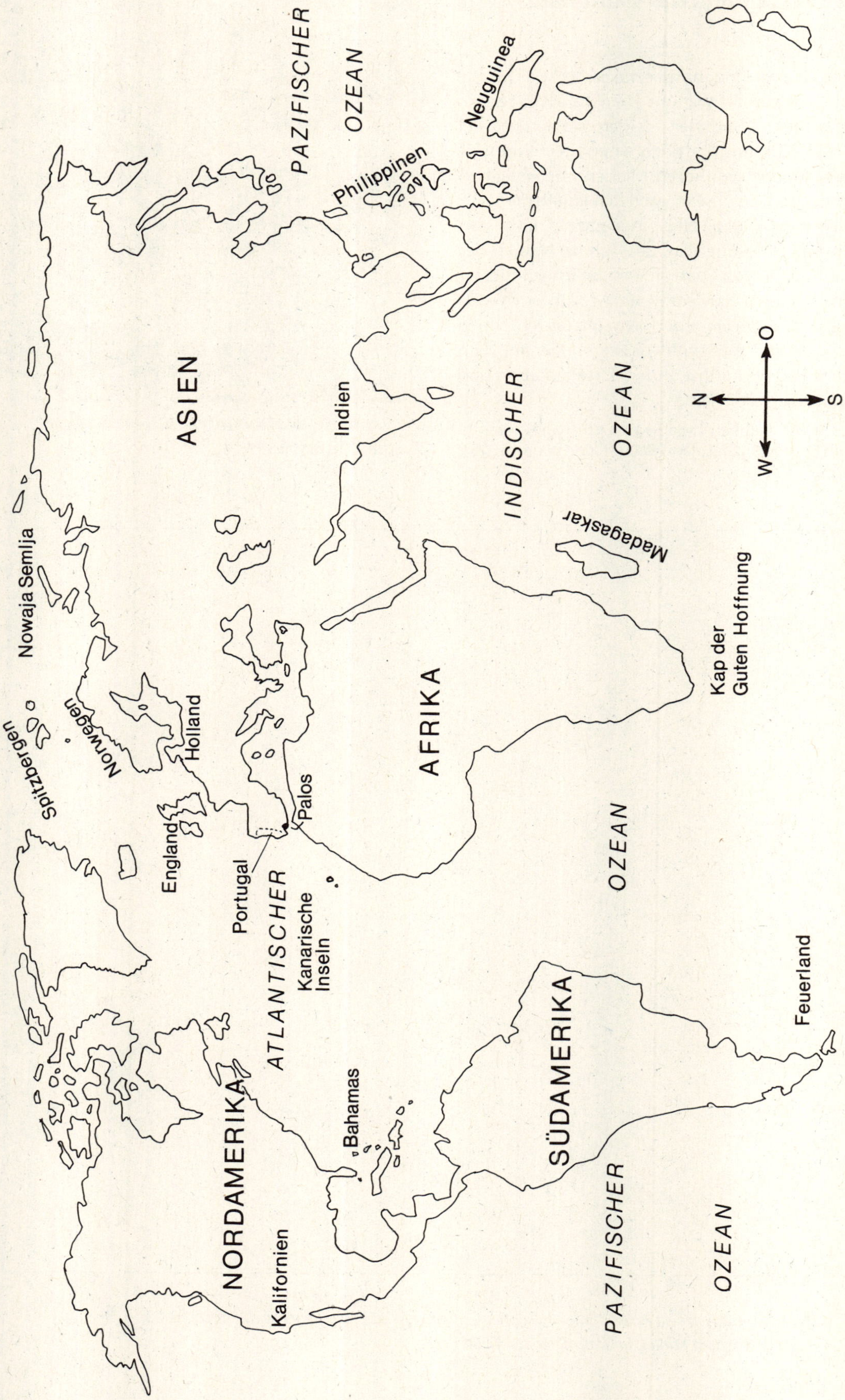

Name: .... **Klasse:** .... **Datum:** ....

1. Zeichnet die Entdeckungsfahrten nach den Beschreibungen in die Weltkarte ein (verschiedene Farben, Legende anlegen).
2. Informiert euch über einen Entdecker und seine Unternehmung genauer und berichtet darüber in der Klasse.

Entdecker: Christoph Kolumbus (1451–1506), italienischer Seefahrer in spanischen Diensten.

Entdeckung: Nordamerika (1492)

Fahrtroute: Von der spanischen Hafenstadt Palos aus in Richtung Südwesten, Zwischenstopp auf den Kanarischen Inseln, nach Westen über den Atlantischen Ozean, Landung auf der Insel Guanahani, die Kolumbus San Salvador nannte (heute: Bahamainseln)

Entdecker: Vasco da Gama (1468–1524), portugiesischer Seefahrer.

Entdeckung: Seeweg nach Indien (1498)

Fahrtroute: Von Portugal aus an der Westküste Afrikas entlang, um das Kap der Guten Hoffnung herum, zwischen Madagaskar und dem afrikanischen Festland hindurch in Richtung Nordosten nach Indien (Landung in Calicut).

Entdecker: Fernando Magellan (1480–1521), portugiesischer Seefahrer in spanischen Diensten.

Entdeckung: Erste Weltumsegelung (1519–1522)

Fahrtroute: Von Spanien über den Atlantik nach Südamerika, an der Ostküste entlang, Durchfahrt zwischen Südspitze und Feuerland, durch den Pazifischen Ozean zu den Philippinen (Tod Magellans 1521), Rest der Flotte fährt um das Kap der Guten Hoffnung herum, an der Westküste Afrikas entlang nach Spanien zurück.

Entdecker: Bartholomeu Diaz (1450–1500), portugiesischer Seefahrer.

Entdeckung: Südspitze Afrikas („Kap der Guten Hoffnung", 1488)

Fahrtroute: Von Portugal fuhr Diaz an der Westküste Afrikas entlang, ein Sturm trieb ihn in den Indischen Ozean, kurz danach wendete er und sah auf der Rückreise die Südspitze Afrikas, die später „Kap der Guten Hoffnung" genannt wurde.

Entdecker: Francis Drake (1540–1596), englischer Seefahrer und Seeräuber.

Entdeckung: Weltumseglung (1577–1580)

Fahrtroute: Wie Magellan segelte Drake (von England aus) um die Südspitze Südamerikas herum, fuhr aber jetzt nach Norden an der Westküste Süd- und Nordamerikas entlang, nördlich von Kalifornien segelte er nach Westen, zwischen Neuguinea und Celebes hindurch zur Südspitze Afrikas, von dort zurück nach England.

Entdecker: Willem Barents (1550–1597), holländischer Seefahrer.

Entdeckung: Bäreninsel, Spitzbergen, Nowaja Semlja (1596)

Fahrtroute: Von Holland aus durch die Nordsee zur Bäreninsel, von dort weiter zur Westküste Spitzbergens, Richtung Osten zur Westküste Nowaja Semljas, bis zur Nordspitze der Insel, von dort zur Küste Norwegens und durch die Nordsee zurück nach Holland.

Name: .... **Klasse:** .... **Datum:** ....

	Kariben	Azteken	Inka
Woher wissen wir etwas über die Bevölkerung, bzw. welche Schwierigkeiten gibt es, an Informationen zu kommen?			
Welcher Zusammenhang lässt sich zwischen Lebensweisen, Klima, Pflanzenwelt und Landschaft aufzeigen?			
Wie war die Gesellschaft bzw. der Staat aufgebaut?			
Welche Bedeutung hatte die Religion für das Leben der Bevölkerung?			
Welche Merkmale einer Hochkultur lassen sich feststellen?			

Name: .... **Klasse:** .... **Datum:** ....

Spielfeld entdeckt

Schon bald, nachdem die in Chiapas lebenden Jäger und Sammler vor mehr als 3400 Jahren sesshaft geworden waren, ersannen sie das Ballspiel. Archäologen haben jetzt in dieser mexikanischen Region ein Spielfeld entdeckt, das ungefähr 1400 v. Chr. angelegt worden sein muss.

„Die Entdeckung des Spielfelds lässt das Ballspiel bereits in einer der frühesten Siedlungsperioden von Mittelamerika erscheinen", sagt John G. Fox von der Boston University, ein Experte für Spielfelder. „Das lässt uns unseren Zeitplan von einigen Dingen neu überdenken."

Wie die Spielregeln in jener Zeit waren, weiß niemand zu sagen. Fox vermutet, dass es das Ziel der Spieler war, den Ball mit Gesäß und Hüfte hinter eine bestimmte Linie zu stoßen. Wie auch immer das Spiel ging, für die Spieler handelte es sich um mehr als nur ein Spiel. „Es ist ganz offensichtlich, dass das Ballspiel in einer symbolischen Weise als die Zyklen des Universums angesehen wurden," sagt Fox. „Die Hin- und Herbewegung des Balles wurde verglichen mit der Bewegung der Planeten oder der Bewegung von Mond und Sonne."

Das Spiel, das einerseits Sport, andererseits Ritual war, wurde von den späteren Azteken- und Maya-Zivilisationen bis nach Honduras gespielt. Die spanischen Conquistadoren zerstörten jedes Spielfeld, das sie fanden. „Das Alter dieser Spiele zeigt, wie wichtig sportliche Wettkämpfe für alle Gesellschaften von Mittelamerika waren," sagt Warren Hill von der University of British Columbia. „Es waren mehr als nur Spiele. Es waren Wettkämpfe von Sterblichen gegen die Götter."

Doris Marszk, ABCnews

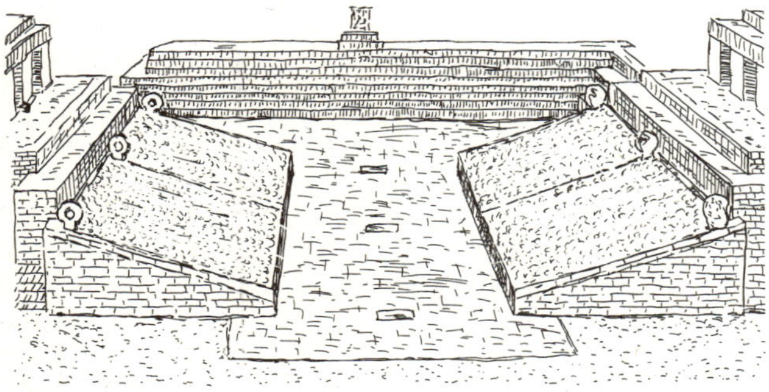

1. *Was erfährst du über das Spiel: Unterscheide nach Spielfeld/ Materialien, Spielhandlung, Spielziel.*
2. *Warum ist es schwierig, das Ballspiel der Azteken und Maya zu rekonstruieren?*

Mit Worten und Waffen – der Glaubensstreit in Europa S.216–243

Sachinformationen und Hinweise zum Gesamtaufbau

Die Geschichte des 16. und 17. Jahrhunderts zeigt drei Entwicklungslinien auf, die sich mit den Stichworten Konfessionalisierung, Nationalisierung und Regionalisierung bezeichnen lassen. Den Ausgangspunkt stellt dabei die Reformation dar und den vorläufigen Endpunkt die Neugestaltung Europas nach dem Dreißigjährigen Krieg. Das Kapitel ist in zwei Themenblöcke unterteilt: Der erste Themenblock (Reformation und Bauernkrieg) verdeutlicht dabei den Doppelcharakter der Reformation: Es geht immer um die Kirche als Institution und damit auch als politischen Faktor, stets aber auch um den alltäglichen christlichen Glauben. Der Themenblock rückt immer das alltägliche Leben und Leiden aller Bevölkerungsgruppen ins Blickfeld. Analog ist auch der zweite Themenblock aufgebaut: Der Dreißigjährige Krieg wird nicht nur als Teil der „großen" Politik behandelt, denn gerade in seinen Folgen werden alle Bevölkerungsgruppen und Lebensbereiche in einem Ausmaße erfasst, das im Mittelalter so nicht denkbar war. Der Dreißigjährige Krieg verweist mit seinen verheerenden, allumfassenden Auswirkungen auf den Verlauf und die Folgen moderner Kriege im 20. Jahrhundert und zeigt die Gefahren möglicher Kriege der Zukunft auf.

Vorschläge für Unterrichtssequenzen

Das Kapitel mit seinen beiden Themenblöcken kann in chronologischer Reihenfolge behandelt werden. Die Themenblöcke bieten aber auch alternative Einstiegsmöglichkeiten, die jeweils zur Erarbeitung eines Fragenkatalogs führen können, der auf die verschiedenen Themeneinheiten, Materialien und Quellen verweist. Beim ersten Themenblock ist dies durch den Aktivitätskasten „Vermutungen überprüfen" (Arbeitsbuch, S. 219) angeboten. Im zweiten Themenblock könnte dieses Verfahren an die Lebensbeschreibung des „namenlosen Söldners" (Personenkasten, S. 232) angeschlossen werden (*Tafelbild 1*).

Tafelbild 2 Der Dreißigjährige Krieg

Mögliche Fragen:	**Mögliche Vermutungen, die überprüft werden können:**
– Warum ist das Kriegshandwerk ein attraktiver Beruf?	– Wirtschaftliche Not (vielleicht auch als Folge des Krieges)?
– Welche Folgen sind mit dem Kriegshandwerk als Beruf verbunden?	– Ausweitung? Moralische „Verrohung"?
– Welche Ziele verfolgen die Kriegsparteien? Welche Kriegsparteien gibt es überhaupt?	– Schutz der Konfession? Machtpolitik?
– Warum dauert der Krieg so lange? Wie lässt sich der Krieg beenden?	– Mehrere nicht zusammenhängende Kriege? Verhindern zu große Gegensätze einen früheren Friedensschluss?
– Welche Auswirkungen hat der Frieden für alle vom Krieg Betroffenen?	– Erleichterung, da Belastung und Bedrohung beendet? Angst nach Verlust der Verdienstmöglichkeit?
– …	– …

Weiterführende Hinweise

Sachbücher

Reinhard Baumann, Landsknechte. Ihre Geschichte und Kultur vom späten Mittelalter bis zum Dreißigjährigen Krieg, München (C. H. Beck) 1994

Barbara Becker-Cantarino, Zur Rolle der Frau in der Reformation, in: Gisela Brinker-Gabler, Deutsche Literatur von Frauen, Bd. I, München 1988

Johannes Burkhardt, Der Dreißigjährige Krieg 1618–1648, Frankfurt (Suhrkamp) 1992

Horst Buszello/Peter Blickle/Rudolf Endres (Hg.), Der deutsche Bauernkrieg, Paderborn (UTB) 1984

Christof Dipper, Deutschland 1648–1989, Frankfurt (Suhrkamp) 1989

Horst Herrmann, Der Regenbogenmann Thomas Müntzer, Nördlingen (Greno) 1989

Angelika Nowicki-Pastuschka, Frauen in der Reformation, Pfaffenweiler (Centaurus) 1990

Horst Rabe, Reich und Glaubensspaltung. Deutschland 1500 bis 1600, München (C. H. Beck) 1989

Heinz Schilling, Aufbruch und Krise. Deutschland 1517–1648, Berlin (Siedler) 1988

Ferdinand Seibt, Karl V. Der Kaiser und die Reformation, Berlin (Siedler) 1990

Verheerungen, Kriegsleiden und Kriegsfolgen, 1600–1990, Themenheft, Sozialwissenschaftliche Informationen (SOWI) 2/90

Jugendbücher

Albert Greiner, Martin Luther, 3. Aufl., Lahr (Kaufmann) 1996

Karl Rolf Seufert, Sie kamen vor Mitternacht, Freiburg (Herder) 1987

Arnulf Zitelmann, „Widerrufen kann ich nicht.“, 10. Aufl., Weinheim (Beltz & Gelberg) 1997

Medien

FWU 1002816	Radikale Reformation: von Luther zu Müntzer, 9 sw + 3 f.
FWU 1002815	Die Vorreformation, John Wyclif und Jan Hus, 3 sw + 9 f.
FWU 1002774	Bilder aus dem Bauernkrieg in Schwaben 1525, 6 sw + 6 f.
FWU 2200326	Der Bauernkrieg, 24 Min.
FWU 2202654	Reformation oder Bewahrung der Kirche? Wittenberg 1521, 13 Min.
FWU 3203877	Die Leiden der Bevölkerung im 30-jährigen Krieg, 11 Min.
FWU 4201382	Der Beginn der Reformation in Wittenberg, 15. Min.
FWU 4201384	Bürger Luther in Wittenberg, 14 Min.
FWU 4201383	Martin Luther auf der Wartburg, 14 Min.

Auftaktbild S. 216 f.

Der besondere Tipp

Das Auftaktbild zeigt einen Ausschnitt aus dem Monumentalbild „Frühbürgerliche Revolution in Deutschland“. Detaillierte Informationen rund um das Gemälde und das Museum im nordthüringischen Bad Frankenhausen finden sich im Internet. Die Internetseite verweist auch auf das museumspädagogische Angebot.

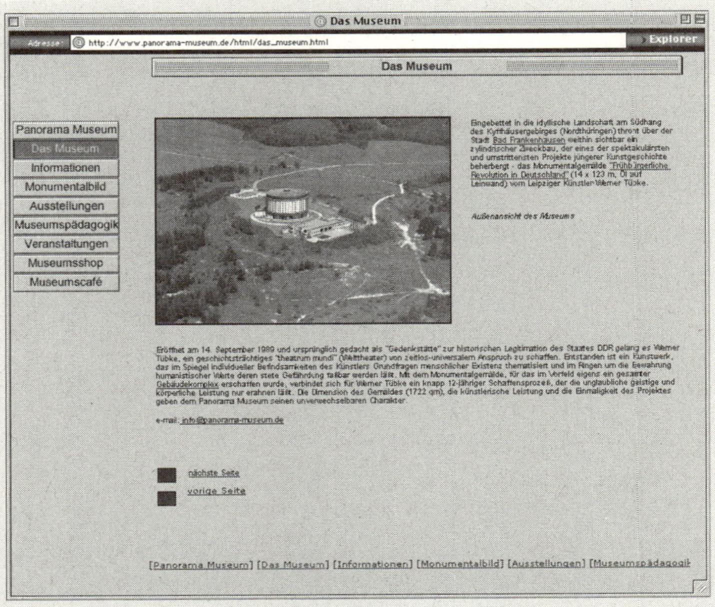

www.panorama-museum.de/html/das_museum.html

Reformation und Bauernkrieg S. 218–229

Durch Ablass Erlösung im Jenseits?

Hinweise zu Materialien und Aufgaben

S. 218, M1 Die Komposition des Gemäldes entspricht der des Bildes S. 121, M2. In der vorliegenden Szene gibt es jedoch Hinweise auf die Zerbrechlichkeit und Endlichkeit des Reichtums: der Spiegel im Vordergrund und das Marienbild in dem Büchlein der Ehefrau.

S. 218, M2 Lucas Cranach der Ältere zeigt auf diesem 1518 gemalten Bild die Todesstunde, in der der Mensch nach der mittelalterlichen Auffassung den Übertritt von der diesseitigen in die jenseitige Ordnung vollzieht. Die dargestellte Handlung spielt auf drei Ebenen:
Auf der untersten Ebene bildet der Sterbende den Mittelpunkt. Ein Arzt führt die letzte Harnschau durch, ein Notar schreibt das Testament, der Geistliche betet mit dem Sterbenden und am Fußende des Bettes steht die wehklagende Gattin. Im Vordergrund wühlen bereits die Erben in Kisten und Kästen. Engel und Höllenwesen haben sich am Sterbelager eingefunden, was die Stellung des Sterbenden zwischen Gut und Böse symbolisiert. Einer der Dämonen öffnet eine der Truhen für einen Erben und verführt ihn so zur Sünde.
Die mittlere Ebene zeigt die Seele, die den Körper verlassen hat und sich dem rettenden Engel zuwendet. Der Engel verweist auf die „guten Werke“ des Verstorbenen, die Dämonen rechnen seine Verfehlungen auf.
Die dritte Ebene zeigt die Trinität, zu der die Seele aufsteigt. Von der Komposition her weist diese Bedeutungsebene auf eine Harmonie hin, die in scharfem Kontrast zum Geschehen auf der Erde steht.

S. 219, Aktivitätskasten Beim Sammeln der Vermutungen können Elemente der Moderationsmethode zum Einsatz kommen. Die Moderationsmethode wurde Ende der 60er Jahre von Aktivisten der studentischen Reformbewegung und kreativen Unternehmensberatern entwickelt. Es ging um die Visualisierung und Anonymisierung von Kommunikation in Problemlösungs- und Lernprozessen. So sollten auch Hierarchien, die eine offene Aussprache verhindern, abgebaut werden. Das Schaubild unten zeigt die Phasen einer Moderation im Überblick.

Für die Schule entfällt die Notwendigkeit des Teilschrittes 1. Für den konkreten Arbeitsauftrag des Aktivitätskastens kann Teilschritt 2 (Erheben von Themen) angewandt werden. Das Sammeln von Vermutungen geschieht in der Form, dass jeder Schüler (oder ein Schülertandem) auf ein oder zwei Karten jeweils eine Vermutung aufschreibt. Diese werden eingesammelt; der Moderator präsentiert die Karten der Klasse und liest sie vor. Dann werden die Karten an eine Wand gepinnt. Bei Karten ähnlichen Inhalts kann der Moderator fragen, ob sie mit bereits aufgehängten Karten übereinstimmen. Wenn ja, kann die Karte weggelegt werden, auf der schon hängenden Karte wird vermerkt, dass es eine Doppel- oder Mehrfachnennung ist (dieser Vorgang wird als „Doppeln“ bezeichnet). Anschließend werden die Karten zu einem Themenkreis zusammengehängt (diesen Vorgang nennt man „Clustern“).

Phasen	Teilschritte	Methoden, die zum Einsatz kommen können
I. Vorbereitung und Planung	liegt zeitlich teilweise außerhalb der eigentlichen Moderation	
II: Moderationsablauf	1. Kennen lernen und „Anwärmen“	
	2. Erheben von Themen	über Zurufantworten oder Kartenabfrage
	3. Bewerten von Themen	über „Punktabfrage“
	4. Bearbeiten von Themen	über W-Fragen
	5. Vereinbaren von Tätigkeiten und Abschluss	
III. Umsetzung	Liegt zeitlich außerhalb der eigentlichen Moderation	

Literaturempfehlung: Peter Nissen/Uwe Iden: KursKorrektur Schule, Hamburg 1995

Vom Glaubensstreit zum Machtkampf

Sachinformation und Problemstellung

Aus Gründen der didaktischen Reduktion müssen im Buch die Positionen etwas holzschnittartig behandelt werden. Dabei kann auch nicht auf das Kirchenverständnis Karls V. eingegangen werden, der bei seiner Erklärung gegen Martin Luther am 19. April 1521 konziliaristisch argumentierte und nicht vom päpstlichen Primat sprach. Und auch noch nach der Erklärung erlaubte der Kaiser weitere Verhandlungen der Reichsstände mit Luther. Hierbei sollte die Möglichkeit geprüft werden, ob sich der kirchlich-staatliche Autoritätskonflikt „durch ein kaiserlich-ständisches Schiedsgericht, ein Generalkonzil oder eine Gelehrtenkommission" (Heinrich Lutz: Reformation und Gegenreformation, 2. Aufl., München/ Wien 1982, S. 26) hätte beilegen lassen. Für Heinrich Lutz zeigt sich deshalb schon in Worms, dass „im Reich (und dann in Europa) langfristig nicht etwa mit *zwei,* sondern mit *drei* Gruppierungen kirchlich-politischer Kräfte zu rechnen war" (ebd., S. 26), nämlich:

1. Anhänger Luthers (zunächst vor allem die so genannten jüngeren Humanisten; später schlossen sich Fürsten und Städte an)
2. Eklektizistisch eingestellte Mittelgruppe, die auf Erhalt der Kircheneinheit hofft, wenn die Kirche von Missbräuchen gereinigt ist
3. Gegner der reformatorischen Bewegung und Verteidiger des Papsttums

Deutlich sollten im Unterricht die Möglichkeiten und Zwänge werden, die die Fürsten bzw. der Kaiser bei ihren Entscheidungen zu berücksichtigen hatten.

Hinweise zu Materialien und Aufgaben

S. 221, M4 Der Holzschnitt von L. Rabus versucht nicht, die Szene auf dem Wormser Reichstag originalgetreu nachzubilden. Er zeigt die Konfrontation zwischen Luther und dem Kaiser, der, 1521 erst 21-jährig, bereits als alter Herrscher dargestellt wird. Obwohl erst im Jahr 1557 entstanden, wird das Bild durch zwei Inschriften aktualisiert, die sich auf verschiedene Vorgänge während des Verhörs Luthers beziehen. „Intitulentur libri": In der Verhandlung am 17. April 1521 wurde Luther aufgefordert, sich zu seinen Schriften zu bekennen. Dabei unterbrach ein ihm vom Kurfürst Friedrich von Sachsen zur Seite gestellter Rechtsbeistand das Verhör mit dieser Forderung.

„Hie stehe ich, ich kan nicht anders. Got helffe mir. Amen": Dieser berühmte Schlusssatz der Rede, in der Luther den Widerruf verweigerte, ist so nicht formuliert worden. Luther schloss vielmehr seine differenzierte Erklärung mit den Worten: „Und solange mein Gewissen durch das Wort Gottes gefangen ist, kann und will ich nichts widerrufen, weil es unsicher ist und die Seligkeit bedroht, etwas gegen das Gewissen zu tun. Gott helfe mir, Amen."

S. 222, Darstellungstext Die Veränderung in Luthers Denken, der zunächst auf die spontane Entwicklung der neuen christlichen Gemeinden hoffte, wird in der Funktion deutlich, die er den Landesherren zusprach. Die Organisation des Kirchenwesens kann im Tafelbild dargestellt werden (*Tafelbild 2*).

S. 222, Begriffskasten Bekannt ist vor allem das so genannte Augsburger Bekenntnis aus dem Jahr 1530. Der habsburgische Kaiser Karl V. versuchte auf einem Reichstag in Augsburg, die sich immer deutlicher abzeichnende Kirchenspaltung im Sinne eines universalen Reichsgedankens (ein Kaiser, eine Kirche) zu verhindern. Die protestantische Seite stellte ihre Ansichten in der von Philipp Melanchthon (1497–1560) verfassten Confessio Augustana (Augsburger Bekenntnis) dar. Die Confessio Augustana zielte eigentlich auf einen Kompromiss, wenn sie auch später zu einem zentralen Element der evangelischen Glaubenslehre wurde. Auf die vom Freund und Vertrauten Luthers dargestellten Meinungen, die eine Einheit der Kirche noch nicht grundsätzlich in Frage stellten, antwortete die katholische Gegenseite mit einer Widerlegung, in der die Position des Vatikans betont wurde. In den anschließenden Verhandlungen konnte sogar in manchen wichtigen Punkten eine Annäherung erzielt werden, z. B. beim Streit um das Abendmahl und in der Frage der Priesterehe. Letztlich kam aber wegen politischer Interessen der indirekt Beteiligten – hier sind zu nennen der Kaiser, der Papst und die Landesherren – keine Einigung zustande. Die Hoffnungen der lutherischen Seite, ihre Lehre vor dem Kaiser als rechtgläubig zu erweisen, schienen damit endgültig gescheitert.

Tafelbild 2 Landesherrliche Kirchenordnung

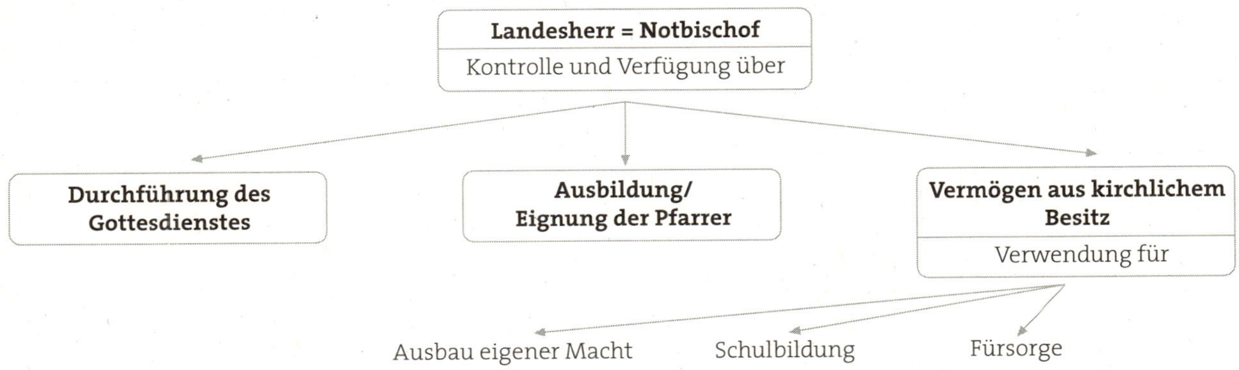

a) ethisch	b) politisch	c) theologisch
Sicherung der bürgerlichen Ordnung zur Wahrung der Menschlichkeit → MENSCHENRECHTE	*Genfer Kirchenordnung:* aktives Wahlrecht, Konsistorium als repräsentatives Element → DEMOKRATIE/ PARLAMENTARISMUS	*Prädestinationslehre:* Schicksal des Einzelnen durch Gott vorherbestimmt Erfolg zeigt Auserwähltheit *Auslegung von Matt. 25,14 ff.:* Faulheit/Verlust = Sünde Arbeit/Gewinn als Gottesdienst und Selbstzweck → KAPITALISMUS

S. 223, Darstellungstext Die Bedeutung Calvins kann nicht bestritten werden, gerade auch nicht mit Blick auf seine „Modernität". Diese Modernität ist im Schaubild oben dargestellt.

S. 223, M7 In der Kirche sind weder ein Altar noch Kerzen, Bilder oder eine Orgel zu erkennen. In Frankreich bildeten sich ab 1555 Gemeinden mit calvinistischer Kirchenordnung. Von dort aus verbreitete sich der Calvinismus in die Niederlande, nach England und nach Schottland. Calvins Muttersprache war Französisch. Dies war für die Ausbreitung des Calvinismus förderlich, da die französische Sprache in vielen Ländern die Sprache höherer Gesellschaftskreise war.

Der Bauernkrieg – „eine große, ungehörte Empörung"

Hinweise zu Materialien und Aufgaben

S. 225, Faktenkasten Die Forderungen der Bauern können in einem Tafelbild systematisiert werden (*Tafelbild 3*).

S. 226, M5 Die Karte zeigt, wie sich innerhalb eines Zeitraumes von nicht einmal einem Jahr der Aufstand der Bauern von Oberschwaben nach Norden, Westen und Osten ausbreitete. Die eingetragenen Schlachtzeichen verweisen auf die Gegenaktionen und Siege der fürstlichen Heere unter Georg Truchsess von Waldburg in Oberschwaben und Franken, Philipp von Hessen in Thüringen und Herzog Anton von Lothringen im Elsass. Offensichtlich gelang es den Bauern nicht, ein großes Heer zu organisieren, das eine „Entscheidungsschlacht" suchen konnte.

Die katholische Kirche ergreift Gegenmaßnahmen

Hinweise zu Materialien und Aufgaben

S. 228, Faktenkasten So wie das Augsburger Bekenntnis von 1530 heute noch Grundlage für die lutherische Kirche in Deutschland ist, so sind die Beschlüsse des Konzils von Trient auch heute noch teilweise Glaubensgrundlage der katholischen Kirche. Als Abschluss der Themeneinheit könnte nach

Tafelbild 3 Die Forderungen der Bauern

politisch	sozial	wirtschaftlich	kirchlich-religiös
Verringerung der Abgabelasten (Art. 2) Abschaffung der persönlichen Unfreiheit (Art. 3) Einhaltung alter Bestimmungen (Art. 6)	gerechter Pachtzins (Art. 8)	Nutzung der Allmende (Art. 4) Entlohnung von Zusatzdiensten (Art. 7)	Wahl der Pfarrer (Art. 1)

↑ gerechtfertigt durch das Evangelium

Immer noch große Unterschiede	Umstrittene Punkte mit aktueller Suche nach Lösungen	Gemeinsamkeiten
Exkommunikation Luthers (1521) ist bis heute gültig Position des Papstes (Jurisdiktionsprimat, Unfehlbarkeitsdogma)	Rechtfertigungslehre Luthers Klärung der Abendmahlsfrage (noch keine gegenseitige Abendmahlsgemeinschaft) Amtsverständnis von Priestern und Bischöfen (damit zusammenhängend auch Zölibatsfrage)	Bedeutung der Bibel als Grundlage Personale Redeweise von Gott Wertschätzung des Wortes in der Predigt Viele beinahe gleichlautende Gebete, Lieder und das Glaubensbekenntnis Ökumenisches Handeln des Christen im Alltag

Gemeinsamkeiten und Unterschieden zwischen Katholiken und Protestanten gefragt werden. Es empfiehlt sich hier die Zusammenarbeit mit dem Religions- und/oder Ethikunterricht (siehe Tabelle oben).

S. 229, M2 Kurze Informationen zu vier Personen, die im Schulbuch kurz oder gar nicht behandelt werden:

- *Theodor Beza (1519–1605):* Beza förderte die Reformation in Frankreich und wurde 1564 Calvins Nachfolger in Genf.
- *Jan Hus (um 1370–1415):* Der Bauernsohn Jan Hus wurde im Jahr 1409 zum Rektor der Universität zu Prag ernannt. Hus baute auf die Ideen Wyclifs auf (s. u.). Er vertrat dessen Prädestinationslehre und kritisierte sowohl die Verweltlichung als auch den Güterbesitz des Klerus. Jan Hus schuf eine einheitliche tschechische Schriftsprache und verband damit religiöse mit nationalen Zielen. 1414 wurde ihm freies Geleit zum Konzil von Konstanz zugesagt. Nachdem er sich dort dem Konzil nicht unterwerfen wollte, wurde er 1415 als Ketzer verbrannt (siehe Arbeitsbuch, S. 78).
- *Philipp Melanchthon (1497–1560):* Humanist, Theologe und schließlich Luthers Reformator. Der Griechisch-Professor schloss sich schon früh den Ideen Luthers an und war an allen wichtigen Religionsverhandlungen auf protestantischer Seite maßgeblich beteiligt, so etwa bei der Confessio Augustana. Ursprünglich hatte Melanchthon beabsichtigt, die Reformation im Kompromiss mit der Amtskirche friedlich durchzuführen, was sich angesichts der weiteren Entwicklung aber als aussichtslos erwies. Über die Theologie hinaus hat Melanchthon auch das Schul- und Hochschulwesen seiner Zeit neu gestaltet und für diese Tätigkeit den Ehrentitel Praeceptor Germaniae (Lehrer Deutschlands) zugesprochen bekommen.
- *John Wyclif (1320–1384):* Als Theologe in Oxford bekämpfte Wyclif den Anspruch des Papsttums und den Materialismus des Klerus. Der Staat solle, so forderte es Wyclif, das Eigentum der Kirche an sich nehmen, damit die Kirche wieder zur urchristlichen Armut zurückfinden könne. Seine Gegnerschaft gegen das Papsttum wuchs mit den Jahren an, er lehnte nicht nur das Zölibat und die päpstliche Oberherrschaft, sondern auch das Mönchtum ab. Der Adel machte in ihm einen Mitschuldigen an den Bauernaufständen im Jahr 1381 aus. Eine Synode in Oxford verwarf 1383 seine Lehren. Er wurde auf eine kleine Pfarrei versetzt, wo er die Bibel in die englische Sprache übersetzte. Über die Verbindung König Richards II. mit Anna von Böhmen-Luxemburg lernten tschechische Studenten Wyclif kennen und brachten die Lehren in ihre Heimat, wo sie Jan Hus aufgriff (s. oben).
- *Huldreich (Ulrich) Zwingli (1484–1531):* Zwingli gilt als Reformator der deutschsprachigen Schweiz. 1515 lernte er den großen Humanisten Erasmus von Rotterdam kennen, in dessen Sinne er das Christentum läutern wollte. Durch die Lektüre der lutherischen Schriften wurde dieser Ansatz umgewandelt. Unter Zwinglis Einfluss leitete die Stadt Zürich 1525 eine Kirchenreform ein, die Klöster wurden aufgehoben, das Orgelspiel und der Gemeindegesang wurden abgeschafft, die Feiertage eingeschränkt, das Abendmahl nur an vier Sonntagen des Jahres gefeiert. In der Auseinandersetzung über das Abendmahl mit Luther konnte Zwingli kein Einverständnis herstellen: Während Luther an der leibhaftigen Gegenwart Christi beim Abendmahl festhielt, verstand Zwingli die Einsetzungsworte nur symbolisch. Als Zwingli die Reformation in der gesamten Schweiz durchsetzen wollte, geriet er in Konflikt mit den katholischen Kantonen. Im zweiten Kappeler Krieg fand er den Tod. Sein Tod bedeutete zunächst einen Rückschlag für die Reformation in der Schweiz, der erst durch Calvins Wirken ausgeglichen werden konnte.

Die Beschäftigung mit diesen Personen kann bei den Schülern ein vertieftes Verständnis der Zeit der Reformation und Gegenreformation ermöglichen: Religion und Kirche bildeten über Jahrhunderte hinweg die „entscheidende kulturelle, gesellschaftliche und politische Klammer Europas." (Willi Kreutz – in: Der große Ploetz, Freiburg und Würzburg 1980, S. 605). Diese Bedeutung ging durch die Vorgänge der

- Konfessionalisierung,
- Nationalisierung und
- Regionalisierung

bis zum Ende des 18. Jahrhunderts immer mehr verloren. Diese Entwicklung setzt aber schon vor dem Beginn der Neuzeit ein. Dies kann der Verweis auf das Wirken Wyclifs und Hus' bestätigen. Warum hat sich der Protestantismus nicht schon früher durchgesetzt, warum war er besonders in Deutschland erfolgreich? Im Rückgriff auf die Themeneinheiten zur staatlichen Entwicklung in Europa kann hier die These vorbereitet werden, dass das Fehlen einer gesamtstaatlichen Zentralgewalt in Deutschland dies begünstigt hat. So gibt es in den nächsten Jahrzehnten und Jahrhunderten in Deutschland auch keine Nationalkirche als integraler Bestandteil absolutistischer Königsmacht.

Der Dreißigjährige Krieg S. 230–243

Der Dreißigjährige Krieg – ein europäischer Krieg?

Sachinformation und Problemstellung
Die Interpretationen zur Geschichte des Dreißigjährigen Krieges sind vielfältig. Hierbei geht es nicht nur um die Frage, ob der Krieg ein deutsches oder europäisches Ereignis ist, sondern auch um die Suche nach den Ursachen. Josef Engel spricht in seiner Darstellung zum Handbuch der Europäischen Geschichte von einer Überschätzung konfessioneller Konflikte. Er ist vielmehr der Ansicht, „dass die Konfessionsverschiedenheit nicht das eigentliche Agens dieses so genannten ‚Zeitalters der Glaubenskriege' darstellte, sondern dass vielmehr umgekehrt die machtpolitisch begründeten Interessen die Unterschiedlichkeiten zwischen den Konfessionen erst hervortrieben oder die Staaten die Konfessionsverschiedenheit als Notanker benützten, um einen Anspruch auf Unterstützung durch Konfessionsverwandte zu begründen und sich zu erschleichen." (Theodor Schieder (Hg.), Handbuch der Europäischen Geschichte, Bd. 3, Stuttgart 1971, S. 317). Ein Forschungsdefizit kann immer noch festgestellt werden mit Blick auf die Darstellung sozioökonomischer Entwicklungen und ihrem Zusammenhang mit der Geschichte des Dreißigjährigen Krieges.

S. 230, Darstellungstext Die Konfliktkonstellation sollte als Schaubild erfasst werden, das sich fortführen lässt: Die konfessionellen Unterschiede bei den verbündeten Großmächten der Union können dabei verdeutlichen, dass es sich allenfalls anfänglich um einen Konfessionsstreit gehandelt hat und dass schon bald machtpolitische Interessen ins Spiel kommen (*Tafelbild 4*).

Der Alltag des Krieges

Hinweise zu Materialien und Aufgaben
Die Arbeitsaufträge zu den Materialien können in *Tafelbild 5* zusammengefasst werden.

S. 232, Personenkasten Der Sozialhistoriker Jan Peters fand die Quelle eher zufällig im Verzeichnis der Handschriften der Preußischen Staatsbibliothek. Die Lebensdaten des Soldaten sind dabei nicht genau zu ermitteln, auch der Name kann nur indirekt erschlossen werden. Ebenso können nur Mutmaßungen über den Bildungsstand angestellt werden. Offensichtlich konnte der Soldat lesen und schreiben. Wann und wo hat er dies gelernt? Stellte er mit diesen Kulturfertigkeiten eine Ausnahme im 17. Jahrhundert dar? Der Bericht ist sowohl spannend als auch erhellend: Der Leser erfährt viel vom Ehrgefühl des Kriegshandwerkers, von der ideologiefernen und pragmatischen Söldnermentalität, von einer Soldatenmoral, die den Raub von Frauen als Beutegut erlaubte, aber das Kartenspiel verbot, und vom Respekt vor widerständigen Bauern.

Tafelbild 4 Verbündete im Dreißigjährigen Krieg

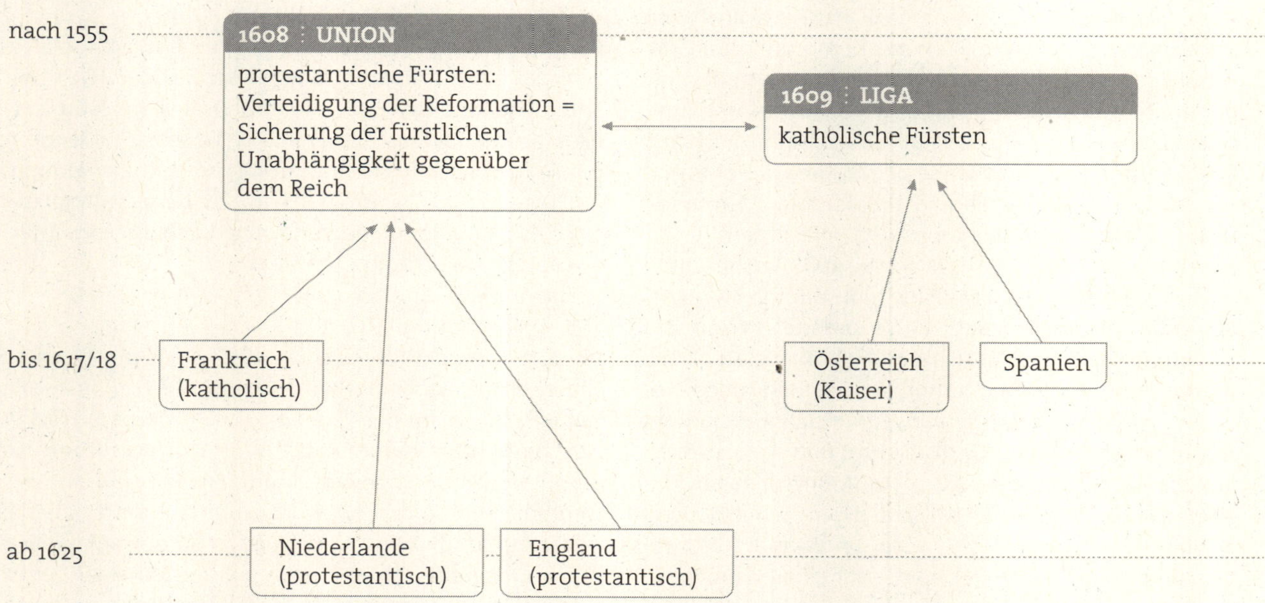

Tafelbild 5 Die Folgen des Dreißigjährigen Kriegs

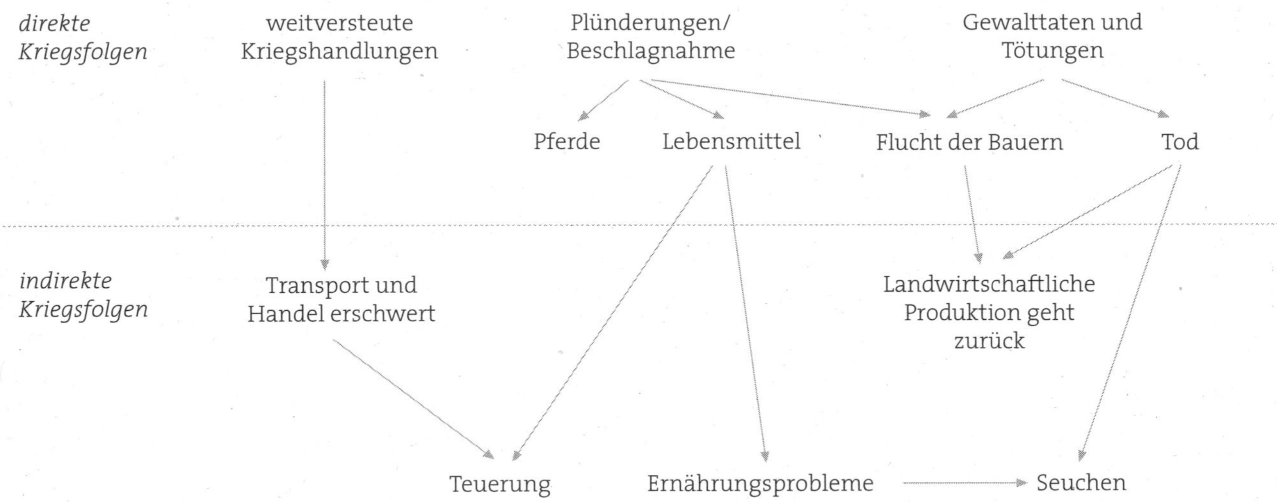

Kreisdiagramm und Säulendiagramm

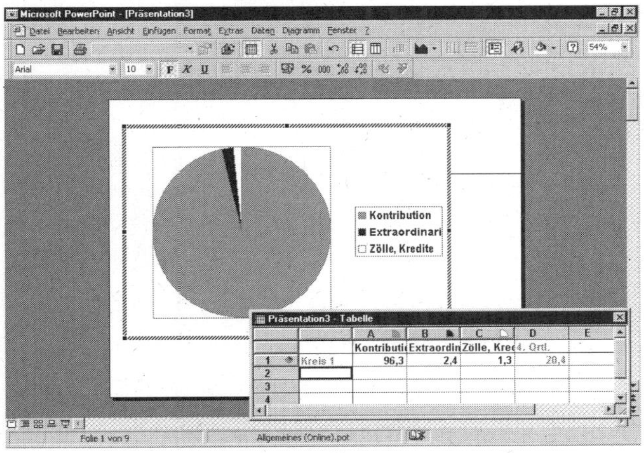

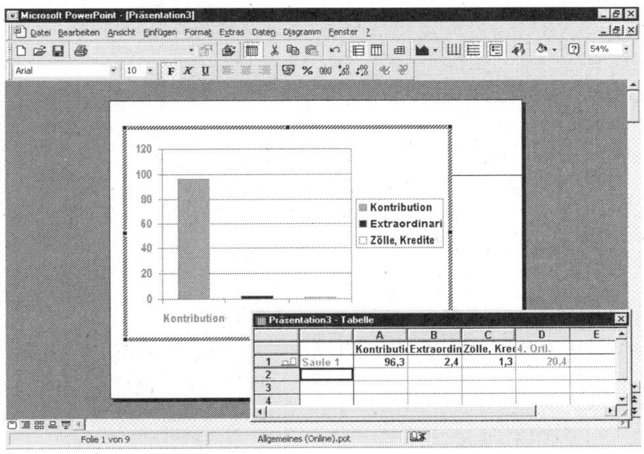

S. 233, M2 Im Zusammenhang mit den Zahlenangaben kann – auch mit Blick auf die Methode „Präsentation" (Arbeitsbuch, S. 240 f.) – die Umsetzung in Diagramme versucht werden. Dabei können die Schülerinnen und Schüler überlegen, welche Diagrammtypen sich für welche Aufstellungen eignen. Am Beispiel der Einnahmen kann z. B. das Kreis- oder das Säulendiagramm gewählt werden. Der folgende Bildschirmausdruck zeigt, wie sich mit einem der gängigen Text- oder Präsentationsprogramme Tabellen leicht in Diagramme umsetzen lassen – hier am Beispiel von Microsoft Powerpoint (s. oben).

Das Kreisdiagramm hat gegenüber dem Säulendiagramm den Vorteil, dass es die Gesamtheit der Einnahmen durch die Kreisform besser abbildet. Außerdem sind bei den konkreten Zahlenangaben die Abstände zwischen den Säulen so groß, dass die Aussageabsicht durch die isolierte Säule links leicht verloren gehen kann.

Die Auswahlmöglichkeiten zwischen verschiedenen Diagrammen lassen sich leicht durch die obere Menü-Leiste ansteuern. Nach Anklicken der Option DIAGRAMM bietet sich dem Nutzer folgende Palette:

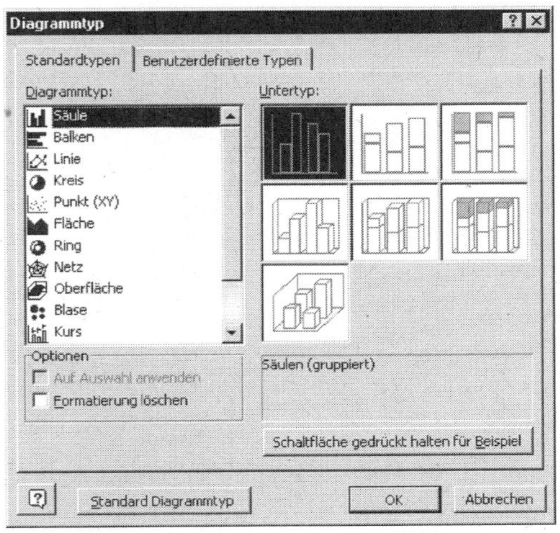

Zu überlegen wäre, ob sich durch einen anderen Untertyp des Säulendiagramms ein ähnlicher Effekt wie durch das Kreisdiagramm erzielen ließe. Beispielsweise können die gestapelten Säulen ebenfalls den Eindruck der Gesamtheit erreichen. Dennoch ist die Kreisform geeigneter, da sich dem Betrachter sonst eine schlanke, hochaufragende und dreigeteilte Säule bieten würde – die verschiedenen Säulenreihen in der Mitte oben und am oberen rechten Rand (s. Abbildung S. 105) verweisen auf unterschiedliche Zeitstufen, die es in M2 nicht gibt.

S. 235, M10 Tilly belagerte 1631 die Stadt Magdeburg. Damit sollte das Vordringen des Schwedenkönigs Gustav II. Adolf verhindert werden. Die Stadt wurde nach der Einnahme gebrandschatzt und geplündert.

S. 236, M12 Der Zeichner, Maler und Illustrator Adriaen Pietersz. van de Venne hat neben miniaturhaften buntfarbigen bäuerlichen Gesellschaftsbildern und allegorisch-biblischen Bildthemen auch drastische Alltagsszenen mit durchaus gesellschaftskritischer Tendenz angefertigt. Hierzu zählt auch die Darstellung der Armut. Ausgehend von dem Gemälde könnte die Kunst des Barock untersucht werden: Dabei sollte deutlich werden, dass Affekte deutlich hervortreten, dass das Wechselspiel von Licht und Farbe, gerade auch durch den Einsatz von Kontrasten, große Bedeutung in der Malerei gewinnt.

Der Westfälische Frieden

Hinweise zu Materialien und Aufgaben

S. 238, M2 Mithilfe der Karte können die territorialen Bestimmungen und Veränderungen des Westfälischen Friedens erarbeitet werden (*Tafelbild 6*).

S. 238, M4 Die Auszüge aus dem Friedensvertrag thematisieren die verfassungsrechtlichen Bestimmungen. Besonders das Recht der einzelnen Reichsstände mit dem Ausland Bündnisse abzuschließen, zeigt die Selbstständigkeit, die die einzelnen Staaten erreicht haben.

S. 238, M5 Nach Behandlung der Materialien und Darstellungstexte wird deutlich, dass das Friedenswerk Bestimmungen enthielt, die sich in drei Gruppen unterteilen lassen und die weitreichende Folgen für die kommenden Jahrzehnte und Jahrhunderte hatten (*Tafelbild 7*).

Die Materialien bieten aber auch die Möglichkeit, über grundlegende wirtschaftliche und soziale Zusammenhänge zu reflektieren: Unter wirtschaftlichen Gesichtspunkten lässt sich nach 1648 ein wirtschaftlicher Rückgang im Reich verzeichnen, allerdings mit erheblichen regionalen Unterschieden. Eine rückläufige Entwicklung mit zum Teil krisenhaften Zügen war aber schon um 1600 eingetreten, sodass der Krieg nicht die Ursache, sondern eher ein Beschleuniger dieser Entwicklung war. Die Beschlüsse des Westfälischen Friedens schlossen Deutschland teilweise von einem ungehinderten Welthandel aus: Wirtschaftlich wichtige Flussmündungen (über Weser und Rheindelta verfügten die Spanier und Holländer, über die Elbe Dänemark und über die Oder Schweden) standen unter ausländischer Kontrolle. Auch hatte das Fiskalsystem erheblichen Schaden genommen durch Münzverschlechterung und -fälschung: Die so genannten „Kipper" beschnitten die Gold- und Silbermünzen, die so genannten „Wipper" wogen sie mit gefälschten Gewichten.
Unter sozialen Gesichtspunkten ist eine Veränderung der Führungsschicht in vielen deutschen Städten zu beobachten. Die hohe Verschuldung der Städte, die Plünderungen und Kontributionen betrafen vor allem den kaufmännischen Mittelstand, der auch unter der Einschränkung der Handels-

Tafelbild 6 Territoriale Veränderungen nach dem Dreißigjährigen Krieg

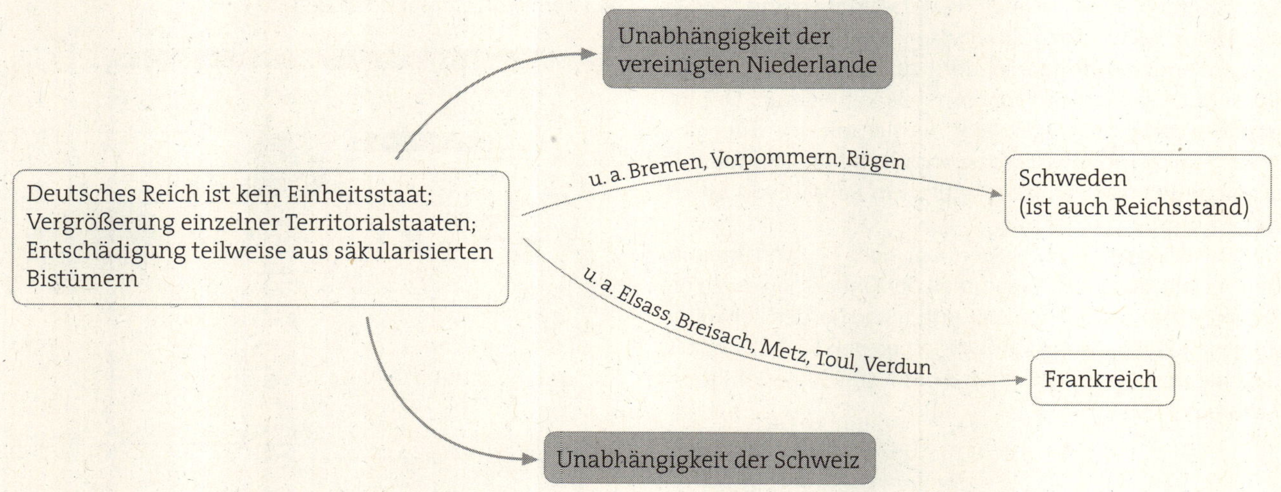

möglichkeiten litt. Das Bürgertum des 17. und 18. Jahrhunderts in Deutschland setzte sich nicht – wie etwa in den Niederlanden – aus einer selbstbewussten, unabhängigen Kaufmannschaft zusammen, sondern wies einen hohen Prozentsatz an abhängigen Beamten auf.

Tafelbild 7 Die Bestimmungen des Westfälischen Friedens und seine Folgen

Territoriale Bestimmungen	Verfassungsrechtliche Bestimmungen	Kirchlich-religiöse Bestimmungen
Ausländische Mächte erhalten Reichsgebiet	Recht über Krieg und Frieden bei Reichsständen	Erneuerung des Augsburger Religionsfriedens
Frühere Reichsgebiete werden unabhängig	Staatliche Selbstständigkeit der Teilstaaten	Gleichberechtigung des Calvinismus
Einbußen und Zugewinne verschiedener Teilstaaten	Recht der Teilstaaten auf eigenständige Außenpolitik	Bei Konfessionswechsel eines Landesherrn kein Zwang der Bevölkerung zu Konfessionswechsel
↓	↓	↙ ↘
Territoriale Veränderungen und Politik als Machtfrage	vermeintliche oder tatsächliche Rückständigkeit Deutschlands bei der Ausgestaltung eines zentralistischen Einheitsstaates (aber: Vorbild für heutiges Europa?)	Religiöse Toleranz Konfessionsfrage wird für Politik unwichtiger

Workshop Methoden: Informationen präsentieren

S. 240, M1 Der Einsatz des Tageslichtprojektors ist gewiss die häufigste Visualisierungshilfe im Klassenraum. Deshalb soll im Folgenden etwas ausführlicher auf den Einsatz dieses Mediums eingegangen werden. Den Schülerinnen und Schülern können an diesem Medium Grundregeln zur Visualisierung mithilfe von Overheadfolien vermittelt werden. Dabei können die Schüler auch ihre Kenntnisse mit dem PC bei der Erstellung einfacher Folien oder Folienvorlagen anwenden.
Selbst die Lehrkräfte konnten vor wenigen Jahren allenfalls Schwarz-Weiß-Folien eigenhändig erstellen. Das PC-Zeitalter mit preiswerten Farbdruckern hat hier enorme Gestaltungsspielräume geschaffen, die man sich auch im Unterricht zunutze machen sollte. Darüber hinaus ist der Motivationsfaktor für Schülerinnen und Schülern nicht zu unterschätzen, die für ein Referat, eine Präsentation oder die Vorstellung einer Gruppenarbeit selbstgefertigte Folien einsetzen (*Kopiervorlage 2, S. 111*).

Die 7 Grundregeln zur Erstellung und Präsentation von Overheadfolien:

1. Mit Folien und Geräten sorgfältig und sparsam umgehen! Bei der Erstellung von Schwarz-Weiß-Folien ist es angebracht, am PC zunächst nur eine Kopiervorlage auf Papier zu erstellen, die dann überprüft und am Kopiergerät auf Folie übertragen werden kann. Bei der Verwendung von Folien in Kopiergeräten, Laserdruckern oder auch Tintenstrahldruckern muss sichergestellt sein, dass die Leerfolien für den Gebrauch in diesen Geräten auch geeignet sind. Falls der Drucker über entsprechende Optionen verfügt, sollte auch unter „Papiertyp" die Option Folie ausgewählt werden. Bei der Erstellung von Farbfolien ist es wegen des Preises für die Leerfolienvorlagen empfehlenswert, zunächst einen Probeausdruck auf Papier vorzunehmen, damit die Korrektheit und das Layout der Folie überprüft werden kann, bevor eine teure Leerfolie verwendet wird. Nach der Endkontrolle kann dann die Farbfolie gedruckt werden.
2. Grundeigenschaften des Mediums beachten! Die meisten Drucker haben als Standardformat DIN-A4. Die Projektionsfläche von Overheadprojektoren entspricht aber nicht diesem Format. Wer also wünscht, dass der gesamte Inhalt einer Folie auch projiziert wird, muss die Seitenränder oben und unten (bei Hochformat) der Projektionsfähigkeit der Projektoren anpassen.
   Aufgabe einer Folie ist es, einen Sachverhalt, eine Grafik oder ein Bild zu visualisieren. Daraus folgt aber, dass sich eine Folie auf ein wichtiges Thema innerhalb einer Präsentation beschränken sollte.
3. Textprojektion sinnvoll gestalten! Nichts ist unsinniger, als eine Textvorlage aus einem Buch 1 zu 1 auf Folie zu kopieren. Der Zuseher ist kein Leser, eine Projektion keine Buchseite. Daher gilt es auch bei der Folienerstellung am PC wichtige Grundsätze zu beachten: Die Schriftgröße muss der Projektion entsprechend gewählt werden. Um die Lesbarkeit bei einem größeren Auditorium zu gewährleisten müssen die einzelnen Buchstaben mindestens 5 mm groß

gesetzt werden, bei großen Räumen noch größer. Auch andere Formatierungen – Linien, Abstände, Sonderzeichen – müssen dementsprechend größer gesetzt werden. Die Verwendung von Großbuchstaben etwa zur Bezeichnung wichtiger Aspekte oder zur Hervorhebung von Überschriften ist kontraproduktiv. Die Projektion von ganzen Worten in Großbuchstaben vermindert die Lesbarkeit, für den Betrachter sind Worte aus Groß- und Kleinbuchstaben besser zu erkennen.

4. Farbeinsatz dem Medium anpassen! Wer nicht über einen Farbdrucker verfügt, kann Schwarz-Weiß-Folien nachträglich mit Folienstiften kolorieren. Grundsätzlich gilt: Mit Farben eher sparsam und vorsichtig umgehen – wenn schon Farben, dann für zusammengehörige Aspekte jeweils die gleiche. Schrift lässt sich auf manchen dunkleren Farben besser weiß als schwarz lesen. Helle Farben (z. B. gelb, orange, rot) sehen auf dem PC-Bildschirm gut aus, sind aber bei der Projektion nur schwer zu erkennen, insbesondere dann, wenn sie nur für dünne Linien oder kleine Flächen eingesetzt werden – dunkle Farben sind hier besser.
5. Klarheit bei der Diagrammerstellung! Die gängigen Tabellenkalkulationsprogramme erlauben die Gestaltung von Diagrammen aller Art. In der Tat eignen sich Schaubilder gut, um auf Folien Zahlenreihen aller Art zu visualisieren, aber: Die gewählte Diagrammart muss auch geeignet sein, die jeweiligen Daten sinnvoll zu veranschaulichen. Die Gestaltung der Diagramme sollte den Datenreihen entsprechen. Verwendet man zur Darstellung einer eindimensionalen Entwicklung (z.B. Wahlergebnisse) eine mehrdimensionale Diagrammform (z.B. perspektivische Säulendiagramme) mutet man dem Betrachter sinnlose Denkprozesse zu – oder will ihn in die Irre führen.
6. Einsatz planen! Wichtig ist es, sich über den Typ der erstellten Folie klar zu werden. Prinzipiell kann man unterscheiden:
   Live-Folien: Diese Form bezeichnet einen Folientyp, der während des Vortrags oder des Unterrichts ausgehend von einer Leerfolie entsteht, z. B. ein handschriftliches Mind-Map zur Ergebnissicherung.
   Teilfertig-Folien: Diese Form ist teils ausgearbeitet (z. B. die Umrisse einer Weltkarte), wird aber in anderen Teilen während des Vortrags ergänzt (z. B. um die Zugehörigkeit zu den Blöcken während des Kalten Kriegs)
   Fertig-Folien: Diese Form wird (leider) in aller Regel verwendet, für sie ist natürlich auch der PC das optimale Gestaltungsmittel. Diese Overheadfolien gelten allerdings als Kurzfristmedium – kein vernünftiger Mensch lässt eine solche Folie über einen längeren Zeitraum bei einer Präsentation auf dem Projektor liegen, es sei denn, er schaltet das Gerät ab. Daher müssen sie auch einen kurzfristigen Zweck haben: Einen Sachverhalt veranschaulichen, mit einem Bild einen Impuls geben, ein Problem klären oder einen wichtigen Aspekt ergänzen. Daher sollten Folien dieses Typs eher Bilder als Texte enthalten. Greift man – etwa als Impulszitat – auf eine Nur-Text-Folie zurück, sollte sie nicht mehr als ungefähr sieben Textzeilen umfassen.
7. Projektion professionell durchführen! Bei der Projektion selbst werden Fehler gemacht. Die wichtigsten Tipps: Man kennt seine Folie, die Zuschauer nicht. Man will den Zuschauern seine Folie zeigen, sie wollen sie sehen: Dann muss man ihnen aber auch Zeit dafür geben! Also: Kurz auf die Folie verweisen, auflegen und genügend Zeit abwarten und erst dann weitersprechen. Der Vorteil einer Overheadprojektion liegt unter anderem darin, dass man während der Projektion Blickkontakt mit den Betrachtern halten kann. Dann darf man aber auch nicht etwas an der Projektionswand demonstrieren, auf das man problemlos mit einem Stift an der Folie direkt hinweisen kann. Das beste Medium verliert seine Vorzüge, wenn man es zur Waffe gegen die Motivation der Betrachter werden lässt. Im Zweifelsfall immer einen Medienwechsel bevorzugen oder auf die eine oder andere Folie verzichten.

Notizen

Zusammenfassung

S. 243, Darstellungstext Der europäische Machtkampf kam durch den Westfälischen Frieden noch nicht zum Abschluss. Der spanisch-französische Konflikt ging weiter bis zum Pyrenäenfrieden 1659 und festigte die französische Hegemonie, Schweden schloss mit Polen und Dänemark 1660 Frieden; Schwedens Vormachtstellung im Ostseeraum blieb erhalten. Schon vor dem Westfälischen Frieden hatte Spanien mit den Generalstaaten einen Sonderfrieden geschlossen. Schweden und Frankreich hatten im Vorfeld der Verhandlungen, die zum Westfälischen Frieden führen sollten, durchgesetzt, dass sämtliche Reichsstände als abstimmungsberechtigte Teilnehmer zu den Verhandlungen eingeladen werden sollten. Beide Staaten waren sich in ihrem Ziel einig, die Zentralgewalt des Reiches zu schwächen. Der Friedensvertrag war letztlich das Ergebnis der Verhandlungen souveräner Staaten. Das Papsttum, das über viele Jahrhunderte den Anspruch einer überstaatlichen völkerrechtlichen Institution erhob, war bei den Verhandlungen ebenfalls als vermittelnde Macht dabei. Der Papst verweigerte aber dem Friedensvertrag seine Zustimmung. Für die Zukunft schied er als Regulativinstanz aus.

Mit dem Westfälischen Frieden kann somit eine neue Epoche europäischer Politik angesetzt werden; zugleich kommen Entwicklungen an ein vorläufiges Ende, die mit der Reformation begonnen haben. Umstritten ist dabei, ob sich für die rund 150 Jahre eine einheitliche Interpretation erarbeiten lässt. Heinrich Lutz z. B. zeigt als Fazit mehr Fragen als Antworten auf:

„Von Luther bis zum Läuten der Friedensglocken in dem verwüsteten Land von 1648 führen sehr unterschiedliche Entwicklungslinien, die bis heute von keiner einleuchtenden Gesamtinterpretation zusammengefasst wurden. Wie weit war der Sieg des territorialen Partikularismus (mit all seinen geistigen und gesellschaftlichen Voraussetzungen und Folgen) von den Deutschen gewollt oder von außen gezwungen? Trifft Rankes Meinung zu, der schon für das Jahr 1524 (Regensburger Konvent) den ‚Ursprung der Spaltung in der Nation' dem ‚auswärtigen Einfluss' zuschreibt, während Deutschland bereit schien, einen gemeinsamen Weg zu suchen, der ‚den Bedürfnissen der Nation und den Forderungen des Evangeliums' gleichermaßen entsprach? Gibt es überhaupt eindeutige Kausalitätsbezüge, wenn wir doch mindestens drei Abläufe in ihrer Interaktion zu verfolgen haben: den kirchlichen Konflikt, den Konflikt Kaiser-Stände und das Verhältnis zu den außerdeutschen Mächten? Solche und ähnliche Fragen zeigen, wie offen sich diese deutsche Perspektive heute darstellt." (Heinrich Lutz: Reformation und Gegenreformation, 2. Aufl., München/Wien 1982, S. 113).

Notizen

Name: .... **Klasse:** .... **Datum:** ....

Moderne Propaganda – im 16. Jahrhundert

In der Reformationszeit wurde das Bild zu einer wichtigen Möglichkeit Menschen zu beeinflussen. Durch den Buchdruck wurde es möglich Bilder massenhaft zu verbreiten. Die damaligen Flugschriften waren die ersten „Bildzeitungen", in denen ganz bewusst für die eine oder andere Partei im Glaubensstreit Partei ergriffen wurde. Die Holzschnitte enthielten zahlreiche Anspielungen auf Stellen in der Bibel, die die Menschen damals genau kannten.

1 Martin Luther unter der Taube. Holzschnitt von Hans Baldung Grien, 1521

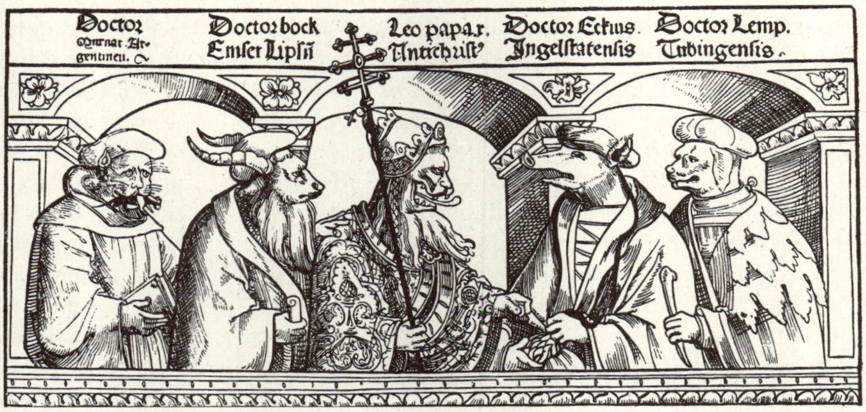

2 Spottbild auf Luthers Gegner. Holzschnitt eines unbekannten Künstlers, 1521

3 Luther auf der Kanzel, den reformierten Gottesdienst lehrend und den Höllensturz der Papisten bewirkend. Von Lucas Cranach d. J., 1546

1. *Seht euch die Bilder an und sprecht darüber, was die jeweiligen Künstler nach eurer Meinung erreichen wollten.*
2. *Versucht, z.B. Bild 1 genauer zu lesen:*
   - *Was bedeutet die Taube,*
   - *was bedeutet der Lichtkranz,*
   - *was bezweckt die Bibel in Luthers Hand,*
   - *wie wird Luther insgesamt dargestellt?*
3. *Bild 3 enthält die Lehre Luthers in Kurzfassung. Die meisten Menschen konnten damals nicht lesen, viele von ihnen verstanden es aber Bilder zu lesen und zu deuten. Versucht es einmal selbst. Geht dabei vom Titel aus und vergleicht die beiden Seiten des Bildes miteinander.*

Name: .... **Klasse:** .... **Datum:** ....

Wenn du ein Referat vorträgst, kannst du zur Veranschaulichung den Overhead-Projektor einsetzen.
Entscheidend für den Erfolg ist, wie du deine Folien vorbereitest. Es werden die folgenden drei Folientypen unterschieden:

Folientyp	Vorteile	Nachteile
Live-Folie	Lebendiges Entstehen vor den Augen der Zuhörer; kann Aktivitäten und Hinweise aus dem Auditorium einbeziehen; kann aktuelle Erkenntnisse widerspiegeln.	Hohe Anforderungen an Handschrift und/oder zeichnerische Qualitäten des Vortragenden.
Teilfertig-Folie	Guter Kompromiss zwischen Aktivierung der Zuhörer, Erhöhung der Motivation und Vorbereitung der Präsentation.	Immer noch (verminderte) Anforderungen an den Vortragenden; kann den Eindruck der (unbeabsichtigten) Improvisation fördern.
Fertig-Folie	Optimale Vorplanung und -gestaltung möglich; Fertig-Folien können auch in der Hinterhand gehalten werden, um einzelne Aspekte oder Nachfragen aufzugreifen.	Blendet Zuhöreraktivitäten aus, zwingt Zuhörer in die Passivität; kann durch Perfektion auch negative Assoziationen wecken; verführt zu „Folienschlachten".

1. Trage in die folgende Tabelle ein, für welches Präsentationsvorhaben du welchen Folientyp einsetzen kannst:

Präsentationsvorhaben	Folientyp
Ergebnisse einer Diskussion werden zusammengefasst	....
Einstieg über Karikatur	....
Wie verändert sich das Frankenreich von den Merowingern bis zur Zeit Karls des Großen?	....
Schrittweise Entwicklung eines Diagramms: Wie funktioniert das Verlagswesen?	....
Bevölkerungszahlen in Europa vom frühen Mittelalter zur Neuzeit	....
Brainstorming als Ausgangspunkt für die Bildung von Arbeitsgruppen	....
Rückfragen sammeln am Ende eines Referats	....
Ziele und Absichten der Entdeckungsfahrten der frühen Neuzeit	....
Warenströme im 16. und 17. Jahrhundert	....

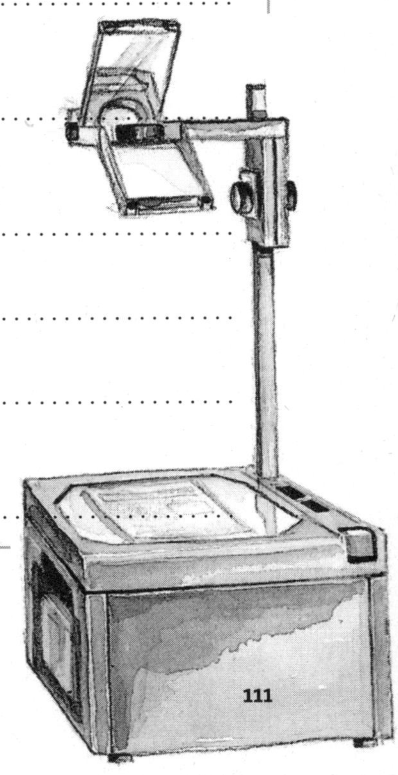

Vorschläge für Unterrichtssequenzen

Das Längsschnitt-Thema „Wohnen" kann auf drei Wegen im Unterricht umgesetzt werden:

1. Der Chronologie des Buches folgend wird die Einheit am Ende des Schuljahres platziert: Die Behandlung der Einheit bietet dabei die Möglichkeit, wichtige Stationen und Inhalte des Geschichtsunterrichts in der Klassenstufe 7 zu wiederholen. Die Schülerinnen und Schüler erarbeiten die Längsschnittmethode.
2. Als Vor- und Nachbereitung einer Exkursion – etwa zu einem Freilichtmuseum – wird die Einheit zeitnah zur Exkursion durchgeführt. Die einzelnen Materialien und Fragestellungen können dabei in Gruppenarbeit bearbeitet werden.
3. Die beiden ersten Themeneinheiten werden als Einstieg in die Behandlung der Geschichte des Mittelalters und der Neuzeit eingesetzt: Ausgehend von der Darstellung der Wohnverhältnisse können Fragen zu den fünf Dimensionen historischen Erfahrens formuliert werden:

- Auf welche Wirtschaftsform lassen die Wohnverhältnisse schließen?
- Mit welchen Gesellschaftsverhältnissen ist zu rechnen?
- Welche Rückschlüsse auf die politischen Verhältnisse/Herrschaftsmechanismen können vermutet werden?
- Wie sah wohl der Alltag vor dem Hintergrund der konkreten Wohnverhältnisse aus?
- In welcher Form schlägt sich die Kultur nieder?

Die drei Themeneinheiten „Wohnen um 1900" (Arbeiter und Unternehmer) und „Wohnen im Computer-Zeitalter" können nach der Einheit „Das Bürgerhaus um 1600" erarbeitet werden, um eine Aktualisierung zu leisten und methodisch in den Längsschnitt einzuführen.

Weiterführende Hinweise

Karl Baumgarten, Das deutsche Bauernhaus. Eine Einführung in seine Geschichte vom 9. bis zum 19. Jahrhundert, Berlin (Akademie) 1985

Heinz Stoob (Hg.), Die Stadt – Gestalt und Wandel bis zum industriellen Zeitalter, 2. Aufl., Köln/Wien (Böhlau) 1985

Notizen

Auftaktbild S. 244 f.

Im einleitenden Text wird die ganze Bandbreite möglicher Lebensformen des Menschen, vom Nomaden bis zum Sesshaften, angesprochen. Neueste Forschungen haben ergeben, dass der Bau von festen Häusern überraschenderweise unabhängig von der Wohnform der Menschen war – zumindest was die Frühgeschichte des Menschen angeht. Die Funde auf dem Siedlungshügel Göbekli Tepe in der Südosttürkei zeigen nicht nur, dass die Ursprünge abendländischer Zivilisation in Anatolien liegen, sondern dass die frühen Bauten Obermesopotamien – sie haben ein Alter von 11 000 Jahren – auch ungewöhnlichen Zwecken dienten. Die Bauten sind auf einem Bergrücken errichtet, auf dem es weder Wasser noch Mörtel oder Holz gab. Die Forschung geht zur Zeit davon aus, dass hier ein Kult- und Machtzentrum errichtet wurde, dessen Gebäude aber nicht als Wohnraum dienten. Bisher wurden feste Gebäude erst den Bauern und Viehzüchtern der Jungsteinzeit zugesprochen. Die Bauwerke in Göbekli Tepe stammen von einer Jäger- und Sammlergesellschaft der Altsteinzeit. Die Konsequenz: „Das Dogma: ‚Sesshaftigkeit erzeugt Architektur' ist damit gestürzt." (bild der wissenschaft 1/2001, S. 22).

Großes Bild: Sachsenhof in Greven bei Münster, Rekonstruktion nach Ausgrabungsfunden (siehe Erläuterung zu S. 246, M1).
Kleine Abbildungen (von oben nach unten):
Bäuerliche Arbeiten am Haus, Ausschnitt aus einer flämischen Kalenderminiatur, 1500.
Schreinerfamilie in der Werkstatt, französische Buchillustration, um 1500.
Arbeiterfamilie bei der Zigarrenherstellung in der Wohnküche, Berlin 1911.
Der Kaufmann Ferdinand Ebert und seine Frau Mia Ebert in ihrem Haus in Münster, 1912.
Ehepaar in Münster, 1999.

Leben im Bauernhaus um 800

S. 246, M1 Die Abbildung verdeutlicht, dass die Wohnkultur, so wie wir sie heute kennen, entscheidend durch den römischen Einfluss geprägt worden ist. Die Häuser der Germanen hatten keine aus Steinen gemauerten Mauern, sondern aus Holzpfählen und Ruten gewundene Wände: Der Innenraum war nicht unterteilt, es gab auch kein mit Ziegeln bedecktes Dach. Dies lässt sich heute noch an der Sprache ablesen. Viele Wörter, die mit dem Hausbau zusammenhängen, stammen aus dem Lateinischen, sind also Lehnwörter. Nicht nur die Wörter, auch die damit bezeichneten Gegenstände wurden von den Römern übernommen. Einige Beispiele:
- Mauer (von lat. murus),
- Dach (von lat. tectum),
- Ziegel (von lat. tegula),
- Kammer (von lat. camera),
- Keller (von lat. cellarius),
- Kamin (von lat. caminus).

Selbst das Wort „Fenster" ist ein Lehnwort (von lat. fenestra). Die Häuser der Germanen hatten einfache, runde Öffnungen, durch die der Rauch abziehen konnte. Diese Öffnungen wurden als „Windaugen" bezeichnet (vgl. englisch = window). Zur Umsetzung in konkrete Arbeitsaufträge kann die *Kopiervorlage 3, S. 27* eingesetzt werden.

Das Bürgerhaus um 1600

S. 249, M1 und M3 M1 zeigt die am Feuer versammelten Mitglieder des Haushaltes einer wohlhabenden Bürgerfamilie. Neben der Hausfrau, die in der Mitte abgebildet ist, sind im Vordergrund eine Magd, der Hausherr (vermutlich am Tisch) und weitere Gäste des Hauses zu erkennen.
M3, das Aprilbild der Domuhr in Münster, zeigt vermutlich dieselbe Familie im Garten des Hauses. Die Hausfrau gibt einer Magd Anweisungen. Die meisten Haushalte produzierten in eigenen Gärten Obst und Gemüse. Neben Nutzflächen sind hier aber auch Blumenbeete dargestellt.

Arbeiterwohnen um 1900

S. 251, Begriffskasten Die vage Bestimmung dessen, was unter Alltag eigentlich zu verstehen ist, hat sich lange Zeit auch in den wissenschaftlichen Studien zur Alltagsgeschichte niedergeschlagen. Alltagsgeschichte wird oft immer noch als „Geschichte von unten" bezeichnet. Dies ist allerdings unzutreffend, da Alltag sich auch in den Eliten abspielt. Deshalb lässt sich Alltagsgeschichte am ehesten so bestimmen, „dass sie jene sozialen Praxisfelder geringer Reichweite untersucht, an denen die Masse der Menschen teilhatte und in denen sie sich sozial einrichten und verorten." (Dorothee Wierling in: Klaus Bergmann (Hg.) u.a., Handbuch der Geschichtsdidaktik, 5. Aufl., 1997, S. 233).

Alltagsgeschichte fokussiert dabei drei große Themenfelder:
1. Scheinbar ahistorische Rahmenbedingungen: Geburt, Sexualität, Liebe, Krankheit, Tod.
2. Zentrale menschliche Verrichtungen: Wohnung, Kleidung, Ernährung, Arbeit.
3. Überlebensstrategien in Ausnahmesituationen: Überleben im Krieg, Überleben in Wirtschaftskrisen, Überleben in Gefangenschaft, Überleben in Diktaturen und Terrorregimen.

Großbürgerliches Wohnen um 1900

S. 252, M2 Besondere Bedeutung kann der Analyse der Küchenform zukommen. Im Vergleich mit der Arbeiterwohnung wird deutlich, dass die Küche abgetrennt ist von den übrigen Räumen. Allerdings nimmt auch bei der Villa ten

Hompel die Küche noch einen großen Raum ein, auch wenn sie am Rand des Gebäudes gelegen ist. Die meisten Schülerinnen und Schüler werden im Vergleich mit der Küche in ihrem Zuhause hier einen Unterschied bemerken. Gerade der Küchenraum hat in der Architektur des 20. Jahrhunderts einschneidende Veränderungen erfahren, die auch die sozialen Veränderungen widerspiegeln (*Kopiervorlage 1, S. 115*).

Wohnen im „Computer-Zeitalter“

S. 255, Aktivitätskasten Die Befragung der Zeitzeugen ist vor dem Hintergrund der Oral History zu verstehen, einer relativ jungen Richtung der Geschichtsforschung. Das Verfahren stammt aus den USA, wo nach dem Zweiten Weltkrieg das erste Oral-History-Institut eingerichtet wurde. Eine grobe Definiton gibt Ernst Opgenoorth: „Es geht um das alltägliche Leben der breiten unteren Bevölkerungsschichten unserer industriellen Zivilisation vor allem in der jüngsten Vergangenheit und um das Bewusstsein der Menschen, die dieses Leben führten.“ (Ernst Opgenoorth: Einführung in das Studium der neuen Geschichte, 4. Aufl., Paderborn 1993, S. 214).

So groß die Kritik mancher Fachwissenschaftler an dieser Methode ist („amateurhafte Geschichtsschreibung ohne Kenntnis von kritischer Quellenarbeit“), so sehr versteht sich die Oral History selbst umgekehrt auch als Kritik an vielen fachwissenschaftlichen Arbeiten. Oral History versucht nämlich „sich von der überkommenen ‚Geschichte von oben‘ zu lösen und einer demokratischen Gesellschaft ein besser geeignetes Verständnis ihrer Vergangenheit zu vermitteln, eine Vergangenheit, wie sie sich in den Köpfen der einfachen Menschen darstellte“ (ebd., S. 215).

Die methodischen Probleme, die sich bei der Oral History stellen, sind dieselben wie bei einer Zeugenaussage: Der Befragende muss sich gut über den zu Befragenden informieren, er muss immer mit dem Bedürfnis der Selbstrechtfertigung rechnen. Opgenoorth fasst die möglichen Schwierigkeiten zusammen: „Ein Beispiel dafür, wie schwer bemerkbar die Verständnisschwierigkeiten sein können: das Verständnis des eigenen Lebenslaufes. Schon in diesem Wort steckt die Vorstellung einer inneren Folgerichtigkeit, der mehr oder weniger stetigen Entfaltung einer als Möglichkeit vorgegebenen Persönlichkeit. Ein Lebenslauf ist, unabhängig vom Inhalt, Verkörperung einer literarischen Gattung, deren anspruchsvolle Großform im Bildungs- und Entwicklungsroman besteht. Wer nie einen Bewerbungslebenslauf verfasst hat, dem steht dieser begriffliche Rahmen für sein Selbstverständnis nicht zur Verfügung; er wird sein eigenes Leben anders sehen, stärker von außen bestimmt, weniger in sich geschlossen. Ein ähnliches Problem: Gerade der gutwillige Befrager ist in Gefahr, Wunschvorstellungen über sein Thema beim Befragten vorauszusetzen und dann enttäuscht zu sein, wenn dessen Aussagen nicht seinen Erwartungen entsprechen. Das gilt vor allem für politisches Bewusstsein, wenn die traditionelle Vorstellung von der passiven Grundhaltung einfacher Menschen sich doch einmal als nicht völlig unbegründet erweist.“ (Ebd., S. 216).

Abschließend sollen die Vor- und Nachteile der Oral History überblicksweise einander gegenübergestellt werden:

Nachteile	Vorteile
Eher anekdotischer Stil.	Menschliche Betroffenheit wird fassbar.
Gefahr nachträglicher Sinnkonstruktion.	Lokale Aspekte und lebensweltlicher Bezug werden thematisiert.
	Faszination durch Begegnung mit der „Echtheit“.
	Befragung als Übung in Kommunikation und Flexiblität (Zuhören, Prüfen, Nachfragen).
	Material kann gesichert werden, das bald schon unwiederbringlich verloren ist.
	Oft die einzige Möglichkeit, um in einer Zeit, die den Datenschutz sehr hoch ansetzt, an Informationen zu gelangen.

Name: .... **Klasse:** .... **Datum:** ....

Was die Küche über die Gesellschaft verrät

Grete Schütte-Lihotzky (1900–2000) hat nicht nur Kindergärten, Schulen gebaut und Kindermöbel entworfen. Bekannt geworden ist die Österreicherin vor allem als Schöpferin der so genannten „Frankfurter Küche". Im Jahr 1926 stellte sie das von ihr entwickelte Küchenmodell in einer Ausstellung des Hausfrauenbundes im Frankfurter Römer vor.
Der Titel eines ihrer Aufsätze in der Zeitschrift „Das neue Frankfurt" zeigt, worum es ihr ging: Rationalisierung im Haushalt. Grete Schütte-Lihotzky wusste, dass das moderne Großstadtleben hohe Ansprüche gerade an die Arbeiterfrau stellte. Da das Einkommen des Mannes nicht ausreichte, um die Familie zu ernähren, musste auch die Ehefrau einer Berufstätigkeit nachgehen. Deshalb war es nötig, im Haushalt Möglichkeiten der Entlastung zu finden.
Schütte-Lihotzky wollte die Wohnküche, die auch als Schlafstätte diente und damit unter hygienischen Gesichtspunkten problematisch war, durch eine so genannte Arbeitsküche ersetzen. Der Grundriss für diese Arbeitsküche sah einen länglich-schmalen Raum von 1,90×3,40 Metern vor, dessen Längsseiten ausreichend Stellfläche für die Einrichtung boten. Der knapp bemessene Raum ermöglichte es auch, mit wenigen Schritten den ganzen Raum durchmessen zu können. Schütte-Lihotzky entwickelte praxisnahe Lösungen für altbekannte Probleme, obwohl sie selbst, wie sie beteuerte, selten kochte:
- Die Einbauten wurden blau gestrichen, um Fliegen abzuhalten,
- die Schublade für das Mehl war aus Eichenholz, dessen Gerbsäure die Würmer fernhält.
- Eine Dunstabzugshaube oder verschiedene Vorratsschütten aus Aluminium entsprachen den fortgeschrittensten hygienischen Geboten.
- Zusätzlich erleichterten ein herdnah angebrachtes Deckel- und Kochlöffelgestell sowie ein herunterklappbares Bügelbrett der Hausfrau die Arbeit.

Obwohl Schütte-Lihotzky sicherlich als emanzipierte Frau bezeichnet werden kann – eines war bei ihrem Konzept für sie nicht anzweifelbar: Dass es die Frau ist, die die Arbeit in der Frankfurter Küche verrichtet. In den 20er und 30er Jahren wurden viele Wohnungen in den neu entstehenden Trabantenstädten mit der Arbeitsküche ausgestattet. Insgesamt wurden etwa 10000 Kücheneinrichtungen erstellt. Bei den Bewohnern, vor allem den Hausfrauen, kamen die neuen Möbel anfänglich aber nicht so gut an.

Schütte-Lihotzkys Idee von einer neuen Küchenform setzte sich vor allem nach dem Zweiten Weltkrieg durch. In den nach Kriegsende errichteten Neubauwohnungen war an eine Wohnküche, die auch Begegnungsstätte war, nicht zu denken, weil schnell viel Wohnraum geschaffen werden musste. Die Norm für den Küchenraum sah jetzt nur noch einen acht Quadratmeter großen Raum vor. Seit einigen Jahren lässt sich in Deutschland eine Trendwende beobachten: Die Küche wird wieder, soweit es die Gegebenheiten zulassen, auch als Raum für Begegnungen gestaltet. Auslöser dieser Trendwende sind die amerikanischen Küchen, die zumeist in die Wohnräume integriert sind.

1. *Auf welche gesellschaftlichen Veränderungen wollte die Frankfurter Küche antworten? Erstelle eine Tabelle, in der du die gesellschaftlichen Veränderungen und die entsprechenden Überlegungen von Schütte-Lihotzky einträgst.*
2. *Zeichne den Grundriss der Frankfurter Küche.*
3. *Diskutiert in der Klasse, ob die Frankfurter Küche zu mehr „Freiheit" im Alltag der Hausfrau geführt hat.*

Übersicht über das Arbeitsheft zu Forum Geschichte

Band 2: Das Mittelalter und der Beginn der Neuzeit

Cornelsen

Folien zu *Forum Geschichte*

Zur Unterstützung für einen modernen Geschichtsunterricht ist zu unserem Lehrwerk ***Forum Geschichte*** ein umfassendes Begleitprogramm erhältlich. Dazu gehören auch die farbigen **Foliensammlungen Teil 1 und 2** mit Hintergrundinformationen und Vorschlägen für den Einsatz im Unterricht (Kopiervorlagen).

Sie umfassen neben ausgewählten Bildern aus dem Lehrwerk eine attraktive Zusammenstellung an neuen Bildquellen sowie ergänzendes Material für Transferaufgaben.

Foliensammlung Geschichte, Teil 2
Vom Zeitalter des Absolutismus
bis zur Gegenwart

mit Begleitheft und Kopiervorlagen
ISBN 3-464-**64316-6**

Foliensammlung Geschichte	ISBN 3-464-	
Teil 1: Von der Frühgeschichte bis zum Beginn der Neuzeit	64315-8	◇
Teil 2: Vom Absolutismus bis zur Gegenwart	64316-6	◇

Diese praktischen ***Tafelbilder*** sind eine echte Hilfe zur Unterrichtsvorbereitung. Pro Band decken **40 Kopiervorlagen** sämtliche zu behandelnden Geschichtsthemen ab. Jedes Blatt liegt einmal mit leeren Feldern zum Ausfüllen und einmal als Lösungshilfe fertig ausgefüllt vor. Die *Tafelbilder* können in Verbindung mit allen gängigen Lehrwerken eingesetzt werden.

Tafelbilder Geschichte	ISBN 3-464-	
Teil 1: Von der Steinzeit bis zum Frühmittelalter	64165-1	□◇
Teil 2: Vom frühen Mittelalter bis zum Dreißigjährigen Krieg	64166-0	□◇

Cornelsen Verlag
14328 Berlin
www.cornelsen.de